LA PENSÉE DE LA VIE CHEZ LEIBNIZ

COLLECTION DE L'ÉCOLE NORMALE SUPÉRIEURE
DE JEUNES FILLES
N° 7

LA PENSÉE DE LA VIE CHEZ LEIBNIZ

PAR

Marie-Noëlle DUMAS

VARIA

PARIS
LIBRAIRIE PHILOSOPHIQUE J. VRIN
6, PLACE DE LA SORBONNE, Ve

—

1976

Ce travail a été effectué sous la bienveillante direction de M. le Professeur Y. Belaval. Nous voudrions donc exprimer ici notre profonde reconnaissance à son égard et le remercier pour ses précieux encouragements.

Nous remercions également l'Association des Amis de l'École Normale Supérieure de Jeunes Filles pour l'aide financière qu'elle a bien voulu apporter à cette publication.

A mes professeurs de Caen.

AVANT-PROPOS

Nous ne saurions trop souligner la difficulté de choisir un commencement pour une étude sur Leibniz : quand on se propose de parler d'un système « où tout conspire », tout début est nécessairement relatif. Et aussitôt un autre problème se présentait : Leibniz n'a donné qu'un très petit nombre d'exposés synthétiques de sa philosophie [1]. Fallait-il se limiter à ces opuscules étroits où il semble se répéter indéfiniment ? Cela nous a paru appauvrir singulièrement sa pensée, qui dans son immense correspondance apparaît en continuelle évolution et expansion « comparable au foisonnement de la vie elle-même », selon l'expression de Kurt Huber [2]. Aussi la lecture des quelque cinquante volumes, qui constituent actuellement le *corpus* leibnizien, risquait-elle d'allonger cette étude. Mais en philosophie, et surtout dans celle de Leibniz, tout « détail », toute variation est riche de significations. Et en cela, il nous semblait être fidèle au souhait du philosophe dans le tableau qu'il dresse de sa philosophie au soir de sa vie, et que nous aimerions rappeler avec

1. Il n'en est que deux *stricto sensu :* le *Discours de métaphysique* et *la Monadologie*, chacun aux extrémités de la période de la philosophie définitive. Aussi les variations entre les deux ouvrages sont-elles capitales, et la tentative d'A. Robinet *(Monado 74)* d'une étude comparée à l'aide de l'informatique, est-elle précieuse par la rigueur de ses résultats, bien supérieure à celle obtenue par un cerveau humain même très attentif.

2. K. HUBER, *Leibniz*, « Leibniz und wir », p. 302.

M. Serres : « C'est à peu près comme lorsque l'on jette dans l'eau plusieurs pierres à la fois, dont chacune fait des cercles sans se détruire, mais quand le nombre des pierres est trop grand, les yeux s'y confondent. »[3]

Il nous fallait pénétrer dans cet entrelacement de cercles et dans cet « espace tabulaire à une infinité d'entrées »[4]. Nous avions un fil d'Ariane, croyions-nous, celui de l'observation et de la pensée de la vie, qu'une lecture de la *Monadologie* nous avait amenée à approfondir. Or, le chemin n'était pas sans embûches. Quelle méthode fallait-il adopter ? L'étude diachronique a paru s'imposer d'abord, mais outre le fait qu'elle sera maintenant beaucoup plus féconde quand l'édition complète des œuvres de Leibniz sera achevée, et que beaucoup d'interprètes l'ont effectuée avec une précision bien supérieure à celle possible pour ce simple travail[5], il nous a paru plus pertinent de nous placer d'emblée dans ce que l'on a coutume d'appeler « la philosophie définitive » : le thème biologique, au fur et à mesure que nous progressions dans la lecture de l'œuvre de Leibniz nous apparaissait de plus en plus comme une constante susceptible d'être affectée de différents coefficients

3. G. VI, p. 516 ; G. VII, p. 566. M. SERRES, *Le système de Leibniz et ses modèles mathématiques*, p. 2. La difficulté du commencement a été soulignée par M. GUEROULT, *Métaphysique et dynamique leibniziennes*, p. 1, et surtout l'entrelacement des thèmes.

4. SERRES, *op. cit.*, p. 1.

5. Par exemple : Y. BELAVAL, *Initiation à la philosophie de Leibniz*, 1re partie, pp. 13, 179 ; — E. BOUTROUX, *La philosophie allemande au dix-septième siècle*, chap. VII, pp. 61-75 ; — FOUCHER DE CAREIL, *Mémoire*, et « introduction » aux *inédits ;* — G. GRUA, *Jurisprudence universelle et théodicée selon Leibniz*, Introd., pp. 12-13 ; — K. HUBER, *op. cit.*, W. KABITZ, *Die Philosophie des jungen Leibniz ;* — L. STEIN, *Leibniz und Spinoza*, IIe partie (Entwicklung der Monadenlehre).

d'intensité. En effet, l'un des tout premiers écrits de Leibniz (1670-1672) est sur la médecine, et cette dimension prend semble-t-il une place sans cesse croissante dans les *Nouveaux Essais*. La perspective diachronique aurait entraîné d'inévitables redites et aurait été coupée par l'alternance des travaux[6]. Chaque fois qu'il sera nécessaire, nous nous sommes donc permis de signaler l'évolution de la pensée de Leibniz sur tel ou tel point, conscients d'ailleurs qu'après 1686 elle a continué à évoluer.

Mais, outre l'obstacle du choix d'une méthode finalement « synchronique » et imparfaite, un autre s'est présenté : *l'étude de la vie était indissociable de la métaphysique*. En cela nous retrouvions la propre opinion de Leibniz qui, après avoir relaté son itinéraire spirituel, concluait : « Je reconnais que c'est pour l'amour de la métaphysique que j'ai franchi ces étapes. »[7] Le risque était grand de se perdre dans le dédale du système, dans ces cercles qui s'entrecroisent. Dans ces conditions, les schèmes d'interprétation kantiens nous ont souvent été d'une aide précieuse, ils nous ont permis de sortir du labyrinthe. Il faut les manier avec précaution, pour éviter de réduire le système de Leibniz à celui de Kant, ou à sa pâle anticipation. Mais les membres de l'École de Marburg et surtout Ernst Cassirer[8] sont pour ainsi dire les seuls commentateurs à avoir prêté

6. Cf. GRUA, *op. cit.*, p. 7 : ce plan inadéquat pour la jurisprudence, l'est aussi à notre avis par exemple pour la médecine, qui est souvent mise en parallèle avec elle. De même, A. T. TYMIENIECKA, « Individualität, Zeugung und Biologie in Leibniz'Metaphysik », *Studia Leibnitiana*, Supplementa II, 1969, insiste — contrairement à K. Huber — sur l'importance de la « biologie » pour la compréhension du *Discours de métaphysique*.

7. G. IV, p. 392.

8. Ernst CASSIRER, *Leibniz' System in seinen wissenschaftlichen Grundlagen*.

attention au problème de la vie. Bien souvent notre propre lecture a rejoint la leur, car il nous a semblé comme à Cassirer que la question originaire, la *Grundfrage*[9] du système de Leibniz, était celle de la vie.

9. *Leibniz' Hauptschriften*, Band II, Einleitung p. 3.

INTRODUCTION

L'observation et la pensée de la vie constituent chez Leibniz l'objet d'une véritable biologie avant la lettre. Certes, parler de « biologie » à propos d'un auteur du dix-septième siècle, surtout lorsqu'il se nomme Leibniz, semble une grave contradiction, au moins sous trois points de vue : il s'agit d'abord d'un anachronisme, puisque le terme de biologie n'est apparu que vers 1802 dans l'ouvrage de Treviranus : *Biologie oder Philosophie der lebenden Natur* [1]. Ensuite, tous les interprètes s'accordent à considérer ce siècle comme celui du triomphe du mécanisme et du rationalisme, sur un seizième siècle finissant, vitaliste et irrationaliste. Enfin, Leibniz apparaît le plus souvent comme un rationaliste : il est l'inventeur de la machine à « calculer », de la caractéristique, ou encore de techniques mathématiques extrêmement fines ; il est aussi un mécaniste, qui aime à répéter que « rien ne se fait dans la nature sinon mécaniquement ». Peut-être l'interprétation hégélienne [2], sur laquelle nous reviendrons, a-t-elle été pour une grande part l'inspiratrice de cette interprétation.

Néanmoins, l'explication du terme de biologique

1. *Biologie oder Philosophie der lebenden Natur,* Sechs Bänder, Göttingen, 1802.

2. Hegel, *La science de la logique,* livre troisième, deuxième section, chapitre I ; Lasson, Bd. II, pp. 359 sq. ; trad. Jankélévitch, t. II, pp. 408 sq., Paris, Aubier, 1949 (cf. notre § 36).

permet de lever cette contradiction sous les deux premiers points de vue et de faire comprendre l'intérêt d'une telle étude, non seulement pour l'histoire des sciences, mais aussi pour celle de la philosophie, et même pour la philosophie tout simplement. En effet, la biologie doit être comprise en son sens tout premier indiqué par l'étymologie : elle est le *logos* de la vie, c'est-à-dire, d'une part l'étude de la vie, d'autre part son dépassement en un discours *sur* la vie, une philosophie (ce qui sera le cas de Treviranus) et bien plus peut-être un *discours de* la vie elle-même. Mais le *logos* n'est pas seulement le discours, mais aussi la *raison*. Tout le problème est donc maintenant de déterminer dans l'œuvre de Leibniz *les conditions de possibilité d'un discours rationnel sur la vie* qui n'en méconnaisse pas pour autant la *spécificité*.

***

Il n'est pas inutile, en premier lieu, de considérer brièvement l'évolution de « la philosophie du jeune Leibniz », pour reprendre le titre du livre de Kabitz. Dans cette période caractérisée par la multiplicité de ses centres d'intérêt, les voyages effectués constituent autant d'étapes qui peuvent se résumer ainsi : Leipzig (1646-1666) : nominalisme et alchimie; Mayence (1666-1672) : la *nova methodus*, les travaux politiques, mais aussi encyclopédiques ; Paris : mécanisme et fréquentation des biologistes [3]. Lors des années de formation, Leibniz semble donc évoluer de l'irrationalisme alchimique, du vitalisme aristotélicien, vers le mécanisme. Toutefois, cette vision est trop simple :

3. Boutroux, *op. cit.*, pp. 64-69 ; Huber, *op. cit.*, pp. 25 sq., 50-80 ; Belaval, *op. cit.*, pp. 45-114 ; Grua, *op. cit.*, pp. 13 sq. ; K. Fischer, *Geschichte der neuern Philosophie*, Bd. III, pp. 308 sq.

le séjour à Paris, que tous les interprètes reconnaissent déterminant pour la pensée définitive, est celui du mécanisme, certes, mais aussi de la biologie : il fit un bref voyage en Hollande au cours duquel il rendit visite à Leeuwenhoek, totalement méconnu de ses contemporains qui, selon l'expression de Radl, le considéraient tout au plus comme le « dilettante de Delft »[4] Dès lors, trois hypothèses se présentent : ou bien mécanisme et biologie sont liés, et comme ses contemporains Leibniz réduit la vie au mécanisme et en nie ainsi l'originalité ; ou bien l'intérêt de Leibniz pour la biologie est issu de l'irrationalisme mystique et alchimique qui l'a tenté, puisque non seulement il fut secrétaire des Rose-Croix, mais plus tard il fit également connaissance de François-Mercure Van Helmont ; ou bien il opère une synthèse des deux voies précédentes, et tout en respectant l'originalité de la vie, il tente de tenir un *logos* rationnel sur elle.

Toutefois, Leibniz indique lui-même les points les plus significatifs de son évolution, dans les nombreux « itinéraires spirituels » qu'il aime à retracer. Sur la fin de sa vie, parlant de la *Théodicée,* il écrit : « J'ai tâché de déterrer et de réunir la vérité ensevelie et dissipée sous les opinions des différentes Sectes des Philosophes ; et je crois y avoir ajouté quelque chose du mien pour faire quelques pas en avant. Les occasions de mes études, dès ma première jeunesse, m'y ont donné de la facilité. Étant enfant, j'appris *Aristote,* et même les Scolastiques ne me

4. RADL, *Geschichte der biologischen Theorien in der Neuzeit.* K. Huber (*op. cit.,* p. 101) explique facilement cette visite à Leeuwenhoek : son aristotélisme « lui avait permis de faire attention aux secrets de la nature » et « son intérêt pour le problème biologique pouvait être facilement déduit de celui pour les rapports *(Berichten)* d'Oldenburg sur les découvertes zoologiques, botaniques, biologiques, et surtout pour l'Italien Malpighi ».

rebutèrent point ; et je n'en suis pas fâché présentement. Mais *Platon* aussi dès lors avec Plotin me donnèrent quelque contentement, sans parler d'autres Anciens que je consultai. Peu après, étant émancipé des Écoles triviales, je tombai sur les Modernes ; et je me souviens que je me promenai seul dans un bocage de Leipzig, appelé le *Rosenthal,* à l'âge de 15 ans, pour délibérer si je garderais les Formes substantielles. Enfin le Mécanisme prévalut et me porta à m'appliquer aux Mathématiques. Il est vrai que je n'entrai dans les plus profondes qu'après avoir consulté Monsieur *Huyghens* à Paris. Mais quand je cherchai les dernières raisons du Mécanisme et des lois mêmes du Mouvement, je fus tout surpris de voir qu'il était impossible de les trouver dans les Mathématiques, et qu'il fallait retourner à la Métaphysique. C'est ce qui me ramena aux Entéléchies, et du matériel au formel ; et me fit enfin comprendre, après plusieurs corrections et avancements de mes notions, que les *Monades,* ou les substances simples, sont les seules véritables substances ; et que les choses matérielles ne sont que des phénomènes, mais bien fondés et bien liés. C'est de quoi *Platon,* et même les Académiciens postérieurs, et encore les sceptiques, ont entrevu quelque chose ; mais ces messieurs, après *Platon,* n'en ont pas si bien usé que lui. »[5]

5. Dut. V *(Opera philologica),* pp. 8-9. Nous avons pris le parti de « moderniser » l'orthographe de Leibniz en français ; toutefois, pour les textes en allemand, nous avons *généralement* gardé les anciennes formes, Leibniz employant des majuscules par exemple pour certains substantifs et non pour tous, sans doute comme en français ou en latin. On pourra rapprocher ce texte de : Erd. 1714, *lettre à un ami en France,* p. 699, qui donne la même *lettre à M. de Montmort ;* — G. III, p. 204, *A Burnett* (allusion à la promenade de Rosenthal) ; *A Rémond, ibid.,* p. 624 ; — G. II, pp. 290, 292, 337 ; — G. III, p. 606 ; — G.IV, p. 523 ; — *Théodicée,* Préface, G.F., pp. 40, 43 sq. ; — *Correspondance avec Clarke,* 5e écrit, Janet, II, p. 679, § 128.

Ce texte est un témoignage de l'importance considérable des influences spirituelles sur la pensée de Leibniz. Feuerbach a souligné l'originalité de cet éclectisme avec une métaphore empruntée précisément à la biologie : *Sein Kopf war kein Herbarium ; seine Kenntnisse waren bedanken, waren Zeugungsstoffe, animalcula spermatica*[6] Le mouvement ici retrouvé est celui d'Aristote à Platon (en passant par le mécanisme de Huyghens[7]), ou peut-être leur synthèse[8] ; d'autre part, celui de la science à la métaphysique, des « phénomènes » aux « substances ». Une particularité est remarquable : il s'agit d'une reconstruction du passé de Leibniz, remplie d'omissions, ou de fait difficilement compatibles avec ses écrits à cette époque, comme Kabitz a pu le montrer au sujet de l'épisode du jardin de Rosenthal[9].

Les omissions ? Leibniz ne parle ni de la cabbale,

6. L. FEUERBACH, *Leibniz,* p. 13.

7. M. GUEROULT, *Métaphysique et dynamique leibniziennes,* a souligné l'importance de Huyghens pour Leibniz. Deux autres points mériteraient d'être soulignés, capitaux pour cette étude : l'initiation à la « technologie » des montres, mais aussi le refoulement de la conception de l'*analysis situs,* développé par Leibniz dans *la lettre à Thomasius* de 1679 (G. I, pp. 15-27). Par sa faute, toute la doctrine kantienne de l'espace et du temps a pu se constituer (selon laquelle ils sont des intuitions, et non des concepts à la manière de Leibniz ; Kant en 1768 évoquait l'*analysis situs* comme une science introuvable).

8. Dans ce texte, deux phrases permettent d'adopter l'hypothèse d'une « synthèse » : « et je n'en suis pas fâché présentement » ; c' « est ce qui me *ramena* aux Entéléchies ». Toutefois, le platonisme fait pencher la balance de son côté très nettement avec les *monades ;* cf. aussi *N. E.,* Préface, G.F., p. 33. Parlant du système de Locke, Leibniz écrit : « Le sien a plus de rapport à Aristote, le mien à Platon. »

9. KABITZ, *op. cit.,* chap. II, p. 49. Kabitz est le premier à avoir mis en question l'exactitude historique de ce passage. D'autre part, nous rejoignons ici la distinction de Feuerbach entre un Leibniz ésotérique et un Leibniz exotérique, tout en avouant avec lui qu'elle est fort délicate à effectuer (*op. cit.,* p. 95).

ni de Descartes ou du cartésianisme en son ensemble. A première vue, cela semble naturel, puisqu'il rejette ces doctrines avec vigueur. Mais c'est précisément dans ce combat qu'il forge ses principaux concepts ; et les omissions sont peut-être plus significatives que l'explicite. Le mécanisme de Descartes a pour principal défaut de ne pas être rattaché à la métaphysique, le monde de Spinoza d'être une totalité où disparaît toute individualité, celui de Malebranche d'être « miraculeux » avec sa théorie des causes occasionnelles, celui des atomistes et des Épicuriens de rejeter la divisibilité à l'infini, et de confondre le matériel et le spirituel, celui des Stoïciens d'introduire « une âme du monde », celui des Pythagoriciens la « métempsychose », et enfin celui des cabbalistes d'être excessif. Or, d'une *certaine façon*, Leibniz est un philosophe mécaniste (comme Descartes), un philosophe de l'unité (comme Spinoza), un atomiste (comme Démocrite), un philosophe d'un univers où tout est animé et où tout conspire comme les Stoïciens et les cabbalistes, et où rien ne meurt comme les Pythagoriciens.

Il est un philosophe qui croit encore possible la *conciliation* entre les doctrines, comme le croira Kant aussi au début : « Il faut savoir prendre ce qui est bon en chaque doctrine » [10] ; sa pensée doit être confrontée à celles qu'il accepte partiellement, comme à celles qu'il paraît rejeter avec le plus de violence. Il est significatif que mis à part quelques opuscules, les seuls ouvrages composés de philosophie l'aient été sur le canevas d'autrui : la *Théodicée* est un contre Bayle, les *Nouveaux Essais* un contre Locke, et toute sa correspondance immense qui forme la majeure partie de son *Nachlass* est une mise à l'épreuve

10. G. III, p. 624 (*A Rémond*, 26 août 1714).

constante de sa pensée sur et à partir de celle d'autrui, surtout lorsqu'elle n'est pas mentionnée ; pourquoi ? Parce qu'il n'est pas possible à Leibniz d'avoir présentes à l'esprit toutes ses lectures au même moment ; d'autre part, la crainte d'être confondu avec tel ou tel philosophe de l'Antiquité ou tel ou tel contemporain dont la pensée peut sembler très proche de la sienne peut le faire reculer; enfin, il a tellement fait sienne la pensée d'autrui, en la transformant [11], qu'il la citera seulement au détour d'une phrase de manière apparemment anodine, à titre d'exemple, ou d' « autorité » confortant son propos. Tout au long de la lecture des textes de Leibniz, il faut donc avoir présentes à l'esprit, dans la mesure du possible, les philosophies qui l'ont précédé, et étudier à chaque fois comment il s'en démarque.

Aussi, l'étude de l'itinéraire spirituel sous le point de vue des influences n'apporte-t-elle rien de décisif en ce qui concerne la biologie : tout au plus pouvons-nous apercevoir une *tension* entre le mécanisme consécutif à la fréquentation de Huyghens et l'aristotélisme des débuts, mais une tension surmontée dans le platonisme ; néanmoins, le mythe d'un Leibniz uniquement mécaniste et cartésien est fortement entamé [12], sans légitimer de manière positive pour autant l'intérêt de la biologie.

11. Cf. GRUA, *op. cit.*, pp. 16-22, où il rappelle la méthode de travail de Leibniz qui avait coutume de recopier des pages entières de philosophes pour mieux s'en imprégner. Aussi en avait-il une interprétation *très personnelle* et il faudrait étudier Leibniz comme un historien de la philosophie (ce qu'en un sens a entrepris F. BRUNNER, *Études sur la signification historique de l'œuvre de Leibniz*). Pour n'en citer qu'un exemple, on remarquera avec CASSIRER, *Die platonische Renaissance in England*, pp. 108-109, que Leibniz est le premier à s'être débarrassé de l'idée du platonisme, issue de l'Académie Florentine.

12. Cf. LAPORTE, *Le rationalisme de Descartes ;* — Y. BELAVAL, *Leibniz, critique de Descartes*, Préface.

Il reste maintenant le *second enseignement* de l'itinéraire spirituel de Leibniz, qui est peut-être le plus précieux : le mécanisme s'achève en *métaphysique.* Il est donc indispensable pour comprendre les phénomènes qui possèdent une rationalité et une intelligibilité propres ; mais il est incapable de les *fonder.* Telle est la clef *explicite* fournie par Leibniz, de l'évolution de sa pensée ; or cette clef qui semble n'avoir aucun rapport avec la biologie y est tout au contraire étroitement liée, quand on confronte ce texte avec d'autres ; elle en est le prolongement implicite, car « tout ce qui arrive aux monades a quelque chose de *vital* ».

L'étude de l'itinéraire spirituel par Leibniz a donc donné deux précieuses indications : elle permet de lever partiellement la grave contradiction signalée au début de notre propos, sous son troisième point de vue : Leibniz n'est pas seulement un « mécaniste »; le problème de la vie *peut* se poser, grâce aux influences spirituelles qu'il a subies, hors des cadres du mécanisme ; bien plus, c'est non seulement l'une des questions du système de Leibniz, mais peut-être *la* question fondamentale révélée par l'hypothèque du cartésianisme [13]. Le thème biologique est indispensable pour la compréhension de la genèse de la pensée de Leibniz, et aussi pour celle de son devenir.

*
* *

Il convient alors, en second lieu, d'examiner si effectivement les principes du système de Leibniz pouvaient lui permettre de penser le biologique dans sa spécificité. Il peut sembler certes paradoxal de prétendre répondre à une telle question sans avoir

13. Il est certain en effet que Leibniz devient lui-même en dépassant Descartes. Cf. Y. BELAVAL, *op. cit.*, pp. 133 sq.

défini précisément l'acception du terme de « biologie » dans sa philosophie ; d'autre part, une étude des « principes » est difficilement dissociable de l'ensemble de sa philosophie, et surtout ils ne sauraient avoir une antériorité chronologique sur elle. Néanmoins, il nous a semblé que les principes de Leibniz constituaient non seulement la *condition de possibilité* du discours sur la vie, mais qu'ils permettaient aussi de *l'engendrer.*

Leibniz fut le premier, du moins à son avis, à dégager la loi de la continuité et le principe des indiscernables. Entre les raisons architectoniques, « une des plus considérables, écrit-il, que je crois avoir introduite le premier dans la Physique est la loi de continuité, dont j'ai parlé il y a plusieurs années dans les *Nouvelles de la République des Lettres,* où j'ai montré par des exemples comment elle sert de pierre de touche des dogmes. Cependant, elle sert non seulement d'examen, mais encore d'un très fécond principe d'invention, comme j'ai dessein de le montrer un jour » [14]. Et puisque les cartésiens ne veulent point l'entendre justement, Leibniz n'hésite pas à user de l'expression « *ma* loi de continuité ». Pour le principe des indiscernables, il en parle comme du *quod inter nova et majora axiomata mea est* [15]. Leur synthèse constitue *le principe de raison suffisante* (que Kant a d'ailleurs dénoncée comme une confusion essentielle) [16]. Les trois principes sont liés de manière indissoluble, puisque dans les *Nouveaux Essais,* dans la *Préface,* le principe des indiscerna-

14. G. VII, p. 279 ; M.S. III, § 1.
15. G. IV, p. 514.
16. *Kritik der Reinen Vernunft,* A, pp. 201, 208, 264, 271, 272. L'article d'A. Philonenko, « La loi de continuité et le principe des indiscernables », *Revue de métaphysique et de Morale,* 1967, n° 3, permet de dépasser cette critique kantienne et révèle une contradiction *insensible* entre ces deux principes.

bles est dérivé de la loi de continuité[17]; en effet, selon A. Philonenko[18] : « La loi de continuité permet de dégager l'expression *a priori* du principe des indiscernables : sont indiscernables les objets qui possèdent une même définition génétique... elle lui permet de se révéler comme un principe de détermination de l'intuition empirique. » Mais cela n'a été possible que parce que ce principe avait permis de résoudre l'antinomie de la continuité entre la thèse de la divisibilité à l'infini et l'antithèse atomiste. Bien plus, les choses ne se distinguent pas ainsi seulement par leur « place », mais par leurs différences internes[19], susceptibles de rendre raison de leurs situations différentes dans l'espace et dans le temps. Ces deux principes dépassent donc le niveau de l'intuition sensible, qui leur a peut-être fourni un modèle : les deux feuilles du jardin de Herrenhausen, ou encore les deux gouttes d'eau vues au microscope[20] pour le principe des indiscernables ou les différences insensibles entre les espèces pour le principe de continuité[21]. « Le principe des indiscer-

17. « J'ai remarqué aussi qu'en vertu des variations insensibles, deux choses individuelles ne sauraient être parfaitement semblables », G. V, p. 49 (cf. le « *praedicatum inest subjecto* », en logique).

18. *Loc. cit.*, pp. 269-270.

19. « Et non posse duas res inter se differe solo loco et tempore, sed semper opus esse, ut aliquia alia differentia interna intercedat », Cout., p. 8. Ce texte est antérieur vraisemblablement à 1680 ; *ibid.*, p. 519.

20. Janet, t. II, p. 635, § 4-6 ; p. 654, § 22-24 ; p. 668, § 71.

21. Pour la loi de continuité, on consultera le chapitre d'Y. BELAVAL, *Leibniz, critique de Descartes*, « arithmétisme leibnizien et géométrisme cartésien ; cf. aussi KAULBACH, « Le labyrinthe du continu », in *Archives de Philosophie*, 1966. Les principaux textes sont les suivants : *natura non facit saltus*, par exemple G. I, pp. 403, 411 ; G. II, pp. 168, 192 ; G. III, p. 559 ; G. IV, p. 568 ; — « tout est continu aussi bien que contigu » ; « tout diffère aussi bien en degré qu'en apparence » : G. VII, pp. 452-453, 528 ; G. V,

nables exige la détermination de la réalité en son individualité — la loi de continuité permettra de satisfaire cette exigence en démêlant "l'immense subtilité des choses". »[22] Dès lors, l'individualité n'apparaît plus seulement comme un objet *possible* de la connaissance rationnelle (ce qui est déjà un premier changement par rapport aux conceptions aristotéliciennes), mais bien plutôt comme son *idéal.*

Une véritable « révolution copernicienne », pressentie peut-être par Leibniz dès sa dissertation de baccalauréat[23], est accomplie dans l'ordre du savoir. Pour reprendre les schèmes d'interprétations kantiens, la synthèse opérée dans le principe de raison suffisante est « le principe suprême de la possibilité de l'expérience »[24]. C'est le fondement du système de Leibniz : « Les grands principes de la raison suffisante et de l'identité des indiscernables changent l'état de la métaphysique, qui devient réelle et démonstrative par leur moyen ; au lieu qu'autrefois elle ne consistait qu'en termes presque vides. »[25]

Dès lors, aucune contradiction n'existe entre cette affirmation de Leibniz et celle selon laquelle tout son système peut être déduit du principe d'unifor-

p. 64 ; G. III, pp. 339-340, 356-357 ; G. IV, pp. 545-548 ; G. II, p. 311 ; Guhrauer, *App.*, pp. 32-33. — GRUA, *op. cit.*, donne la liste des principaux passages, qui permettra de compléter celle-ci : chap. II, notes 28-33, 47-48.

22. A. PHILONENKO, *loc. cit.*, p. 273 ; G. V, p. 49.

23. *De principio individui ;* en particulier § 2, 4, 7, 9 ; pp. 17-27 pour les différences dans la deuxième version (1676). F. de C., App. II du *Mémoire*, p. 201, montre cela avec plus d'évidence encore (principes 2, 3, 4). Cf. A. CORSANO, *Leibniz*, chap. V, pp. 111-123, où l'auteur montre les applications en théologie, logique, histoire, etc.

24. A. PHILONENKO, *loc. cit.*, p. 275.

25. *Correspondance avec Clarke*, Janet, t. II, p. 635 (5), *Quatrième écrit ; ibid.*, pour le principe de raison suffisante, « mon grand principe », pp. 635, 653, 679.

mité[26] (ce qu'il accomplit d'ailleurs dans sa correspondance avec Lady Masham de manière éblouissante)[27] : c'est celui d'Harlequin de la Lune, « c'est toujours et partout comme ici ». Entre ce principe et la loi de continuité, il n'est pas de différence, sinon de *point de vue :* celui-ci énonce des différences de degrés d'intensité dans la perfection, celle-là des différences de quantité et de qualité, dans les deux cas infinitésimales et insensibles. Mais surtout la loi de continuité, en tant qu'elle est intégrée au principe de raison suffisante, est considérée comme *condition de possibilité* de l'expérience ; la loi d'uniformité, au contraire, constitue une *règle* permettant de passer d'un objet à un autre, elle fonde le principe d'analogie et se confond parfois avec lui. Elle permet de lier en comparant entre eux les objets de l'expérience, et surtout de réduire l'inconnu au connu : elle est une *méthode* de recherche et de découverte — « toute

26. Par exemple, *Lettre à lady Masham,* G. III, pp. 343 et sq. ; G. V, p. 548 ; *Nouveaux Essais,* G.F., pp. 337, 436, 56, 57 ; *Correspondance avec Clarke,* Janet, t. II, p. 654, § 24.

27. Par exemple, G. VI, p. 548 ; *Lettre à lady Masham,* G. III, p. 348. La référence à la *Théodicée* est capitale puisque cet ouvrage constitue une mise en forme de la pensée « définitive » de Leibniz, qu'il souligne lui-même à diverses reprises (par ex. G. III, p. 618, *A Bourguet,* 1714). Leibniz utilise avec différentes variantes ce « principe de l'uniformité de la nature avec variations en degrés et perfections » (p. 339, G. III). Son application aux génies montre que comme nous, non seulement ils sont doués d'esprits (plus parfaits), mais aussi de « corps proportionnés à leur perfection » (*ibid.,* p. 344). Son application aux différents êtres de la nature « comparés avec soi-même », démontre qu'ils sont « doués de *perceptions* », et qu' « ils les garderont tous ». Il fonde l'analogie entre les petites perceptions et la mort, entre le *visible et l'invisible ;* il justifie « l'organisation jusque dans les plus petites parties » (*ibid.,* p. 345) et la condamnation des causes occasionnelles (p. 346) qui font appel au *miracle* contraire à l'uniformité de la nature. Il fournit ainsi la preuve la plus évidente de l'*immortalité* dont le contraire imposerait une série de miracles.

mon hypothèse revient à reconnaître dans les substances éloignées de notre vue et de notre observation quelque chose de proportionnel à ce qui se remarque dans celles qui sont à notre portée »[28]. L'analogie ainsi définie sur un modèle mathématique permet d'éviter tous les excès des prédécesseurs de Leibniz, qu'il connaissait fort bien, et a souvent critiqués[29]. Elle permet alors de *construire* les objets de l'expérience. On peut donc, avec beaucoup de précautions, comparer son rôle à celui du schème kantien, qui est une méthode pour construire un objet, en même temps qu'il fournit « l'image » d'un concept[30].

Le principe d'uniformité a donc permis de construire les objets et de les lier. Son utilisation maintenant, non plus seulement dans l'ordre de la connaissance, mais aussi dans celui des objets construits, permet de dériver quatre principes fondamentaux : si tout est lié, alors « toute action et tout événement étend sa liaison à l'infini, tant à l'égard des lieux qu'à celui des temps »[31], « tout conspire » et « rien ne se perd »[32] ; d'où il est légitime de conclure en introduisant la finalité et en reprenant

28. G. III, p. 339. Cf. *Correspondance avec Wolff*, p. 140. « Mes énonciations doivent être universelles et conserver l'analogie. »

29. Leibniz avait une bonne connaissance de Thomas d'Aquin, Suarez, Descartes, les scotistes et enfin les professeurs luthériens. GRUA, *op. cit.*, a étudié très précisément la part de ces influences : pp. 37-45. Dans les notes 234-238, 249-251, il donne la liste quasi exhaustive des textes où Leibniz use de l'analogie entre Dieu et les créatures, avec beaucoup plus de précautions que ses prédécesseurs (cf. sur ce dernier point les notes 233 et 233 *bis*, 247-248 *bis*).

30. Cf. H. COHEN, *Kants Theorie der Erfahrung*, p. 492.

31. Klopp, *Correspondance avec Sophie*, lettre CLIV, 5 août 1699, p. 142 (t. VIII) ; tout conspire : *sumpnoa panta*, formule des *stoïciens* et d'*Hippocrate*.

32. Klopp, t. IX, lettre CCCLII, *A Davenant*, août 1706, p. 236 (toutes les substances simples se conservent, et toutes les actions demeurent dans la nature...).

le vieil adage aristotélicien : « La nature ne fait rien en vain. »[33] Ces quatre principes peuvent se ramener à un seul : la liaison des objets de l'expérience est telle qu'ils forment un *tout*, une totalité où « tout conspire », c'est-à-dire tend vers le même but, ou encore un « système complet » pour prendre un modèle mathématique.

Que résulte-t-il de l'étude des principes de Leibniz pour la biologie ? Ils sont la *condition de possibilité* des objets de l'expérience, et dans l'expérience, dans la synthèse du principe de raison suffisante, ils permettent de les *construire* et de les *lier*. Une révolution dans le domaine de la connaissance est opérée : ce n'est plus la connaissance du général qui est première, mais celle de *l'individuel*. Or, l'individuel est la catégorie par excellence du *biologique*, tel que nous l'entendons aujourd'hui[34].

Il n'est pas de généralisation logique dans le domaine de la vie : à l'intérieur d'une espèce donnée, il est impossible de trouver deux individus semblables, comme le schème leibnizien des deux feuilles l'a montré ; *a fortiori*, « aucune acquisition de caractère expérimental ne peut être généralisée sans les plus expresses réserves, qu'il s'agisse de structures, de fonctions et de comportement, soit d'une variété à une autre dans une même espèce, soit d'une espèce à une autre, soit de l'animal à l'homme »[35].

33. Klopp, lettre du 5 août 1699, *ibid.*, p. 143. On comparera avec ARISTOTE, *Politique*, 1256 b 21, 10253 a 8 ; *De Caelo*, I, 4, 271 a 33 ; *De An.*, III, 9 432 b 21 ; III, 12 434 a 31 et pour la définition de *to motên*, *Physique*, II, 6, 147 b 26. Pour une liste exhaustive des textes d'Aristote on consultera l'*index* de Bonitz.

34. Cf. G. SIMONDON, *L'individu et sa genèse psychobiologique*, Paris, P.U.F., 1964 ; — G. CANGUILHEM, *La connaissance de la vie*, « l'expérimentation », 1re éd., p. 29.

35. G. CANGUILHEM, « L'expérimentation », in *La connaissance de la vie*, 2e éd., p. 26.

La *spécificité* est irréductible dans une certaine mesure.

Or, une solution est fournie par Leibniz de manière rigoureuse et précise par le principe d'analogie, qui permet d'effectuer le passage de la considération d'un objet à un autre, et de sa construction, tout en connaissant l'*énormité* du risque encouru. Dès lors, la possibilité d'une organisation du champ du savoir est assurée et il n'y a plus seulement une juxtaposition de différentes connaissances « régionales » ou individuelles.

Mais Leibniz va au-delà encore de ce qui aurait pu paraître une conception « atomiste » de la connaissance et du réel, c'est-à-dire la compréhension d'une succession d'individualités, même organisées. L'appréhension de la *totalité* a été également déduite sous la forme des quatre axiomes dérivés du principe d'uniformité conçu comme liaison des phénomènes. Or, de nos jours, la saisie de la totalité apparaît fondamentale en biologie, la totalité biologique par excellence étant l'organisme, qui n'est pas la somme de ses parties, mais leur synthèse : « Il n'est pas certain qu'un organisme, après l'ablation d'un organe, soit le même organisme diminué d'un organe... dans un organisme, les mêmes organes sont presque toujours polyvalents. »[36] Ces quatre axiomes en font un système *complet* et *réglé*, applicable à la notion d'organisme, ou plus exactement l'*engendrant* comme cas particulier : « tout est lié... à l'infini » ; l'ablation de l'une des parties est lourde de conséquences pour l'ensemble de cette totalité où « tout conspire » ; elle est donc une *unité* liée. Bien plus, rien ne s'y « perd » : elle est réglée et *suffisante*. Dès lors, un premier pas est fait pour la compréhension de l'orga-

36. *Ibid.*, p. 29.

nisme conçu comme unité et totalité douée de sa propre fin : « La nature ne fait rien en vain. » Par conséquent, non seulement elle possède une « téléonomie », pour reprendre l'expression de Monod, mais par rapport à elle, la moindre « partie » possède une signification. En d'autres termes, la considération de la totalité n'exclut pas mais exige celle de chacune de ses parties, elle requiert celle de l'individualité comme telle. Bien plus, la totalité se fait à son tour individualité, dans son *irréversibilité* : « chaque action... étendant sa liaison à l'infini », il n'est pas de répétition possible. L'irréversibilité radicale est la propriété du biologique, qui en rend l'appréhension si délicate et en révèle sa profonde originalité, son autonomie par rapport à quelque mécanisme que ce soit [37].

Il est donc démontré que les principes fondamentaux de Leibniz permettent d'engendrer et d'appréhender rationnellement le fait biologique dans son irréductibilité.

*
* *

Il importe d'aller plus avant encore et de constater que ces considérations permettent de *lever l'une des plus graves contradictions* du système de Leibniz, au niveau des *principes.* La plupart des interprètes ont en effet opposé la rigueur de la méthode générale et des premiers écrits mathématiques d'une part, et le foisonnement imaginatif du monde de Leibniz dans sa philosophie définitive d'autre part, qui est extrêmement *concret,* et surtout plein de *vie.* Ainsi, Ernst Cassirer demandait-il : « Comment accorder le monde multicolore *(bunte)* de l'imagination métaphysique avec l'idéal de la connaissance que Leibniz

37. *Ibid.*, pp. 30 sq.

comme logicien et mathématicien a tracé ? »[38] La considération des modèles des principes fournit une réponse — mathématique et biologie y coexistent — : le « modèle » du principe des indiscernables est celui des feuilles ; le « modèle » du principe de continuité est celui du calcul infinitésimal et aussi des différences insensibles entre les espèces[39]. Mathématique et biologie sont liées dans le principe de continuité ; elles le sont également dans le principe de raison suffisante considéré comme synthèse du principe des indiscernables et du principe de continuité. Par conséquent, l'étude de la « biologie » est indispensable pour tenter de saisir l'unité de la pensée de Leibniz, qu'elle met en cause dans ses rapports aux mathématiques, et avec la raison.

Dès lors, la considération des principes auxquels Leibniz a toujours attaché tant de prix engendre celle du biologique et la fonde, tout en permettant de résoudre l'une des grandes « contradictions » du système de Leibniz. Toutefois, si elle est résolue au niveau des *principes*, cela n'empêche pas qu'elle demeure de manière insensible dans son *système*. Et il nous appartiendra de lever ce doute au cours de cette étude. La compréhension du thème biolo-

38. E. CASSIRER, *Leibniz' Haupschriften*, Bd. II, Einleitung, p. 5. On rapprochera d'*ibid.* p. 4, où l'auteur avoue qu'à première vue « la philosophie de Leibniz semble plus un tableau attrayant de l'imagination esthétique qu'un résultat (Ergebnis) obtenu déductivement à partir de la recherche scientifique et de la démonstration ».

39. Les « modèles » sur lesquels les principes sont construits en fournissent des représentations qui en même temps les « enveloppent » : ainsi le « modèle » des *deux feuilles* permet de construire le principe des indiscernables, en même temps qu'il en fournit une représentation *concrète ;* le « modèle » du *calcul infinitésimal* permet de construire le principe de continuité, en même temps qu'il en fournit une représentation *mathématique*. Avec E. CASSIRER, *op. cit.*, p. 238, on remarquera également l'usage *régulateur* du principe de continuité.

gique met en jeu l'unité et la cohérence du système de Leibniz. Bien plus, elle met en jeu aussi la *conception du savoir,* où elle impose comme idéal de la connaissance celui de l'individualité, et en même temps celui de la totalité, qui étaient complètement étrangers au mécanisme. Elle remet en cause toutes les relations de Leibniz avec l'idéal du savoir de son siècle.

Ainsi, au niveau des principes et de l'idéal de la connaissance, le mécanisme n'apparaît plus comme ce qui est le plus haut. Les principes leibniziens ont engendré le « biologique » et, par là même, le constat d'échec du mécanisme. Que faut-il entendre par là ? L'itinéraire spirituel que Leibniz a retracé prend alors toute sa signification : son intérêt n'est pas tant celui de son exactitude historique relative que celui d'une reconstruction *a posteriori,* révélant le but et le mobile profonds de la philosophie de Leibniz. Il s'est avéré que le mécanisme était impuissant à fonder les phénomènes et qu'il fallait passer à la métaphysique. L'une des préoccupations essentielles qui apparaît dans les *lettres à Jean Frédéric*[40] ou dans son opuscule intitulé *de modo distinguendi phaenomena realia ab imaginariis*[41] est celle du *fondement* : non seulement fondement du savoir au niveau des principes définis avec une telle rigueur et une telle cohérence[42], mais fondement de la « réalité » ; cette préoccupation est celle de Descartes, qui met en doute l'existence du monde extérieur ; qu'est-ce qui me garantit que le monde n'est pas un songe ?[43] Leibniz, qui a connu une période carté-

40. G. I, pp. 49, 51. Il emploie le mot *Grund.*

41. G. VII, *Philosophische Abhandlungen,* XIII, pp. 319-322.

42. Leibniz cherche un fondement aux sciences, à la jurisprudence, G. I, p. 49 ; à la physique, G. I, p. 50, etc.

43. *Méditations,* I et II.

sienne, se pose donc inévitablement cette question. Mais la réponse qu'il y apporte sera bien différente : Descartes, dans la *VIe méditation*, recourt à la véracité divine pour retrouver le monde sensible[44] ; pour Leibniz, la liaison des phénomènes suffit pour distinguer ceux qui sont réels de ceux qui sont imaginaires, mais peut-être pas pour les fonder véritablement : il faudra la notion de substance, et plus précisément celle de monade, qui est « métaphysique ». A ce point de notre analyse, nous semblons être tout à fait éloignés du thème biologique ; or, jamais nous n'en avons été si près : les monades, en effet, ont « quelque chose de *vital* ».

Dès lors, *biologie* et *métaphysique* apparaissent liées indissolublement. Mais que faut-il entendre par vie ? Une pluralité d'acceptions apparaît aussitôt, dès que l'on regarde l'univers de Leibniz où tout est « animé » et « vivant » : il y a la vie de la plante, de l'animal, de l'homme, de la monade, ou même du minéral. Or, ce qui ne semble à première vue que confusion, se laisse ordonner facilement dès que l'on distingue les différents stades de la quête du fondement : en physique, où son échec implique la naissance de la dynamique, en embryologie avec la notion de préformation, qui nécessite le recours à

44. Il faut distinguer chez Descartes les *Méditations* des *Regulae* qui sont beaucoup plus proches de la pensée de Leibniz ; celui-ci en possédait un exemplaire (manuscrit H ; cf. Springmeyer). La règle VI avec la dissolution de l'*ousia* aristotélicienne dans la notion de *series* abolit la distinction traditionnelle de l'ordre de l'être et de l'ordre du savoir ; est *réel* ce que l'entendement pose, en déterminant les *absoluta* et les *respectiva* (cf. J.-L. MARION, « Ordre et relation chez Descartes », in *Archives de Philosophie*, nº 1, 1974). Les études de NATORP, *Descartes' Erkenntnisstheorie*, Marburg, 1882 ; CASSIRER, *Leibniz' System...*, première partie, ou HEIMSOETH, *die Methode der Erkenntnis bei Descartes und Leibniz*, sont précieuses pour la compréhension des *Regulae*, méconnues en France, et leur *relation à Leibniz*.

Dieu, ou en métaphysique avec les monades, qui sont autant d'atomes spirituels. Néanmoins, la distinction de tels niveaux est sujette à caution, car Leibniz en explore plusieurs simultanément ; d'autre part, entre eux, il existe des rapports d'analogie précis qu'il appartiendra d'élucider et, de manière générale, il semble que l'étude de la vie soit un modèle pour la compréhension de la métaphysique, en même temps qu'une tentative de fondement du réel par la science ; la conception d'une « monadologie matérielle » de Feuerbach [45] n'apparaît donc pas étrangère à la pensée de Leibniz, *sous ce point de vue.*

Ainsi, entre les différents niveaux, il n'est peut-être pas de rupture, mais bien plutôt, en vertu des principes mêmes de Leibniz, continuité et analogie, particulièrement entre l'étude de la vie et la métaphysique des « monades ». La notion de monade n'apparaît qu'en 1696, tardivement chez Leibniz, tandis que, dès 1672, l'étude de la vie est menée avec précision. La recherche du fondement dans et par la science est donc première chez Leibniz. Tout le problème est de savoir s'il y a *substitution* de la solution monadique à la solution scientifique (à supposer qu'il y en ait une), ou plutôt *complémentarité* [46]. Dans cette dernière hypothèse, ce serait une réponse « ésotérique » de Leibniz à la question du fondement, rendue possible non plus par la science « mécaniste », mais par la science « biologique ». La notion de vie permettrait alors d'effectuer le passage de la science à la métaphysique, gouvernées par les mêmes principes rationnels susceptibles de l'appré-

45. L. FEUERBACH, *op. cit.*, pp. 161 sq.

46. Dans cette *hypothèse*, nous rejoindrions les conclusions de KABITZ, *op. cit.*, pp. 127-134, selon lequel Leibniz dès le début fut en possession des questions fondamentales ; il y aurait donc, d'une certain façon, une « préformation » du système de Leibniz.

hender dans sa spécificité. Enfin, dans la mesure où la monade sera « vie », « miroir de l'univers », la connaissance comprise comme réflexion sera *vie* à son tour. *Ainsi, la possibilité non seulement d'un logos SUR la vie mais DE la vie se trouve fondée au niveau des principes leibniziens dans leur relation au projet originel du fondement des phénomènes.* Il importe donc maintenant d'étudier la quête du fondement dans les sciences de la vie, dont Leibniz fut le précurseur génial, dès ses « années de jeunesse », pour tenter de voir comment s'effectue le passage à la métaphysique et élucider, notamment dans ses rapports au mécanisme, la notion de « vie ».

CHAPITRE PREMIER

LA MÉDECINE

§ 1. — IMPORTANCE DE LA MÉDECINE POUR LEIBNIZ

Un des premiers écrits de Leibniz est consacré à la science médicale ; il s'agit des *directiones ad rem medicam pertinentes*[1], daté de 1671-1672, et vraisemblablement terminé avant le séjour à Paris. Le souci médical est donc un des premiers de Leibniz, et il le conservera toute sa vie, comme le montrent les incessantes exhortations à ses correspondants, qu'il presse de s'adonner à cet art. Il regrette d'abord que Descartes ne s'y soit pas attaché davantage : « Il est vrai que Monsieur Descartes s'appliqua de temps en temps à la médecine, mais il eût été à souhaiter qu'il s'y fût appliqué davantage, et avec plus d'attachement aux observations qu'aux hypothèses. Car il faut avouer que les considérations des atomes et des petites parties sont peu dans la pratique. »[2] Trois

1. F. HARTMANN et M. KRUGER, « Methoden ärztlicher Wissenschaft bei Leibniz », *Studia leibnitiana*, Teil 11, Suppl. XII, 1972, p. 235. Gernot Rath en 1951, et Johann Steudel en 1960 et 1966, ont interprété les *directiones* et, d'après le filigrane, identifiées comme remontant à 1671-1672.

2. G. IV, p. 316. On rapprochera de *ibid.*, 302 et G. I, p. 182 — « il a recopié Harvée et s'est trompé dans l'opinion qu'il avait du cœur et des muscles » ; il « se croyait habile en médecine » et c'est

griefs sont lancés contre Descartes, qui permettront d'appréhender de « manière *négative* » la médecine leibnizienne : il n'a pas consacré assez de temps à la médecine, il a négligé de recourir aux expériences et, enfin, il était « atomiste » — ce dont Descartes certes se défendait, mais Leibniz le lui reproche sans cesse.

Il presse Conring à plusieurs reprises de se hâter dans la rédaction de son livre *sur les fins*, pour qu'il puisse se tourner ensuite vers la médecine *(res medica)*, « domaine d'une si grande difficulté » et en même temps « loué pour ses résultats »[3]. La médecine peut donc rivaliser d'une certaine façon avec la métaphysique. Pourquoi ? « Parce qu'il n'est rien de plus *utile* pour le genre humain »[4], et tout le problème sera de comprendre ce que recouvre ce terme que Descartes déjà employait pour le qualifier. Mais la médecine ne rivalise pas avec la seule métaphysique : dans le *de arte combinatoria*[5], elle est mise en parallèle avec la jurisprudence, objet d'un intérêt tout particulier de Leibniz alors[6] ;

ainsi qu'il s'est laissé mourir en Suède, et est mort « trop tôt », G. IV, p. 275 — lettres à Malebranche de 1679, cf. F. ALQUIÉ, *La découverte métaphysique de l'homme chez Descartes*, p. 258, où l'auteur montre que Descartes a négligé de faire appeler un médecin, parce qu'il avait « confiance en la nature », ce qui se retrouvera d'une certaine façon chez Leibniz.

3. G. I, *A Conring*, lettre XIV (1678), p. 199. C'est là un appel qui est renouvelé par rapport à d'autres précédents *(nuper)* qui s'étaient soldés par une fin de non-recevoir de Conring, p. 183 — cf. G. I, pp. 178, 180, 181 et lettre XII (février 1678), p. 189, par exemple. Leibniz déplore de manière générale qu'il n'y ait plus « d'habiles gens » à s'adonner à la médecine, cf. G. III, p. 489.

4. G. I., pp. 177, 180, 189 et *N.E.*, G.F. pp. 467, 468. Cf. DESCARTES, *Œuvres*, A.T., VI, pp. 46 sq., *D.M.* V. Or, Leibniz reconnaît en G. IV, p. 292 : « c'est par l'amour de la métaphysique que j'ai franchi tous les degrés ». *Ceci est extrêmement grave.*

5. G. IV, *De arte combinatoria, usus* I-II.

6. W. KABITZ, *op. cit.*

bien plus, la correspondance avec Jean Bernoulli révèle qu'elle finit par la supplanter : Leibniz déplore que le fils de Bernoulli « se soit adonné à la jurisprudence plutôt qu'à la physique *et* à la médecine, car nous avons en abondance beaucoup de bons juristes, mais nous manquons de médecins »[7].

Elle rivalise aussi avec les mathématiques : toute cette correspondance n'est qu'une longue recommandation, pour tenter de persuader Jean Bernoulli de l'intérêt de la médecine, à laquelle il s'était consacré selon le vœu de son frère aîné, et où il ne paraissait trouver aucun goût particulier[8]; pourtant, Jean Bernoulli poursuivait ses travaux sur le calcul différentiel dans la même ligne que son frère, celle-là même qui avait été indiquée par Leibniz. Toutefois, il ne saurait être question évidemment de renoncer à la mathématique, mais elle n'est pas considérée comme une « fin en soi », mais plutôt subordonnée à ses « usages », et en particulier en médecine : tous les interprètes ont fait très justement remarquer cette sorte de « paresse » de Leibniz, qui consiste à poser les fondements d'un calcul, puis à laisser à d'autres le soin de le poursuivre dans le détail[9]. Or, il a demandé avec insistance à Jean Bernoulli de « réfléchir à l'usage des mathématiques dans les choses de la nature et en médecine »[10]. Malheureu-

7. M.S. III, p. 887.

8. M.S. II, pp. 24, 113, 206 ; il ne faut pas que Bernoulli fasse de la médecine, « comme s'il était condamné à la pratique la plus fastidieuse, mais parce qu' ...il est possible, à partir de ces méditations, de construire (erui) de grandes choses pour connaître les intérieurs de la nature auxquels la même pratique aidera ». Cf. aussi M.S. III, p. 747.

9. M. SERRES, *op. cit.*, p. 61.

10. M.S. III, p. 884, réponse de Bernoulli, *ibid.*, p. 887. Jacob Bernoulli avait eu cette idée également, M.S. II, p. 24 : il « ne doute pas que si l'on voulait appliquer les mathématiques à la médecine, on ne fasse avancer celle-ci d'un très grand pas ».

sement, ce point ne sera jamais développé de manière systématique, ni par Leibniz, ni par Bernoulli, à notre connaissance du moins, ce dernier s'étant contenté de répondre : « Je vais y réfléchir. » Mais il est très important de constater que l'application possible des mathématiques à la médecine ne signifie pas une réduction à la physique ou à la mécanique : « Tu sais qu'il y a de grandes querelles en France, en Angleterre et en Suisse, en ce moment, au sujet de l'usage de la mécanique en médecine. Certains nient que tout se produit mécaniquement, dans les actions de mon corps (d'où ma querelle avec Stahl...) ; d'autres pensent le contraire... ; je ne suis d'accord ni avec les uns, ni avec les autres. »[11] Ainsi existe-t-il une « troisième voie » qu'il nous appartiendra d'étudier avec précision.

Enfin, la médecine, et c'est peut-être le plus important, n'est pas incompatible avec la religion, bien que de nombreux médecins soient mécréants « au point que cela est devenu une légende »[12], et que la dissection, par exemple, pose de graves problèmes moraux. Ainsi, Leibniz déplore que Sténon, devenu évêque, ne s'occupe plus de médecine[13]. Bien plus, celle-ci est aussi utile que la religion. Certes, Leibniz était considéré par ses contemporains comme un incroyant, celui qu'on appelait en chaire Loevenix, *glaubet nichts*[14] ; mais il nous a semblé, avec Baruzi, que le souci du divin était l'un des plus profonds chez lui : « l'unique raison pour faire de la méta-

11. M.S. III, p. 884.

12. R. IV, 2, p. 479 (ils mettaient en doute le miracle du roi guérissant les écrouelles).

13. G. I, p. 182-184. Erd., p. 146. Dans la *Théodicée*, G.F., p. 335, il affirme que « la médecine est plus importante que de savoir si Adam a péché librement ». (Sur l'incrédulité des médecins, on consultera H. Buisson, *La religion des classiques*, pp. 144-146).

14. *Œuvres choisies* (éd. Prenant), Préface p. VII, 1re éd.

physique est de prouver l'existence de Dieu », écrivait-il à Thomasius le 20 avril 1669. Et il critique Descartes pour ses preuves de l'existence de Dieu insuffisantes, Spinoza pour son livre I de *l'Éthique*, et toute sa vie il sera occupé par les problèmes de la transsubstantiation, des mystiques et de l'union des Églises. Aussi, de ce fait, la médecine revêt-elle une importance toute particulière : tout de même que la religion s'occupe de la santé de l'âme, tout de même elle s'occupe de la santé du corps ; et l'on peut se demander dans quelle mesure la religion n'est pas comprise sur un modèle médical. L'étude de la médecine rejoint le souci du divin, et aussi celui de la morale [15], puisque c'est à Wolf, qui « diffusera » sa philosophie de manière didactique, que Leibniz écrivait : « Je souhaiterais que tu penses avant tout à ce qui, après la vertu, est nécessaire entre tout, la médecine, c'est-à-dire la santé qu'il faut retrouver. » *La médecine est donc plus qu'une science parmi les autres.*

Leibniz l'a « pratiquée » lui-même d'une certaine façon. Il fut un peu le médecin de la cour de Hanovre; la correspondance avec Sophie constitue une véritable chronique de l'état de santé de ses contemporains et du sien ; ainsi, vers mars 1700, Leibniz « se trouvant incommodé d'une fluxion froide et opiniâtre des vertèbres du col », doit aller prendre « les eaux chaudes à Pirmont » [16]. C'est alors l'occasion d'un échange de vues sur l'efficacité de ces eaux sur tel ou tel contemporain, M. Goritz, M. Sacetot [17], et ce thème se retrouve dans d'autres correspon-

15. CHEVALIER, *La morale de Leibniz*, Paris, Vrin, 1951, pour les parallèles médecine, religion et jurisprudence, on consultera T., p. 240, et Erd., *loc. cit.*, 146.

16. Klopp, t. VIII, p. 151. Cf. pp. 155, 167, 168.

17. Par ex. G. III, p. 251.

dances, par exemple sur les eaux de Spa, qui ont fait l'objet d'études de critiques [18]. De même pour les rhumes de Sophie, certes peu dangereux en eux-mêmes : « rhumes et diarrhées ne sont point comptés » [19], ou pour la mort du Duc Rodolphe « en musique » [20]. Sophie, qui est l'élève de Leibniz en quelque sorte, se livre également à cette chronique mondaine, mais elle la dépasse, lors des petits tableaux cliniques qu'elle dresse de la maladie de Mme Harling [21] ou de la leçon qu'elle tire des remèdes employés par elle pour soigner un « cathare » particulièrement rebelle : « des figues, du sucre candi dans de l'eau-de-vie m'ont tirée d'affaire, car les remèdes ne sont qu'un hasard... un même mal n'est pas tout à fait le même une fois comme l'autre, et ne se peut guérir de la même façon » [22], idée que Leibniz aurait pu exprimer, comme nous le verrons.

Leibniz se préoccupe de l'état de santé des grands hommes de son époque, car rien n'est plus important que de les voir vivre pour qu'ils produisent leur œuvre : par exemple, de l'Hospital « qui n'a pas laissé autre chose que des sections côniques ». Il porte de petits diagnostics sur leurs maladies, d'après ce qu'il en entend dire, diagnostics souvent exacts [23].

18. Cf. « Leibniz et les eaux de Spa », *Archives internationales d'histoire des sciences*, 1952.

19. Klopp, t. VIII, pp. 179, 181, 189, 207 ; *ibid.*, t. IX, p. 116.

20. *Ibid.*, p. 72.

21. *Ibid.*, t. VIII, pp. 293, 295, 301, 302, 306, 307, 313 : « ses yeux sont tout enflés de matière..., elle vivote ».

22. *Ibid.*, p. 14 ; cf. pp. 8, 275, 277.

23. M.S. III, pp. 752, 760 pour de L'Hospital, p. 918 pour M. Fardella « qui a de graves symptômes apoplectiques » ; M.S. I, 2, pp. 129, 131, 163, 179, 288, 290 et 312 pour Huyghens, qui finit par mourir ; Klopp, t. VII, p. 247 : la toux de M. Lokkum ; t. VIII, les maux d'estomac de Sophie ; G. III, pp. 200, 314 ; R. I, 8, sur Fermat qui « a un ulcère dans les reins ou la vessie ; cependant, ce n'est pas là une certitude totale : souvent, un affaiblissement

D'autre part, il semble être en relation avec l'ensemble du monde médical de son époque, car il indique constamment à ses correspondants, ceux qu'il considère comme les meilleurs médecins de son temps : ce sont surtout des médecins suisses, par exemple de Meibonius, ou italiens, Ramazzini, Guilmini ou Spoloti [24].

Toutefois, il n'est pas seulement un « médecin mondain » ; sa correspondance avec Jean Bernoulli montre qu'il s'intéresse à des problèmes de médecine qui alors étaient tout à fait « de pointe » : par exemple celui de l'ictère, de ses causes (la bile qui envahit le corps), et de la manière de le soigner, essentiellement par la diète [25], tandis qu'il se plaint lui-même de ses propres diarrhées [26], donne un vrai cours de pharmacologie à Jean Bernoulli sur la manière de lutter contre les maladies avec ce que nous appellerions des « vitamines », l'acidité du citron [27], et énonce son avis, qui rejoint celui de Sténon sur l'influx nerveux et sa transmission « par une certaine crispation » [28], ou sur la nature de la mémoire « qui

de l'estomac, et peut-être de concoction, fait qu'une matière qui paraît purulente sort avec l'urine ».

24. M.S. I, 2, p. 42 ; M.S. II, pp. 24, 698 ; M.S. III, pp. 815 (Zwingerius), 816. Dut. II, « Chymia », pp. 114, 115 ; cf. F. de C., t. VII, par 313 ; cf. R. I, 7, p. 226 ; G. III, p. 174 ; Klopp, t. VIII, lettre CXXIV, 22 mai 1697, p. 31. Leibniz connaît depuis plusieurs années « le médecin qu'a fait venir Sophie, Van Nordt » ; il connaît aussi Godon qui a sauvé la vie de S. A. S. de Zell « dont les remèdes ordinaires sont la teinture de corail, le beaume d'or... qui n'opèrent que par transpiration », *ibid.*, pp. 35, 36 ; *ibid.*, t. IX, lettre CCV, 12 mai 1704, p. 80 ; p. 313, lettre CCCXCIII.

25. M.S. II, pp. 751, 752, ce que Bernoulli approuve *ibid.*, p. 754.

26. M.S. II, pp. 56, 86 ; pour les fièvres périodiques de Leibniz tous les étés, M.S. II, p. 164. Pour sa *goutte*, Klopp, t. IX, pp. 8, 24, 31, 34, 84, 89, 281, 290, 292, 386, 438 : Leibniz étudie comment son mal va d'une partie de sa jambe à une autre.

27. M.S. III, pp. 748, 751.

28. M.S. III, pp. 864, 875.

consiste, je le soupçonne, dans le prolongement des vibrations, de même qu'une cloche frappée tinte et résonne »[29].

Un des points qui l'a principalement occupé est celui de la racine contre la dysenterie, où il joue le rôle de médiateur entre M. Justel qui lui a « mandé d'Angleterre qu'on avait trouvé en France une racine excellente contre la dysenterie », et M. Magliabecchi à Florence, « avec lequel il entretient un commerce de lettres »[30]. Il s'agit de la Ipecacuanha de l'Amérique, qui est « souveraine aussi contre toutes sortes de maladies qui ont de la malignité »[31], et doit ainsi permettre de gagner la guerre. Ainsi, cette racine qui a occupé Leibniz pendant au moins quatre années[32], montre au moins deux choses capitales : il s'intéresse à des remèdes « naturels », et la médecine est liée à la politique. Ces deux points vont se retrouver par la suite, lors de l'étude des médicaments « doux », d'une part, et de l'insertion de la médecine dans une vaste organisation de l'État.

D'une certaine façon, il est donc en avance sur les médecins de son temps ; mais il n'est pas non plus toujours en plein accord avec eux : sur les remèdes à employer, l'organisation de la médecine, et bien plus profondément sur son « aspect synthétique » par rapport aux autres sciences, sa méthodologie et la conception du corps humain, car il est au-dessus des « sectes ».

29. Ibid., p. 887. Leibniz passe ensuite à une théorie de l'acoustique.

30. Klopp, lettre à Sophie du 4-9-1961, p. 121

31. *Ibid.*, lettre à la comtesse Marie-Aurore de Königsmark, 25 avril 1695 ; R. I, 7, pp. 19, 23.

32. Brandt, le médecin auquel Leibniz s'était intéressé avait précisément un remède contre la dysenterie, dérivé de l'antimoine, R. I, 2, p. 73. Mais cette tentative n'avait pas été heureuse.

§ 2. — L'ORGANISATION DE LA MÉDECINE

Pour les remèdes, il veut éviter de tomber dans le « charlatanisme » : il ironise sur les cartésiens qui, en quelques jours, ont accommodé leurs principes aux bouffonneries « d'un Jacques Aymar »[33], qui pratiquait la médecine à l'aide d'une baguette. Il accepte la saignée, panacée universelle alors, mais avec réserve ; parlant du procès en Italie du « Signor Domenico de la Seela », qui avait écrit un livre du titre *phlebotomiam damnatam,* il écrit : « Pour moi, je ne suis pas tout à fait de l'avis de l'auteur, je crois que la saignée est bonne, mais peut-être qu'elle est bien plus souvent mauvaise et dommageable ; je ne me suis fait saigner qu'une fois et comme par curiosité lorsque je me portais très bien. Du reste, je ne me suis jamais servi de la saignée. »[34] Cette opinion est appuyée sur le recours à l'expérience indispensable en médecine, qui n'a rien de commun avec la mathématique déductive d'une part, ni avec la magie d'un Jacques Aymar[35] d'autre part, et témoigne de la prudence extrême requise en ce domaine.

Qu'en est-il donc de ces médecins, contemporains de Leibniz ? Il les combat, certes, mais les admire aussi ; bien sûr, il y a des charlatans qui ne valent pas mieux que Jacques Aymar, et Sophie et sa sœur

33. Klopp, t. VII, *lettre du 6 mai 1693,* p. 224 ; G. II, *A des Bosses,* p. 540.

34. Klopp, t. VIII, lettre CXXXV, *A Thomas Burnet,* p. 85 ; G. III, p. 220.

35. *Ibid., la lettre à la comtesse Marie-Aurore,* du 25 avril 1695 témoigne de ce souci, dans cette phrase : « une nuit froide après un jour chaud, un méchant serein, un je-ne-sais-quoi qui fait mourir les gens, ce sont des choses qui n'ont point de respect pour les belles vies. Et quand on s'expose, il est plus à propos de parler de simples et de drogues que de penser aux madrigaux et aux sonnets ».

ont raison de se méfier. Cependant, Leibniz souhaite qu'on ne soit pas trop sceptique là-dessus, car « cela décourage les médecins de faire des recherches » et les empêche de « devenir jamais bons »[36]. Et en effet, comme le fait remarquer J. Roger[37], « gigantesque et ridicule, Thomas Diafoirus étend son ombre sur toute la médecine du XVIIe siècle... Molière a-t-il menti ? »

Les contemporains de Descartes et encore de Leibniz cherchaient la solution dans Hippocrate, sans recherches personnelles ; et Stahl, qui est l'un des premiers médecins à faire d'authentiques observations, se recommande toujours d'Hippocrate[38], disant qu'il n'a rien trouvé de neuf, et que le tout est de le bien interpréter. La médecine *chimique*, extrêmement développée en Allemagne, comme en Hollande (Van Helmont) et dans tous les pays protestants, utilise l'antimoine et des recettes comiques souvent[39]. Or, Leibniz n'échappe pas à cette tentation, il se laisse berner par Brandt par exemple[40], et tout ce qui touche à l'alchimie exerce une véritable fascination[41]. Le médecin du XVIIe siècle « dispose donc d'une masse considérable de faits, dont certains remontent au moins à Hippocrate, Hérodote, Aristote, Plutarque, Pline et les Arabes..., de sensations com-

36. Klopp, lettre du 6 mai 1693, p. 224 ; G. III, p. 192.

37. J. ROGER, *Les sciences de la vie dans la pensée française au XVIIIe siècle*, p. 7.

38. *Œuvres complètes, De la philosophie d'Hippocrate* (prologue, inaugural de Stahl), t. II, pp. 123, 125. « Avec Hippocrate et Galien, il faut *imiter* la nature. »

39. J. ROGER, *op. cit.*, p. 24. Pour les médecins chimistes : *Studia leibnitiana, loc. cit.*, p. 238 (Nicolas de Cues, Cardan, D. Sennert) ; et RADL, *Geschichte der biologischen Theorien in der Neuzeit*, 1re partie, pp. 30-162.

40. R. I, 2, pp. 60, 71, 73, 393 (Brandt aurait « inventé » le phosphore), 530.

41. Cf. notre chapitre II, § 6, et G. I, p. 75.

munes fugitives et mal contrôlées... Tout cela joint aux faits rapportés par les livres forme la masse de l'expérience »[42]. Bref, la révolution de Galilée n'a pas encore touché la médecine.

Leibniz, semble-t-il, malgré ses critiques, appartient à cette lignée : non seulement il est passionné d'alchimie, mais il espère encore, dans sa correspondance avec Sophie, trouver « la pierre philosophale » qui sera le remède à toutes les maladies[43]. Apprenant qu'un jeune garçon avait réussi à faire de l'or, Leibniz parle d'une « surprenante nouvelle ; le mal est que je ne saurais me persuader qu'elle est véritable, tant elle est extraordinaire, et qu'elle tient du miracle », et il consacre deux pages à raconter les faits par le menu ; son excitation contraste avec le calme de Sophie, et il décide de se rendre lui-même là-bas pour juger des faits et « parler aux témoins oculaires » : « Si cette benoîte pierre qui peut seule enrichir tous les rois de la terre était en même temps une panacée, i.e une manière de médecine universelle..., elle mériterait fort d'être estimée. » Et, en janvier 1702, Leibniz, toujours aussi passionné, espère en avoir un échantillon du roi de Pologne, tandis qu'il s'intéresse aux recherches de Mme Le Grand sur la teinture qui en est dérivée et aux bienfaits sur tel ou tel contemporain.

Il est aussi « témoin oculaire » d'étranges phénomènes, par exemple d'un chien qui parle, et après trois ans d'école de son maître pouvait juste répéter trente mots du type thé, café, chocolat[45]. Ou encore,

42. J. ROGER, *op. cit.*, p. 134.

42. F. de C., t. VII, p. 313 ; Klopp, t. VIII, lettre CCXII, 8 nov. 1701, p. 296.

44. Klopp, t. VIII, pp. 298, 302-303, 306 ; pour les applications médicales, *ibid.*, pp. 322, 399 ; t. IX, pp. 24, 33.

45. Dut. II, 2 p., 180. Exposé d'une lettre à M. l'Abbé de Saint-Pierre sur un chien qui parle.

il se passionne pour la « coiffure fort extraordinaire d'un chevreuil » qui apparut lorsqu'on l'eût « apprivoisé », c'est-à-dire enfermé [46]. Toutefois, dans la mesure où Leibniz est un grand lecteur d'Aristote, il aura le sens d'une biologie qui ne se limite pas à la nature de l'animal, ou de l'homme, qui considère la nature vivante dans son ensemble [47] et tâche de concilier une certaine rationalité avec l'étude de la vie.

Néanmoins, si cet aspect de la médecine du XVIIe siècle est incontestable, il en est un autre non moins important : celui du *mécanisme,* qui apparaît vers 1660 et est symbolisé en 1664, « cette ligne de partage des eaux » [48], par la parution de deux ouvrages : *La formation du fœtus,* de Descartes, et le *De musculis et glandulis observationum specimen,* de Sténon, qui ouvre la voie aux recherches anatomiques conduisant à la découverte des œufs dans les femelles vivipares.

Comment tenter d'expliquer cette évolution ? A partir de 1665, les sciences connaissent de nouveaux moyens de développement : il se crée en Europe des sociétés savantes, sur le modèle des académies italiennes [49], de nouveaux journaux : *Le Journal des Savants* (janvier 1665), suivi en mars des *Philosophical Transactions,* en 1668 du *Giornale dei Litterati,* et enfin, en 1682, des *Acta eruditorum* de Leipzig, auxquels il faudrait ajouter, à partir de 1701, *Le Journal de Trévoux* des jésuites, opposé à *Histoire et*

46. *Ibid.,* p. 175 (18 juin 1677).

47. LEBLOND, *Logique et méthode chez Aristote,* pp. 216 sq. ; pp. 295 sq. (Vrin, 1970).

48. ROGER, *op. cit.,* p. 154.

49. J. ROGER, *op. cit.,* p. 170. L'Académie de Paris fut créée en 1666, mais les sciences de la vie y étaient assez mal représentées (p. 133). Malgré cela, le caractère national des recherches demeure (p. 196).

Mémoire de l'Académie royale des Sciences[50]. Le nouveau courant rejette en bloc toute la masse des faits héritée de l'Antiquité, méprise l'érudition, refait toutes les observations[51], et la médecine devient de plus en plus un recueil de faits, un inventaire[52].

Leibniz précisément, par son goût pour les *inventaires*, se rattache également à cette tendance : il faut faire un « atlas universel », une « Grande Encyclopédie » des connaissances acquises jusqu'à cette date, avec un classement « alphabétique » certes, mais aussi un classement par « systèmes », « les plus utiles étant les index de choses »[53]. Et il donne les moyens de les établir systématiquement[54], car cela est indispensable, en particulier pour la médecine : « des ouvrages de ce type, nous en avons suffisamment en mathématiques »[55] ou « en jurisprudence »[56], mais pas assez en médecine ; ces inventaires devront être insérés dans des bibliothèques qui devront contenir des livres en tous genres, et en particulier de médecine[57], ou encore dans un établissement d'archives[58]. Bien plus, comme un tel inventaire ne saurait être définitif, puisqu'il est l'un des facteurs

50. *Ibid.*, pp. 176-179.

51. *Ibid.*, pp. 185-192.

52. *Ibid.*, p. 203. Pour les Encyclopédies au XVIe siècle, F. CALLOT, *op. cit.*, pp. 92-99, érudition dont Leibniz est l'héritier.

53. F. de C., t. VII, pp. 584-586 ; *N.E.*, IV, 21, G.F. pp. 466, 263, 375. La médecine prouve l'impossibilité d'une classification logique, car il n'y existe pas deux individus similaires.

54. F. de C., *ibid.*, pp. 586-592.

55. F. de C., *ibid.*, p. 594.

56. Leibniz, dès son premier plan d'Académie en 1668, a compris cela, cf. *Leibnitiana Studia, loc. cit.*, p. 230.

57. F. de C., t. VII, p. 138 ; G. VII, p. 498. *Ibid.*, pp. 178-181, dans *le discours touchant la certitude et l'art d'inventer en général.* Cf. R. I, 1 (1676), p. 443 : « il serait stupide que soient perdus les recueils de feu M. Vogel, à Hamburg ». Ou *ibid.*, p. 155, « il faut s'occuper des écrits des anciens médecins ».

58. F. de C., *ibid.*, pp. 127-138. Cf. Dut., t. V, pp. 437, 441.

justement de progrès de la médecine, il « faudra donner tous les ans une histoire médicinale de l'année, fondée sur la saison, sur les observations faites à l'égard des fruits, des animaux et des hommes », décrivant « les maladies régnantes, les symptômes et leurs effets et les effets des remèdes ». C'est ce qu'a entrepris, nous dit Leibniz, « un habile médecin nommé Ramazzini, que *j'exhortai* à un dessein qu'il a entrepris et qui sera d'une grande utilité »[59]. Cet inventaire doit s'insérer dans un plan plus vaste de systèmes d'archives, de bibliothèques, de sociétés savantes, indispensables en médecine, « puisque la santé après la vertu est placée au-dessus de tout »[60] et que par leur manque d'organisation « les hommes perdent une partie de la vraie observation et, de ce fait, l'occasion de louer la gloire de Dieu »[61]. Loin de se contenter de généralités, Leibniz ébauche des projets précis susceptibles de s'incarner dans la réalité : une Académie en Saxe[62], en Prusse[63] ou en

59. F. de C., t. I, p. 381, où Leibniz déplore que cela n'ait pas été entrepris plus tôt. *Ibid.*, pp. 400-402 (explicitation des liens de la santé et des *saisons*) ; Guhrauer, t. II, pp. 458, 459 (l'ouvrage de Ramazzini est « sehr vernünftig, gelehrt und tüchtig ») ; R. I, 6, pp. 67, 316, 446 ; R. I, 7, p. 466 ; R. I, 8, pp. 160, 192, 322 ; R. IV, 2, pp. 345, 466. Dut. II, 2, p. 162, etc. Dès 1672, Leibniz avait eu cette intuition (*Studia Leibnitiana, loc. cit.*, p. 244).

60. F. de C., t. VII, p. 243.

61. F. de C., t. VII, p. 42. *Ibid.*, pp. 28, 276, 309, 467, 614-615. Leibniz déplore aussi que les Allemands, les premiers dans beaucoup d'inventions, soient les derniers à créer des sociétés savantes : F. de C., t. VII, pp. 47, 64, 80-83, 107, 387. Enfin, des Académies permettront « le bonheur et le progrès des hommes » (F. de C., t. VII, p. 469. Cf. Dut. V, pp. 183 sq., etc.).

62. Pour l'organisation des bibliothèques *en général*, on consultera par exemple R. I, 2, pp. 15, 20, 55, 77, 317, 341 ; R. I, 4, pp. 120-121. Cette « société » doit avoir pour but *l'étude de l'homme*, et être un *collegium sanitatis* (F. de C., t. VII, p. 225).

63. *Ibid.*, pp. 183-199 ; cf. p. 317. Les recommandations au prince Eugène, pour la division en trois classes littéraire, mathématique et physique.

Russie[64], où la médecine tient toujours une place de choix, celle-là même qu'elle tient *en général* dans les diverses classifications des sciences[65].

Mais cette organisation ne saurait se concevoir sans l'*aide des gouvernements,* dont dépend d'abord la médecine préventive : hygiène généralisée (comme dans le cas d'une épidémie de peste, qui aurait pu être ainsi évitée)[66], éducation et subvention des médecins, leur répartition notamment dans les armées[67] : car « c'est faute d'assistance que la médecine est encore si imparfaite ; on doit s'en prendre aux princes plutôt qu'aux médecins, car ceux qui gouvernent doivent avoir soin de ce qu'il importe au public de faire des observations... que les médecins qui ne cherchent qu'à gagner leur subsistance

64. *Ibid.*, pp. 396 et sq. L'étude la plus complète sur les plans d'académie de Leibniz demeure celle de COUTURAT, *La logique de Leibniz,* chap. V. La bibliographie de K. Müller montre qu'il existe différents articles parcellaires sur tel ou tel projet, tant sont grandes la précision et l'actualité des conceptions de Leibniz.

65. F. de C., *ibid.*, pp. 225, 243, 246, 320, 347, 581, 631 (pour la place de choix tenue par la médecine dans les académies). Pour les classifications des sciences qui donnent la médecine au sommet : Erd. XIV, pp. 88 sq. ; R. IV, 1, G. II, p. 531 ; G. VII, p. 50 ; R. I, 6, p. 56.

F. de C., t. VII, p. 610 : les sciences physiques culminent dans l'étude de l'anatomie « dessen rechtes Erkenntnis von der Anatomia dargegeben wird, hat Tierzucht, Wendwerke und viele andere *(der höhen Szienz der Medizin zu geschweigen)* in sich » (souligné par nous). G. GRUA, *op. cit.*, complète le chapitre de Couturat sur les variantes des classifications, surtout en ce qui concerne la place de la métaphysique (pp. 25-27 ; 50 sq.).

66. Klopp, t. VII, p. 245. R. I, pp. 209, 131-136 : il faut éviter la contagion en faisant appel à l'asepsie de cette époque (pp. 132-145) et à la sagesse familiale (p. 136).

67. « Quantité de pauvres soldats périssent faute d'assistance et de soins », Klopp, *A Sophie,* 6 mai 1693, p. 245. Il faudra « traiter les malades aussi bien que des officiers ». R. IV, 2, pp. 595-597 *(Gesetz der Kaiser)* et pp. 589-590 *(Kriegsverfassung).*

par la pratique n'ont garde de faire »[68]. Aussi est-il nécessaire de conserver en tout temps un conseil de santé, où seraient employés conjointement « des conseillers politiques, des médecins, à peu près comme dans le consistoire, à l'égard du soin des âmes les politiques sont mêlés à des ecclésiastiques »[69]. Le parallélisme va très loin, puisque les *directiones* de 1672 conseillaient une hiérarchie médicale analogue à celle qui est rencontrée dans les Églises[70], et dans l'attente d'un nombre suffisant de médecins, de faire appel aux ordres religieux (un peu comme au Moyen Age d'ailleurs)[71]. Enfin, un Grand Hôpital permettra de mettre en commun les expériences et sera le meilleur moyen pour établir les inventaires ; « en une seule année il pourrait fournir un trésor de nouvelles observations s'il y avait des gens employés à les remarquer »[72]. Ainsi, peu à peu, parviendra-t-on à l'état de santé idéal, dont Leibniz indiquait, en 1672, selon M. Krüger, les trois voies qui y mènent, de la manière suivante : « Augmentation du savoir médical, éducation *(Aufklärung)* des peuples et responsabilité des gouvernants et des possédants pour la promotion *(Förderung)* des sciences »[73], tandis que Leibniz avait jeté en même temps les fondements de la médecine *libérale*, telle

68. Klopp, *ibid.*, p. 245. Cf. M.S. I, 2, p. 179 ; G. VII, pp. 137-139 ; cf. *discours touchant de la méthode de certitude, ou de l'art d'inventer en général*, le rôle et l'éloge du grand monarque, G. VII, pp. 176-178.

69. *Ibid.*, p. 245.

70. M. KRÜGER, « Leibniz' Vorstellungen zur Organisation eines öffentlichen Gesundheitswesens », *Studia leibnitiana*, Teil II, suppl. XII, 1972.

71. Thème que l'on rencontre en 1679 dans une lettre à Huyghens, M.S. I, p. 179.

72. Klopp, *ibid.*, p. 245. Cf. G. VII, p. 160, chaque médecin doit laisser des expériences et des aphorismes.

73. F. HARTMANN et M. KRÜGER, *loc. cit.*, p. 236.

qu'on la pratique aujourd'hui : secret professionnel des médecins et liberté du malade de le choisir [74]. Il n'a pas ébauché *a priori* l'état idéal de la santé, mais il est parti des conditions concrètes de son pays, ou de ceux auxquels il s'intéressait ; par la précision et l'ampleur de son plan qui dépassent celles d'un Th. Renaudot avec sa polyclinique et surtout les « utopistes » du XVIe siècle, l'intégration de la médecine à un ensemble politique et économique, il devance tous les « médecins » de son temps.

§ 3. — L'IDÉAL MÉDICAL DE LEIBNIZ

Il les dépasse aussi, parce que non-médecin, il est *en dehors de tout esprit de secte,* et se veut tel, car c'est une condition fondamentale pour la recherche de la vérité [75] ; il s'en moque en distinguant la secte des Empiriques « qui se contentent seulement d'expériences pour savoir ce qui est utile ou nuisible », celle des Méthodiques « qui ne se souviennent guère des observations et croient avoir tout réduit aux causes et aux raisons », et enfin « les Raisonnables qui ont tâché de perfectionner l'expérience et de joindre la recherche des causes » [76]. Aussi peut-il brosser le portrait du médecin idéal : « Une érudition univer-

74. M. KRÜGER, *loc. cit.*, p. 230 ; F. HARTMANN et M. KRÜGER, *loc. cit.*, p. 239.

75. Leibniz a toujours condamné « l'esprit de secte » des cartésiens, par exemple G. VIII, pp. 158-159 ; ou G. IV, p. 349, Cf. Y. BELAVAL, *Leibniz critique de Descartes*, pp. 116-119. Peut-être Conring était-il un Raisonnable, G. I, p. 183. Cette situation de Leibniz au-dessus des sectes a été perçue par F. Hartmann et M. Krüger : « er ist ausserdem zusammengestellt, von einem Nicht-Arzt, der auch keiner Schule besonders zuneigt, dessen betont undogmatischer Ansatz die Funktionen eines neutralen Berichtstatters erlaubt » *(loc. cit.)*.

76. G. IV, p. 575. Cf. *Monadologie*, § 28 ; *N.E.*, G.F., p. 376 ; IV, 7.

selle, une bonne connaissance en anatomie, un grand voyageur, mais surtout un grand praticien en médecine. »[77] La médecine, la plus haute des sciences, ne saurait donc être dissociée de l'ensemble des sciences de la nature : l'ethnologie, la paléontologie auxquelles Leibniz s'est intéressé de très près, aussi bien dans ses études sur la Chine[78] que dans celles des fossiles du Hartz[79], ou sur la relativité des mœurs et coutumes[80] ; elle est la « science des sciences », car elle requiert le recours à d'autres qui ne trouvent qu'en elle leur finalité : à une échelle collective, la démographie, l'épidémiologie indiquées dès 1672, et à une échelle individuelle, la chimie, la mécanique et l'anatomie comparée (donc la zoologie, la botanique, etc.).

Sa médecine, de ce fait, se trouve *synthétique* à plusieurs titres : elle constitue d'abord la synthèse des autres sciences qui ne trouvent qu'en elle leur finalité, comme le montrent les classifications des

77. Klopp, t. VIII, lettre CXXVII, 8 août 1697, pp. 35-36, à propos de Meibomius.

78. On consultera O. Roy, *Leibniz et la Chine*.

79. G. III, p. 184 : « nous avons trouvé à Wolfenbütel des dents qui répondent à celles de l'éléphant ». Le thème est développé dans *la correspondance avec Sophie* (p. 201) : ce n'est pas celle d'un géant, mais plutôt « de quelque gros monstre marin, qu'on trouve souvent au milieu des terres que l'Océan couvrait autrefois ». Leibniz a eu l'idée d'une évolution géologique : Dut. II, 3, *historia naturalis artes conspectus totius operis*, pp. 199-200 ; Dut. II, 2, pp. 175-176 : *de la configuration d'animaux observés dans la pierre, auxquels pourrait convenir le nom de Lithozore* (vraisemblablement antérieurs au déluge de Noé), *mémoire concernant des pierres enfermant des plantes et des animaux desséchés*, où Leibniz donne l'explication actuelle de la formation des fossiles. Il s'est beaucoup intéressé aux mines du Hartz, ce qui a fait l'objet d'une communication au Congrès de Hanovre, et une délégation s'est même rendue sur place.

80. Baruzi, *Leibniz et l'organisation religieuse de la terre*, estimait qu'il recherchait en Afrique une « civilisation aryenne ». Cf. aussi *N.E.* II, 27, § 8 ; II, 28, § 2, G.F., pp. 200-212.

sciences[81] ; ensuite, elle est la synthèse de la théorie et de la pratique, de la « méthode » et de l' « empirie » ; ce qui explique la classification des médecins en fonction de la prépondérance de la théorie ou de l'expérience, qui ne répond pas à une réalité historique précise. Enfin, elle est une synthèse de la médecine « vitaliste » et « mécaniste » et de celle des Anciens et des Modernes[82]. Les apparentes contradictions constatées dans sa « pratique médicale », tour à tour mécaniste et fondée sur l'anatomie, tour à tour « vitaliste » et fondée sur la chimie et l'alchimie, se trouvent expliquées, car il existe un certain décalage entre l'idéal leibnizien et sa réalisation, comme en beaucoup d'autres domaines (ainsi que tous les interprètes ont pu le souligner[83] ; tout est chez lui en quelque façon « en germe »).

Conscient des difficultés, il réclame l'indulgence pour les médecins (« il ne faut pas en attendre trop »), et de ce fait pour lui-même[84] ; puis il renvoie dos à dos « mécanistes » et « vitalistes », car finalement ils « philosophent » et « expérimentent » aussi mal les uns que les autres : les premiers expliquent tout par « figure, grandeur et mouvement » et négligent ainsi l'expérience, alors qu' « il ne suffit pas

81. On se souviendra des classifications des sciences où la médecine se trouve au sommet.

82. Leibniz a été peut-être influencé dans ce sens par Conring (G. I, p. 172, lettre IV) qui écrit : « Si tu étais versé dans les livres des anciens médecins, tu saurais combien de faits sont ignorés qui dans l'Antiquité étaient connus... Quant à moi, je suis proche des Indifférents *(Neutris)*, et j'ai coutume de joindre les choses anciennes aux nouvelles. » Ces lignes auraient pu être de Leibniz... D'autre part, le terme d' « Empirique » vient de Conring (G. I, p. 174, lettre V).

83. Par exemple, Gottfried MARTIN, *Leibniz, Logique et métaphysique*, p. 127.

84. Klopp, lettre du 6 mai 1693, p. 244.

de s'en tenir aux hypothèses »[85], ainsi les sectateurs de Descartes[86]; les seconds négligent l'anatomie, et même la rejettent totalement, pour expliquer tout à partir de « qualités » ou de « formes substantielles » : ils subordonnent, à leur tour, leurs observations à leurs théories, et s'ils ont plus le souci de l'expérience que les précédents, leur empirie est de mauvais usage. Il faut, écrit Leibniz à Huyghens en 1679, « s'appliquer à bien observer et même à bien employer tant d'observations déjà bien faites »[87], ce qui confirme les indications des *directiones* de 1672, oscillant elles-mêmes entre les pôles vitaliste et mécaniste (que les écrits ultérieurs ne cesseront de condamner). *L'expérience seule ne suffit pas.*

Or, la médecine est la science la plus éloignée de la certitude déductive, puisque nous avons vu que c'est pour elle qu' « il faut le plus de recueils d'observations » et que « l'on ne saurait s'en tenir aux hypothèses ». A Leibniz qui les interrogeait sur leur art, des médecins savants ont avoué que « la médecine pratiquée jusqu'ici était tout entière *empirique*, qu'elle n'était pas suspendue à la méditation sur les causes mais au contraire à l'expérience..., que les aphorismes d'Hippocrate ne sont pas des théorèmes déduits des causes mais des observations faites par expérience et induction »[88]. Une telle attitude, seule-

85. G. I, p. 181, A Conring (1677) ; G. VII, pp. 131-134.

86. PAPILLON, *Leibniz naturaliste, physiologiste et médecin*, pp. 30 sq.

87. M.S. I, 2, p. 179.

88. A Conring, G. I, pp. 174-175, lettre V ; « le hasard ne suffit pas pour faire des découvertes, et encore moins pour construire *(eruere)* les raisons des choses ; G. IV, p. 275 ; G. VII, *Discours touchant de la méthode de la certitude et de l'art d'inventer en général*, pp. 179-181, « il faut tirer quelques règles » ; Cout. pp. 93, 322, 333, Pour la nécessité d'équilibrer théorie et expérience : R. I, 8, p. 444, Dut., t. V, lettre XXXV.

ment empiriste, débouche sur de graves apories : elle implique d'abord la stagnation des recherches qui se font en désordre, sans aucune méthode ; ensuite, elle engendre une contradiction entre les connaissances théoriques et la thérapeutique : alors que les premières se sont accrues avec la découverte de « nouvelles causes aux maladies », les médecins continuent cependant à administrer les mêmes vieux remèdes. Toute la difficulté est de déterminer un *art de démontrer* en médecine et de maintenir un juste équilibre entre la théorie et l'expérience, ce qu'aucune des « écoles » n'avait fait. Il y a une « témérité des hommes qui ne jugent qu'en fonction de l'expérience », comme de ceux qui appliquent des propositions universelles.

Qu'exige cette « méthodologie » ? Comme dans tout art de démontrer, il faut d'abord *faire attention* ; et dans le cas de la médecine, de faire attention au fait biologique dans son *individualité,* tant il est complexe ; il faut établir des « principes d'expérience », « c'est-à-dire des observations qui ne sauraient être trop multipliées pour donner plus d'occasion à la raison de déchiffrer ce que la nature ne nous donne qu'à demi... ». Ou encore, « il est bon, nonobstant les principes universels, de chercher dans les *espèces* de maladies, des *méthodes* de guérir et des remèdes qui satisfont à plusieurs indications et concours de causes ensemble »[88 bis].

La méthode est donc première, elle précède la découverte de tel ou tel remède, et à la limite est plus importante que lui. Mais quels sont donc les *principes d'expérience* exigés par Leibniz, comment les déterminer ? Un cartésien répondrait qu'ils sont *a priori.* Chez Leibniz, rien de tel : il faut recourir à tous les moyens possibles d'expérimentation

88 *bis*. *N.E.* IV, 7, § 19, G.F., p. 376 (souligné par nous).

fournis par les techniques : le microscope, pour examiner notamment ce qui est liquide dans le corps humain ; et il est tout à fait remarquable que Leibniz s'y soit intéressé dès 1672, alors que cet instrument était très peu connu [89] ; on emploiera également le « thermomètre en forme de spirale » pour prendre la température du corps (et c'est peut-être une des explications possibles de l'intérêt porté par Leibniz à la météorologie, mais aussi au côté « technologique » de la fabrication des thermomètres [90]), ou bien on prendra le pouls en vertu des règles de la « sphygmographie » [91]. D'autre part, on s'appuiera, pour l'examen de la musculature, sur l'étude de l'élasticité [92] et sur l'*anatomie* qui devra être pratiquée systématiquement par des dissections de cadavres [93], pour comprendre non seulement l'organisation du corps humain bien portant, mais aussi celle du corps malade, et la localisation de son mal : c'est la première ébauche de l'idée d' « anatomie pathologique » que retrouvera Bonnet. Par exemple, en 1672, de la constatation d'une rate trop petite d'une part, d'un poumon et d'un foie trop grands d'autre part, Leibniz déduit qu'une « matière aiguë » *(scharf)* est allée de la rate au poumon et au cœur ; ou encore, vers 1700, il regardera les anatomies des *apoplectiques :* du « sang extravasé dans la tête, où est le principe des nerfs qui font le mouvement et le sentiment... Beaucoup de récits font voir que cette extravasion

89. F. Hartmann et M. Krüger, *loc. cit.*, pp. 240-241, § 1-4 : examiner au microscope urine, salive, sang, sueur (pour le « procès de la salivation », en nov. 96, Leibniz s'y intéresse toujours, R. IV, 2, p. 96).

90. *Ibid.*, p. 241, § 10. Dans le manuscrit, feuillet 2, lignes 22-27.

91. *Ibid.*, p. 241, § 7. Dans le manuscrit, feuillet 1, lignes 14-21.

92. *Ibid.*, p. 242, § 9. Dans le manuscrit, feuillet 2, lignes 26-28.

93. *Ibid.*, p. 242, § 12 *(Leichenöffung)*. Pour les dissections aux XVIe et XVIIe siècles, on consultera Callot, *La renaissance des sciences de la vie*, pp. 56-59 ; H. Busson, *op. cit.*, pp. 148-153.

est venue de quelque excès de nourriture, qui a causé une réplétion extraordinaire, à laquelle les vaisseaux, usés par les années, n'ont pu résister et ont été entr'ouverts »[94]. Aussi, lorsque Leibniz parlera de l'apoplexie comme modèle de la mort, il faudra avoir présentes à l'esprit ses observations d'anatomie pathologique. Et, à partir de là, il indique le régime à suivre pour éviter de tels accidents, à savoir mener avant tout une vie saine.

Une telle conception est radicalement étrangère aux « mécanistes » et aux « vitalistes ». Pour les premiers, l'anatomie est une fin en soi ; c'est pourquoi, dans sa correspondance avec Conring, Leibniz s'élevait contre ces « curiosités inutiles »[95], mais il déplorait chez Cardan « le manque de rigueur du raisonnement *(securitas ratiocinandi)* sans quoi il eût été le restaurateur de la médecine ». Les seconds la rejettent ouvertement, comme le montre la polémique avec Stahl qui dénonce les « bavardages oiseux » des médecins, « leurs trop subtiles recherches »[96], et Leibniz, loin de défendre l'anatomie seu-

94. *Ibid*, p. 242, § 12, pour le texte de 1672. Pour celui de 1701, Klopp, lettre CC, 12 juillet 1701, t. VIII, pp. 260, 261. Sur l'intérêt de Leibniz pour les symptômes d'apoplexie, par exemple pour ceux qu'offrait Fardella : M.S. III, p. 918.

Sur Bonnet, Radl, *op. cit.*, pp. 228 sq. ; J. Roger, *op. cit.*, pp. 720 sq.

95. G. I, p. 181. « En effet, bien que les anatomiciens aient décrit beaucoup de choses élégantes, cependant, pour la plupart, elles semblent plus des curiosités que des choses utiles, et il convient de poursuivre les origines des maladies, non pas tant dans les expériences manuelles *(manus)*, que dans une méthode exacte de raisonnement *(ratiocinandi)*. »

96. Stahl, *Œuvres complètes*, t. II, pp. 150, 153, 155-157 ; t. VI, p. 259. Dut. II, 2, pp. 147 sq., pour la réponse de Leibniz. Cf. G. II, p. 534 ; G. IV, pp. 275, 276, où Leibniz dit avoir *choisi* des réflexions judicieuses de Descartes en anatomie. Selon Gerhardt, cet *excerptum* se trouve toujours à Hanovre, *ibid.*, p. 302.

lement, affirme la valeur de l'*anatomie comparée*, dès 1672, et surtout dans les *Nouveaux Essais*[97].

Pressentie dès 1672, l'anatomie comparée est développée principalement dans le chapitre « Des noms de substances ». Ce n'était pas une idée originale, puisque Aristote en avait posé les bases et que le XVIe siècle l'avait employée de manière systématique, non sans de graves abus : en vertu d'une certaine ressemblance extérieure de la plante et de l'animal, ou de deux animaux entre eux, on concluait à la parfaite identité de leurs organes. Or, la conception leibnizienne est nouvelle, parce qu'elle permet d'éviter ces excès pour trois raisons : seul le critère de différence « intérieure » est valable pour définir un être de manière réelle, et le critère extérieur, seulement « provisionnel », doit être utilisé avec une extrême précaution. Le concept d'*analogie* a été en effet défini de manière très rigoureuse puisque, d'après sa correspondance avec Lady Masham, toute sa philosophie peut en être déduite ; enfin, si l'idée même de « comparaison » entre les espèces abolit d'une certaine façon cette dernière notion, Leibniz, contre Locke, n'entend point y renoncer et défend l'espèce réelle.

Quel en est l'intérêt ? C'est d'abord de nous aider à comprendre la structure de notre propre corps,

97. Le texte de 1672 est résumé dans les *Studia leibnitiana*, loc. cit., p. 243. Les principaux textes des *Nouveaux Essais* sont les suivants : *N.E.* III, 6, § 14, 23 ; G.F., pp. 267, 274 ; *ibid.*, IV, 16, § 12, G.F., p. 419. La situation de l'anatomie comparée à cette époque et un peu avant est esquissée dans CALLOT, *op. cit.*, chap. III, pp. 110-117 (avec une planche p. 121, figurant un oiseau et un homme debout côte à côte, ayant exactement le même squelette, qui montre bien les excès en ce domaine). D'autre part, l'anatomie comparée est valable non seulement des plantes aux animaux, mais aussi entre les plantes. *A. Jean Bernoulli*, M.S. III, p. 822, où le problème du *classement* en botanique est abordé. Leibniz s'est intéressé de près à la botanique : Cout., p. 182.

à partir de modèles bien définis ; le corps d'un autre animal est parfois plus intelligible que le nôtre ; il ne s'agit pas d'une transposition pure et simple, ni d'une identification d'un organe avec un autre, mais de la construction de cet organe, à partir de ce qui est mieux connu. Mais cette discipline ne s'arrête pas à la seule considération de l'organisation, elle est une condition de la compréhension du fonctionnement des organes. Ainsi, l'anatomie comparée est-elle le fondement de l'embryologie, car elle permet d'appréhender la génération chez les hommes, par analogie avec celle des plantes. Enfin, elle révèle la finalité du corps[98] puisqu'elle en constitue une « objectivation » : il est plus facile et plus rigoureux de comprendre le « pourquoi » et le « en vertu de quoi » des fonctions animales dans un corps étranger au nôtre.

Outre la considération de l'anatomie comme fondement de la thérapeutique et de la connaissance du corps humain, la médecine exige aussi le recours à la chimie et à l'alchimie, trop négligées par les cartésiens[99]. Or, une des faiblesses de Leibniz est sa difficulté à tracer une limite entre ces deux disciplines : par exemple, il ne désespère pas de parvenir à une « chiromancie » médicale « rationnelle », c'est-à-dire à un diagnostic par la lecture de la main[100] ou de trouver dans la *salina menstrua* un succédané au goût[101] ; mais dès 1672, dans le même texte, il s'intéressait aux techniques les plus poussées de la transfusion sanguine[102], il imaginait la possibilité d'anesthésies à partir de l'opium, la

98. *Théodicée*, § 134.
99. G. II, p. 535 ; G. IV, pp. 302, 301, 345. Cf. Cout., p. 596.
100. F. HARTMANN et M. KRÜGER, *loc. cit.*, p. 242.
101. *Ibid.*, p. 243 (feuillet 14, lignes 24-28).
102. *Ibid.*, p. 245.

jusquiame ou la mandragore, ce dont nul de ses contemporains n'avait eu l'idée [103] ; la chimie a donc une valeur *thérapeutique,* comme une valeur pour la connaissance : il importe d'étudier la bile et le suc pancréatique pour déterminer si ce sont des « acides » ou des « bases », et de là en tirer les conclusions pour la thérapeutique [104]. *La chimie est un fondement du savoir qui doit être rationnel.*

§ 4. — « Leibniz médecin »

La méthodologie médicale ne peut être possible qu'à partir de tels fondements expérimentaux, faisant la part de l'anatomie et de la chimie ; toutefois, Leibniz, ne se contentant pas de donner quelques vagues préceptes, a « réalisé » partiellement sa médecine idéale, à partir de laquelle il est possible de les mieux entendre : il a pratiqué une « médecine synthétique » et « démonstrative » lourde de répercussions sur l'ensemble des notions habituellement reçues.

En 1706, il s'intéresse beaucoup à l'histoire du jeune homme de Chartres sourd et muet de naissance, à qui l'ouïe est venue tout d'un coup et qui a appris ensuite à parler. « La Relation qu'on a communiquée à l'Académie Royale des sciences nous apprend quelque chose de remarquable, mais elle laisse encor beaucoup à désirer » [105]. Dans cet écrit, il indique quels moyens peuvent être employés afin d'éduquer les sourds-muets, car une telle éducation

103. *Ibid.*, p. 246.

104. *Ibid.*, p. 241, § 5 (feuillet 3, lignes 45-49 du manuscrit).

105. Klopp, t. IX, p. 163, lettre CCCXXXV du 9 février 1706, « Écrit envoyé à Mme la Duchesse douairière d'Orléans, pour être communiqué au duc d'Orléans son fils. » Sur les remèdes, *ibid.*, p. 168, par exemple des caractères muets comme ceux des Chinois.

est possible (cf. note 105) ; après avoir énuméré les questions qui auraient dû être posées au jeune homme, il critique les résultats fournis par l'Académie Royale des Sciences pour leur interprétation. Bien plus, ce texte, au-delà de l'exposé méthodologique proprement dit, montre le soin de Leibniz pour faire la part de la « nature » et de « l'éducation », tâcher de déterminer quelles sont les notions « innées » et quelle est la part ici de « l'expérience » ou de la « société » ; par exemple, lorsque « le jeune homme dit qu'il ignore ce qu'est la mort », Leibniz interprète de la façon suivante : certes, il ignore la mort comme séparation de l'âme et du corps, mais il n'ignore pas la destruction d'une machine comme la nôtre ; s'il ne craignait point de mourir, c'est « sans doute qu'on lui a évité les occasions, car les animaux craignent de mourir ». La médecine est un élément nécessaire pour illustrer une théorie de la connaissance et aussi pour celle de la *morale* : quelles étaient les notions de bien et de mal du jeune homme ? En d'autres termes, la connaissance du « pathologique » permet celle du « normal », ce qui est une idée tout à fait moderne et contraire à celle d'un Stahl[106], puisque Leibniz termine : « Il est bon, pour mieux juger de la nature de notre esprit, de ne point négliger les occasions propres à nous faire connaître ce qui se passe en lui, dans les rencontres extraordinaires où il n'est pas servi par les sens. »[107] La médecine du corps et celle de l'esprit sont donc indissociables, ce qui apparaît dans les

106. STAHL, *Œuvres complètes*, t. IV, p. 5.

107. Klopp, *op. cit.*, p. 168. C'est pourquoi Leibniz s'intéresse au « pauvre homme né sourd et muet, qui par surcroît devint aveugle », mais cependant comprenait les gens et se débrouillait seul, et habitait près du château du duc de Rohan ; *ibid.*, pp. 166, 168.

nombreux exemples de « médecine psychosomatique » fournis par Leibniz, et même de « psychothérapie ».

Il s'est intéressé surtout au cas « clinique » des « enthousiastes » ou des « illuminés », essayant de faire une sorte de « psychologie » des mystiques, d'autant plus délicate que Dieu intervient ici. Il s'intéresse de très près aux mystiques célèbres de son temps : Poiret, A. Bourignon et surtout Mlle d'Asseburg Rosamonde [108]. Cette dernière connaissait des visions, était prophétesse [109] et dialoguait avec le Christ [110]. Leibniz essaie de faire la part des choses, critiquant « ceux qui jugent fort cavalièrement qu'il la faut envoyer aux eaux de Pirmont », mais « bien persuadé qu'il n'y a rien que de naturel en cela » [111] : cette jeune fille a l'imagination vive, « ayant été élevée dans un cloître » ; telle est une première raison « extérieure », mais beaucoup plus profond est le rôle joué par l'imagination de la mère sur son enfant [112] quand elle l'attendait et aussi par tous les « traumatismes » de la petite enfance — « il arrive qu'un accident à un petit enfant, qui a les traces du cerveau encore tendres, blesse son imagination pour toute sa vie » [113]. Ainsi Leibniz ébauche-t-il

108. BARUZI, *Leibniz*, p. 78, dans son introduction a bien vu le problème, et cite quelques textes, pp. 238-330, inédits. (Rommel II, 134 ; cf. 1 d., feuillet 4, verso ; théologie XV, f° 1. Le cas de Rosamonde occupe une grande part de *la correspondance avec Sophie* (oct.-nov. 1691), pp. 141-170, Klopp. Voir aussi T. 82-83 (*A Anmann*, déc. 1691) ; G. III, pp. 112, 274 ; G. IV, pp. 416, 423. *N.E.* IV, 19, G.F., pp. 449 sq. Leibniz s'est intéressé à d'autres cas d' « influence » du corps sur l'âme : par exemple, le cas de la rage, G. IV, p. 275.

109. BARUZI, *op. cit.*, p. 143.

110. *Lettre de Sophie à Frau Harling.*

111. *Leibniz à Sophie*, pp. 144, 155, 161-162, 167.

112. *Ibid.*, pp. 155, 161 ; cf. Dut. II, 2, p. 135.

113. *Ibid.* ; Leibniz donne l'exemple d'un de ses amis qui s'évanouissait devant un grillon, de même « pour les personnes qu'on dit avoir de la sympathie envers nous, peut-être que dans notre

une théorie de la *mémoire* et avance-t-il l'hypothèse d'une hérédité, non plus seulement « physique » comme chez un Stahl, mais « psychique »[114]. Mais si les affections de l'âme peuvent être expliquées par celles du corps, réciproquement celles du corps peuvent être expliquées par celles de l'âme ; et cela est très important dans le choix des remèdes du corps : ils doivent rendre l'âme également satisfaite, et cette condition est indispensable pour la guérison — « se trouver dans un lieu qui plaît, c'est beaucoup pour la santé... ; savez-vous que la diète doit plaire ? »[115], écrivait Leibniz à Burnett malade. Et l'on pourrait trouver dans sa correspondance de nombreux autres exemples de cette médecine psycho-somatique que nous redécouvrons aujourd'hui. Leibniz l'appelait « médecine vitale » *(medicina vitalis)*, et en cela il s'opposait au cartésianisme : « Nous pouvons soigner *(medicari)* l'âme à partir des qualités connues du corps, et réciproquement le corps à partir des qualités connues de l'âme ; parfois il est plus facile de connaître ce qui se produit dans le corps, parfois c'est le contraire. »[116] C'est exactement ce que Stahl dira plus tard[117], en soulignant le rôle de l'imagination sur le corps à son tour.

On ne saurait dissocier l'étude de l'âme de celle

enfance... nous avions de la sympathie pour une personne, à laquelle ceux pour lesquels nous avons de la sympathie ont quelque rapport ». Cf. *N.E.*, G.F., pp. 231 et sq., d'autres exemples d'association des idées (cf. *infra*, § 28).

114. STAHL, *Œuvres complètes*, t. III, p. 372.

115. G. III, pp. 169, 251. Le premier remède : « tourner l'esprit autant que possible aux objets qui plaisent » ; p. 186 : « les eaux minérales sont contraires aux obstructions dont viennent... les incommodités ; mais il y faudra joindre quelque chose qui serve à satisfaire les esprits, et qui soit bon pour le *genus nervosum* ».

116. Cout., *Fragments et opuscules* (Phil. I, 15), p. 12.

117. STAHL, *Œuvres complètes*, t. IV, p. 48.

du corps, pour Leibniz et les « vitalistes » ; mais c'est en un sens très différent, car Stahl parle d'*influence* et Leibniz de *correspondance* : toute sa métaphysique est alors en jeu ; toutefois, au niveau médical qui nous occupe ici, sa théorie apparaît incontestablement plus « moderne ». Le terme d' « influence » implique une « matérialité », et donc une théorie « topique » du cerveau, identifié à l'âme ; or, une telle théorie localisante, qui fait du cerveau un organe un peu plus complexe que les autres, est aujourd'hui abandonnée au profit de celle d'échanges, de relations qui, comme nous le verrons, sont d'une certaine façon très leibniziennes [118].

La médecine psychosomatique de Leibniz, actuelle dans ses fondements, l'est aussi dans sa thérapeutique « psychique » : parlant d'une des prétendues mystiques, il dit : « elle est très heureuse ainsi » [119] ; il ne faut donc pas la « violenter » en la « soignant », mieux vaut la laisser dans son monde à elle, un peu différent du nôtre ; cette idée est retrouvée dans la psychiatrie actuelle depuis quelques années seulement ; finalement, il n'existe pas de différence fondamentale entre le *normal et le pathologique,* et il est préférable de laisser « le fou », parfois, à sa maladie, lorsque celle-ci le rend heureux et ne menace pas la société dans son existence. Une telle idée *renverse toutes les conceptions médicales, sociales et politiques du XVIIe siècle,* comme Foucault l'a bien montré [120]. Et c'est peut-être l'une des raisons pour lesquelles le prudent Leibniz n'a pas plus développé ses recherches médicales, entreprises avec

118. Par exemple DAGOGNET, *Hommage à Jean Hyppolite,* P.U.F., 1971, p. 187.

119. Klopp, lettre à Sophie (1691), XLV, p. 144 ; cf. J. BARUZI, *Leibniz,* p. 331.

120. FOUCAULT, *Histoire de la folie à l'âge classique.*

une extrême précision dès 1672, et sources d'un très grand intérêt tout au long de son œuvre. Cette différence entre normal et pathologique est si faible que Leibniz, reprenant certaines utopies du XVIe siècle, à partir de l'exemple du sourd-muet, imagine une nation entière « d'hommes composée de tout temps de sourds-nés, qui pourrait être cultivée à la faveur de caractères muets (comme ceux qu'emploient les Chinois) » et qui finalement seraient aussi « civilisés » que nous, car ce n'est là qu'une question d'éducation[121]. Dès lors, une véritable mise en question de la notion de « normalité » s'opère : les *Nouveaux Essais* posent le problème de savoir où commence et où finit le « monstre »; une véritable mise en cause de la notion d'espèce s'opère aussi; quel sera le critère? Faudra-t-il faire appel à des différences intérieures ou extérieures? Ces dernières sont insuffisantes, car elles sont « imparfaites » et « provisionnelles »[122], ou encore « la naissance et la figure donnent une présomption de ce qui est caché »; il est donc nécessaire de recourir au critère intérieur, qui est la raison, mais comment l'appréhender, sinon de l'extérieur? « Si nous distinguons l'homme de la bête, par la faculté de raisonner, il n'y a pas de

121. Klopp, t. IX, pp. 167, 168 (où Leibniz envisage les différents moyens pour éduquer les sourds-muets). D'autre part, il faut remarquer que Leibniz, non seulement ici ou dans sa défense des *dissections* de cadavres, a fait preuve de courage, pour son temps, en heurtant les préjugés, mais en restant très prudent; par exemple, G. III, p. 89, à propos de l'hermaphrodite de Toulouse : « je ne lui conseillerais pas de faire l'expérience des deux sexes, car outre la peine de fouet dont il serait menacé, les casuistes y trouveraient à redire, et avec raison; *mais s'il l'avait déjà faite, je n'en serais point fâché, et encore moins s'il avait eu un enfant, car ce serait une observation de conséquence* » (souligné par nous).

122. *N.E.* III, 6, § 14, § 19; G.F., pp. 269-271. Réplique de Philalèthe retournant au critère extérieur, § 26, G.F., p. 276.

milieu, il faut que l'animal l'ait ou ne l'ait pas : mais comme cette faculté ne paraît pas quelquefois, on en juge par des indices. » Aussi, face à Philalèthe qui remet en cause la notion d'espèce, demandant si « l'idiot » en constitue une, Leibniz ne répond pas directement. Il ne dit pas à Philalèthe son accord, car ce serait trop grave pour la raison humaine doublement : d'une part, il n'existerait plus de limite entre le rationnel et l'irrationnel, l'homme et l'animal ; d'autre part, la notion même de classement et d'ordre des espèces et toute la « taxologie » héritée du XVIe siècle se trouvent mises en cause ; comment appréhender alors le réel ? Leibniz détourne la question, s'en remettant à Dieu, en concluant de manière quelque peu embarrassée : « Soit qu'il ait une âme raisonnable, soit qu'il en ait une qui ne le soit pas, Dieu ne l'aura pas faite pour rien. »[123]

D'autre part, la notion de normalité est aussi mise en cause dans les rapports de la maladie et de la santé : il n'existe entre elles aucune rupture ; la maladie est partie intégrante de la santé[124] ; il ne faut donc pas « violenter » la nature. C'est ce qui permet de comprendre le goût de Leibniz pour les remèdes « naturels » et doux : il recommande avant tout ceux qu'il appelle « topiques » : « avec de l'eau, il n'est pas de meilleure panacée »[125], c'est-à-dire les médicaments externes ; dès lors, les « plantes médicinales » revêtent un intérêt tout particulier, et le début d'une lettre à Burnett qui met sur le même plan le « dictionnaire critique » de Bayle et des

123. *N.E.* IV, 4, § 13 ; G.F., pp. 347-348. Cf. aussi p. 420, « espèce moyenne ». Pour la taxologie on consultera le chapitre V du livre de Callot, pp. 165-182, surtout.

124. Cf. CANGUILHEM, *Le normal et le pathologique.*

125. G. III, p. 275. Cf., *ibid.*, p. 220. *Studia leibnitiana, loc. cit.*, pp. 241 (4), 245, pour la sudation. Comme autre exemple de médicament naturel : les pruneaux comme laxatif conseillés à Burnett.

onguents ne prête plus à sourire : « N'avez-vous rien appris du dictionnaire de Monsieur Bayle, ni de cette guérison considérable par de simples onguents, qu'un médecin appelé Indien a faite au Prince de Vandemont, et d'autres, dont je vous ai parlé dans ma précédente ? » [126] L'intérêt pour la Moxa ou la Ipecacuanha va bien au-delà de la tentation alchimiste ou de la fascination exercée par l'Orient que signalait J. Baruzi [127]. La maladie est un phénomène normal de la santé, thème repris par Stahl qui affirme que « deux fois sur trois, dans la plupart des maladies, le médecin n'a rien à faire du tout », ou encore il « y a une expulsion spontanée des maladies à l'aide de laquelle la guérison s'opère sans aucun moyen externe » [128]. Mais Leibniz va plus loin encore puisque la maladie est une *condition* de la santé et contribue parfois à la renforcer. Par exemple, dans une lettre à *de l'Hospital*, en 1696, il reprend le thème de la *Krisis* hippocratique : « Je souhaite de tout cœur que ce soit un affermissement de votre santé pour longtemps, comme en effet les grandes maladies sont souvent suivies d'une amélioration générale de notre constitution. » [129]

Le meilleur des remèdes sera donc de vivre selon la nature, une vie saine, bien réglée, qui évite les excès [130]. Cette idée ne relève pas tant d'une confiance

126. G. III, p. 163 ; R. I, p. 291 ; Dut. V, p. 130 (pour le bon usage des médicaments). De son vivant, en effet, Leibniz a fait publier un seul texte de caractère purement médical, Dut. II, 2 (1768), pp. 110-118.

127. Baruzi, *Leibniz et l'organisation religieuse de la terre*, pp. 4, 153.

128. Stahl, *op. cit.*, t .II, p. 347 ; t. IV, art. 3, pp. 19, 20, 49.

129. M.S. I, 2, lettre XXIII, p. 312.

130. G. III, p. 220. Thème aperçu dès 1672 : *Studia leibnitiana, loc. cit.*, pp. 232, 233. C'est ainsi qu'il faut comprendre l'intérêt porté aux menus des repas de ses correspondants et à leur mode de vie : Klopp, t. VIII, p. 39.

en la bonne nature comme chez Descartes que de la compréhension expérimentale et théorique de la santé et de la maladie, entre lesquelles il n'existe pas de rupture : « la santé est un état où les fonctions agissent correctement ; la maladie est une notable lésion des fonctions » [131], et tout le problème demeure de savoir où commence la lésion.

§ 5. — SIGNIFICATION DE LA MÉDECINE

La médecine de Leibniz est donc actuelle, tant par les mesures globales d'organisation de la santé qui sont proposées à l'État [« il faut une meilleure police pour les progrès de la médecine » (*N.E.*, IV, 12, § 11, G.F., p. 403)] que par les techniques de pointe suggérées en chirurgie (anesthésie, transfusion) ou les notions de psychothérapie et d'absence de rupture entre le normal et le pathologique. Comment cela a-t-il été possible et quelles sont les conséquences d'un tel prix attribué à la médecine ?

a) La première condition, et la principale, a été l'attention portée à la méthode qui exige un juste équilibre entre la théorie et l'expérience ; elle est la reconnaissance de l'expérience comme telle, dans son individualité. Par là, elle met en cause la méthode même de l'art d'inventer selon laquelle l'expérience est à la raison ce que la preuve est à l'opération mathématique [132]. L'acceptation du fait biologique signifie une mise en cause de l'idéal de scientificité démonstrative, dont la certitude est apodictique ; on lui substitue l'idéal d'une science

131. Cout., p. 490.

132. G. VII, pp. 164-168, *N.E.*, IV, 4, § 30, G.F., p. 343 : en médecine, comme dans toutes les connaissances, l'abus des termes en freine le progrès.

seulement « probable », qui essaie autant que possible de se rapprocher de la vérité. Dans les *Nouveaux Essais,* la recherche d'une logique des probabilités est indiquée comme la tâche la plus urgente : « Je ne sais si l'établissement de l'art d'estimer les vérisimilitudes ne serait plus utile qu'une bonne partie de nos sciences démonstratives, et j'y ai pensé plus d'une fois. »[133] Toutefois, il n'est jamais indiqué de manière explicite que cette logique soit l'instrument idéal de la médecine, ni dans ce livre, ni dans la correspondance avec Bernoulli où le problème d'une application des mathématiques à la médecine reste en suspens.

Deux arguments permettent de conforter cependant cette interprétation qui semblait jusqu'à présent un peu hasardeuse. Chaque fois, d'une part, que Leibniz parle de la jurisprudence et des probabilités, il poursuit avec le thème médical[134] et, d'autre part, elle permet de comprendre pleinement les parallélismes avec la jurisprudence. Il est certes possible d'avancer plusieurs explications, toutes valables, dans la perspective leibnizienne : la médecine est régie par des lois juridiques (thème capital chez un organisateur de la médecine sur le plan politique) ; tandis que la jurisprudence est au corps social ce que la médecine est au corps humain[135], et que ces deux sciences pensées l'une par rapport à l'autre ont un même idéal, celui du bonheur des hommes. Néanmoins, l'interprétation la plus satisfaisante est celle qui permettrait de fonder le parallélisme, en exhibant

133. *N.E.*, IV, 2, § 14, G.F., pp. 325, 327 ; *ibid.*, IV, 16, p. 412 ; IV, 17, p. 430. L'application du calcul des probabilités au nombre des maladies est indiqué dans la correspondance avec Jacob Bernoulli, M.S., II, p. 88.

134. *N.E.*, IV, 16, § 9, G.F., p. 412, par exemple.

135. *Théodicée,* III, § 17, G.F., p. 402 ; mais Leibniz dépasse la conception purement médicale de la justice.

une « essence » commune à la jurisprudence et à la médecine. Or, une telle essence est proposée ici avec le calcul des probabilités.

Deux grandes « révolutions » dans *l'ordre du savoir* sont dès lors opérées : la médecine étant « la plus utile » et la plus haute des sciences, la science dont la certitude est seulement probable apparaît supérieure à celle qui est purement démonstrative. Cette première révolution entraîne la seconde : la connaissance de l'individuel est supérieure à celle du général.

La première révolution est-elle un constat d'échec ? A première vue, c'est ce qu'il peut sembler : il est impossible de parvenir à une vérité totale, entièrement démonstrative. Il s'agit d'une *résignation* à notre finitude d'êtres connaissants : et pour parler en langage kantien, c'est une acceptation des « limites » *(Grenzen)* et des bornes *(Schranken)* de notre entendement. Mais précisément, la résignation n'est pas un échec, elle est bien plutôt un point de départ dans une nouvelle direction ; et ici, elle est toute positive : l'individu biologique ne peut pas être compris de manière générale, chaque cas médical a son originalité propre irréductible, comme Leibniz aime à le souligner[136]. *Par là s'effectue la reconnaissance de l'individu biologique.*

C'est là un fait d'une importance capitale dans l'histoire des sciences, mais plus encore dans l'histoire de la philosophie, et même dans la philosophie tout simplement. Ernst Cassirer l'a montré de manière définitive dans son livre sur Leibniz[137] : c'est la condition nécessaire pour l'affirmation d'un sujet

136. *N.E.*, III, 6, § 14, G.F., pp. 267 sq.

137. Ernst CASSIRER, *Leibniz' System in seinen wissenschaftlichen Grundlagen*, pp. 425 sq. pour le sujet moral et p. 429 la notion d'autonomie ; pour l'histoire et le droit, pp. 447-459. Cf. aussi *N.E.*, G.F., pp. 331-332.

moral dans son autonomie. Avant Max Scheler, Leibniz a compris que l'homme devait s'accepter dans son individualité totale pour accéder à la moralité. C'est aussi la condition pour que l'homme soit un sujet juridique et un sujet historique.

La médecine permet d'opérer une révolution dans l'ordre de la connaissance et dans la conception de l'homme ; la célèbre polémique entre Gassendi et Descartes *(O mens ! ; o caro !)* se trouve ainsi dépassée. Par cette règle de vie, commune à la morale et à la médecine, l'homme accède au bonheur. C'est pourquoi la médecine est la science « la plus utile »[138] et la plus haute.

b) La médecine est donc la condition de possibilité de l'exercice de toutes les sciences, en même temps qu'elle les suppose toutes : elle s'appuie sur la physique, la dynamique, la chimie, l'anatomie. Bien plus, par la compréhension de l'individualité qu'elle fournit, elle est aussi une source pour de nouvelles sciences : par exemple pour la « psychologie », qui est extrêmement affinée, chaque personne a son système de pensées, d'associations d'idées qui lui est propre, et qui doit être respecté, car il est tout aussi valable que celui d'autrui, il est un point de vue de l'univers. Les lois de la conscience sont étudiées, celles de la mémoire, avec les « petites perceptions », sur lesquelles nous aurons à revenir. Or, toute « la métaphysique » de Leibniz se trouve dans cette « psychologie » *en un sens.*

Après le tableau de la médecine leibnizienne que nous avons tenté d'esquisser, il est possible de

138. Leibniz l'a affirmé constamment, parfois même un peu naïvement comme dans cette *lettre à Marie-Aurore* (Klopp, p. 124, lettre du 25 avril 1695, in *Correspondance avec Sophie*) : « la santé est le fondement de l'esprit et de la galanterie, aussi bien que de la science ».

comprendre pourquoi la médecine n'est pas une science parmi les autres : c'est que tout à la fois elle les remet en cause dans leur idéal d'apodicticité, mais, en même temps, elle les suppose, elle les fonde et en engendre d'autres. Bien plus, elle permet de les penser, elle leur fournit un modèle. Certes, ce modèle n'est pas universellement applicable : on ne saurait réduire les mathématiques ou la physique à une science des probabilités sans tomber dans de graves égarements ; mais elle permet de penser toutes les disciplines avec lesquelles elle est mise en parallèle, et c'est dans ce sens qu'elle leur est « préférable ».

Pour la jurisprudence ? Grua a pu montrer la conception médicale de la justice humaine chez Leibniz, conception que ce dernier évoque clairement mais entend dépasser, car elle ne suffit pas, les lois ont leur propre fonctionnement ; et pour la politique aussi, l'État est bien souvent comparé à un « grand corps » que les gouvernants doivent soigner ; cette métaphore banale est ici chargée de tout un poids nouveau.

Maintenant, une difficulté se présente : la médecine et la vertu sont mises en parallèle ; la vie morale ne serait-elle qu'une simple hygiène de l'esprit ? Ce serait une singulière réduction, car cette « hygiène » est seulement la condition pour accéder à ce que Ernst Cassirer appelle « l'autonomie morale » chez Leibniz et qui, comme chez Kant, est aussi l'œuvre de la pure raison.

La même difficulté se pose à propos du parallélisme avec la religion : accepter la médecine comme modèle du divin semble très grave sous deux points de vue : c'est une impiété et un anthropomorphisme. Le grief d'anthropomorphisme est aisément levé, puisque la religion n'est jamais conçue comme une transposition de la médecine humaine et que la conception « médicinale de la justice de Dieu rendant aux bons et aux méchants ce qui leur revient est loin d'épuiser l'infinie puissance et bonté de Dieu »[139]. D'autre part, ce parallélisme, qui semble le plus paradoxal, est en réalité le plus riche de significations : il permet de comprendre l'argumentation de la *Théodicée* d'une manière qui aurait peut-être évité à Schopenhauer son cri de révolte devant l'optimisme leibnizien : le mal dans le monde est la condition d'un bien, tout de même que la maladie est la condition de la santé. Enfin, la médecine et la religion permettent toutes les deux de louer Dieu : ce n'est pas du contact avec la souffrance et la mort que de manière positive serait issue la louange de Dieu, l'optimisme ne va pas jusqu'à une telle dureté. C'est que, par là, la médecine est un facteur constitutif du bonheur des hommes et de leur progrès, elle concourt au meilleur des mondes possibles, à l'œuvre de Dieu. Elle permet aussi de le mieux connaître, de le mieux admirer dans toute sa perfection : « Il n'est pas de plus bel hymne à Dieu qui puisse être chanté que le discours d'un Médecin sur l'usage des parties. »[140] Le médecin peut comprendre la finalité des parties de notre corps et admirer cet art divin que nous sommes si éloignés d'égaler par nos techniques, et toute la création ; cela explique aussi peut-être mieux que tous les autres arguments avancés à partir de la pratique médicale de Leibniz, l'importance de l'anatomie et de l'anatomie comparée qui situe l'homme dans l'univers et en relation avec les autres créatures.

139. *Théodicée*. Pour les parallélismes avec la théologie naturelle, outre les textes cités au § 1, *N.E.*, G.F., pp. 366, 455 ; Klopp, *correspondance avec Sophie*, lettre XCIX, p. 304 (3 sept. 94).
140. G. I, p. 184.

c) Une question demeure : Leibniz « a gravi tous les degrés » pour l'amour de la métaphysique, et d'une métaphysique elle-même toute dirigée vers Dieu[141]. Que la médecine soit plus utile que certains problèmes théologiques, cela se conçoit si l'on fait une distinction entre les points de vue : dans les ordres d'urgence « matérielle », la médecine est évidemment la condition première des discussions théologiques ; il en est de même de la métaphysique. En outre, lorsque la métaphysique et la théologie se perdent dans de faux problèmes, alors la médecine leur est bien supérieure et doit leur être préférée.

Néanmoins, les rapports de la métaphysique et de la médecine sont plus que ceux d'analogies entre deux disciplines ; elles sont indissociables l'une de l'autre, comme le révèle un fragment d'une lettre à M. de l'Hospital ; ce texte est d'autant plus intéressant qu'il est écrit en 1696, en pleine maturité de Leibniz, à un moment où dans la vie de Leibniz le problème médical et celui de la mort étaient posés avec une acuité toute particulière : Huyghens, qui a exercé une telle influence sur Leibniz[142], venait juste de mourir et de l'Hospital à son tour tombait gravement malade : « *Plût à Dieu qu'on pût faire que les médecins philosophassent, ou que les philosophes médicinassent ;* je crois qu'on pourrait aller bien loin, mais j'ai souvent prêché là-dessus inutilement *surdis fabulam.* »[143]

Que les médecins soient philosophes, cela se peut entendre de plusieurs façons toutes complémentaires :

141. Cf. notes 5, p. 6 ; 4, p. 22 ; p. 23, lettre du 20 avril 1669, à Thomasius.

142. M. Gueroult, *Métaphysique et dynamique leibniziennes*, a souligné l'importante influence de la pensée de Huyghens sur celle de Leibniz.

143. M.S. I, 2 *lettre XXIII à de L'Hospital* (1696), p. 312.

ils doivent respecter l'*ars demonstrandi* que leur recommande Leibniz et ne pas se contenter de la simple empirie ; ils doivent considérer « l'usage » des parties et admirer la gloire de Dieu : médecine, métaphysique et religion se fondent alors ensemble. Le deuxième membre de l'exclamation de Leibniz est beaucoup plus intéressant puisqu'il permet de comprendre le projet leibnizien : Leibniz ne se dit pas médecin, mais métaphysicien. Il est légitime de supposer qu'il cherche à se rapprocher le plus possible de la métaphysique idéale, c'est-à-dire à « médiciner ». Que faut-il entendre par là ? Le philosophe doit avoir une pratique médicale, car celle-ci est essentielle à la métaphysique, elle en est la condition, ou encore *elle pose le problème philosophique par excellence*. Toute la philosophie de Leibniz est ici en jeu, et il importe de tâcher de résoudre cette question. Or, à ce point de notre analyse, rien ne permet de répondre de manière définitive, et trois hypothèses se présentent : les philosophes, d'abord, ne doivent pas se contenter de généralités abstraites, éloignées de la réalité, comme les cartésiens ont pu le faire. En d'autres termes, le problème de la métaphysique est celui de l'*individualité* et non du général, ce qui permet de laisser de côté d'autres faux problèmes.

D'autre part, la pratique médicale est côtoiement de la maladie, la souffrance et la mort : le problème fondamental serait celui de la souffrance et de la mort. Une telle hypothèse est néanmoins contestable : Leibniz ne parle jamais de la mort, sinon comme d'un fait naturel, et normal, dans le devenir de l'individu ; il n'est rien de tragique dans sa philosophie. Aussi est-il permis de dire seulement que la pratique médicale a fait connaître à Leibniz le *malheur*, mais il ne s'est pas attardé à le dépeindre. Tout le problème était pour lui de le dépasser ; une singulière lumière est alors portée sur l'optimisme de Leibniz : il n'est pas un donné vide, un optimisme béat ; l'homme, par sa pratique médicale, concourt à ce meilleur des mondes *possibles,* qui n'est peut-être qu'une *Aufhebung,* un dépassement du malheur. Et ce dépassement s'est pleinement réalisé, puisque Leibniz ne s'attarde jamais sur le côté négatif. Ce thème rejoint celui du but de la métaphysique, de la médecine et de la religion qui est d'apporter le *bonheur* aux hommes. Le problème serait donc celui du dépassement du négatif et de la mort vers le bonheur.

Mais le problème de la médecine n'est pas tant celui de l'étude de la mort et de la maladie que de la défense de la *vie.* Et cette hypothèse semble la plus vraisemblable quand on pense à l'univers leibnizien, qui est plein, qui est animé et foisonnant de vie. Mais alors, qu'est-ce que la vie à la lumière de la pratique médicale ? La réponse est d'abord négative : la médecine a juste permis de détruire les notions habituellement reçues ; il n'y a pas d'hétérogénéité de la vie, de la maladie et de la mort, mais une *continuité,* de même qu'entre le normal et le pathologique, la maladie est condition souvent de la santé. Aussi, le médecin est-il réduit à une certaine inaction : les remèdes du bon sens qui ne violentent pas la nature sont souvent les meilleurs. Mais si finalement la possibilité d'une thérapeutique efficace est enlevée au médecin, celui-ci a-t-il plus de chance dans le domaine de la connaissance de la vie ? Ici aussi la réponse est négative, la synthèse du mécanisme et du vitalisme opérée grâce au respect de l'équilibre entre la théorie et la pratique n'apporte aucune solution. La médecine est impuissante à expliquer la vie et à la défendre. L'espoir d'une guérison est reporté dans le mythe d'une pierre philosophale. Est-ce là pessimisme ? Point du tout, car la mort sera réduite à la vie, à une vie infra-consciente et, de ce fait, niée : « Il n'existe pas de mort à la rigueur », telle est la phrase que Leibniz aime à répéter.

Quel est alors l'intérêt de la médecine ? C'est de poser le problème de la vie et non de le résoudre : elle la reconnaît dans son irréductibilité et dans son rapport à la mort. Aussi est-il nécessaire de se tourner *ailleurs* pour sa solution, et c'est ce que fait Leibniz avec « l'embryologie », qui tente de donner une réponse sur l'*origine* de la vie et de son *développement.*

Mais pourquoi le problème de la vie est-il le plus haut de tous ? Il est d'abord celui de l'homme et de toute créature vivante dans son *individualité,* et ensuite celui du *Grund* des phénomènes, pour reprendre l'expression des lettres à Jean Frédéric ; toute la critique de l'identification cartésienne de la matière et de l'étendue peut se résumer en ceci : la physique mécaniste est incapable de fonder les phénomènes. Avec la vie, une première solution s'offrait à Leibniz, aussi s'est-il intéressé d'abord à la science dont Descartes, qui avait de « bonnes intuitions », disait qu'elle était la plus haute, et qui semblait étudier de plus près la vie dans son devenir.

Or, la médecine ne fournit aucune réponse, elle pose surtout des questions, elle détruit les préjugés ; c'est pourquoi elle est essentiellement philosophique, pour un lecteur de Platon comme était Leibniz. Les deux questions essentielles jusqu'ici sont les suivantes : qu'est-ce que la vie et qu'est-ce que le corps vivant ? En effet, la vie ne peut être saisie comme un donné, mais seulement à travers le corps. Sur ces deux questions inséparables, l'embryologie va se pencher, entraînant alors les problèmes de l'organisme et de la conscience vivante. Il s'agit maintenant de savoir si une *science* comme l'embryologie peut fournir la réponse au *Grund* des phénomènes ou si le dépassement vers la métaphysique ne sera pas indispensable.

Dès lors, une deuxième signification de la formule selon laquelle les philosophes doivent « médiciner » apparaît : Leibniz a voulu être médecin, non pas seulement des corps[144], mais des esprits. Il a tenté, en effet, de guérir le monde de ses maladies : l'athéisme[145], les fausses sciences inutiles et même nuisibles (comme la mécanique cartésienne) et les fausses philosophies : l'épicurisme, le cartésianisme, le spinozisme[146]. Il est donc attentif à tous les symptômes qui révèlent un mal freinant le progrès vers le bonheur et la vérité : l'abus des termes[147], la disjonction de la théorie et de la pratique[148]. Aussi, la conclusion du livre III des *Nouveaux Essais*, consacrée au problème de la connaissance et de l'erreur (la maladie de la vérité) se veut-elle médicale puisque le chapitre XI s'intitule : « Des remèdes qu'on peut apporter aux imperfections et aux abus dont on vient de parler. »[149]

144. L'article le plus synthétique sur ce point, montrant Leibniz tour à tour son propre médecin, celui de la cour de Hanovre, et celui qui peut rivaliser avec les meilleurs de son temps, demeure celui de Mirko Drassen Grmek, « Leibniz et la médecine pratique », qui donne quelques détails supplémentaires sur la pharmacologie leibnizienne (in *Leibniz aspects de l'homme et de l'œuvre,* Centre International de Synthèse, 1968).

145. *La Théodicée* en est le principal exemple. Leibniz aime à répéter qu'elle constitue un résumé de son système.

146. *N.E.* IV, 16, § 9, G.F., pp. 409-410 ; *ibid.*, § 11, p. 418.

147. *N.E.* IV, 3, § 28, G.F., p. 344. En même temps que Leibniz médecin dénonce cette maladie, il reconnaît que la *médecine pratique* est la science la plus touchée, le modèle médical joue donc doublement.

148. *N.E.*, G.F., pp. 369, 376, 326. Ici encore le modèle médical joue doublement : le remède à cette disjonction de la théorie et de la pratique est d'*imiter* les bons praticiens en médecine.

149. *N.E.* III, 11, G.F., pp. 306 sq. Les deux principaux remèdes sont les suivants : remonter aux idées primitives et, comme en

Mais avant d'être médecin, et d'avoir pu soigner, Leibniz a été lui-même malade des maladies de son temps, il a été l'adepte de pseudo-sciences et de pseudo-philosophies. Ses itinéraires spirituels sont donc autant d'exemples cliniques de ce mal. Il s'est guéri en construisant sa philosophie. C'est le gage de l'efficacité du remède qu'il propose. Dès lors le schème du *remède* permet de penser toute sa philosophie. Plus tard, Rousseau[150] et Nietzsche s'efforceront à leur manière d'être les médecins des égarements de leur siècle.

médecine, avoir une bonne *pratique* pour discerner directement ce que les autres n'aperçoivent que par tâtonnement. Le schème médical permet de penser celui de l'erreur de manière « unitaire ». On consultera pour une étude beaucoup plus approfondie Y. BELAVAL, « Leibniz et le problème de l'erreur », *Studia leibnitiana.*

150. C'est du moins l'interprétation d'A. PHILONENKO, « Essai sur la signification des *Confessions* de J.-J. Rousseau », *Revue de Métaphysique et de Morale,* nº 1, janvier, mars 1974.

CHAPITRE II

LE PROBLÈME DE LA RÉALITÉ : CENTRE, UNITÉ ET FONDEMENT

La médecine, au-delà de son impuissance à élucider de manière positive la notion de vie, a fourni deux acquis fondamentaux invitant à poursuivre dans cette direction : elle a posé dans toute leur ampleur le problème biologique et le problème philosophique, apportant au premier une réponse de type négatif : par son irréductibilité même, la vie apparaît comme un fondement possible. Faut-il s'en tenir là, et avouer que notre raison est limitée et bornée sur ce point ? Ce serait bien vite nous avouer vaincus : Leibniz, quant à lui, approfondit les différentes sciences sur lesquelles la médecine était appuyée, et qu'elle fondait en même temps. Il nous faut donc le suivre dans ce chemin, sans se perdre, car il explore plusieurs voies simultanément, et toutes semblent se rejoindre et se correspondre en vertu du principe d'analogie. Il faut donc avec lui élargir le champ des phénomènes à considérer, et accroître ainsi les probabilités d'une solution, même si à première vue ils semblent étrangers à la vie. La considération de notre seul corps vivant n'a pas suffi. Aussi le problème du *fondement* va-t-il se trouver singulièrement compliqué : il va se doubler de celui du *centre* et de celui de *l'unité.*

§ 6. — Position du problème à partir de l'alchimie

Et c'est bien la question du centre qui se trouve abordée avec l'alchimie, un des principaux appuis de la médecine leibnizienne : cette discipline nous révèle que nous ne sommes pas les seuls êtres vivants, qu'il n'est pas de matière inerte que nous pourrions dominer et organiser par rapport à nous ; nous n'avons finalement aucune suprématie par rapport au reste du monde, notre corps vivant n'est pas un objet privilégié, un centre partiel. Et cela est conforme au principe de continuité, considéré en son usage régulateur [1]. La considération du monde et les exigences de la raison se rejoignent donc. Les préoccupations alchimiques vont par conséquent bien au-delà de la simple anecdote, ou d'une fantaisie de l'imagination. Elles sont l'œuvre d'une raison qui essaie de comprendre un univers en mouvement, et où tout est plein de vie, ou de quelque chose « d'analogue à la vie » pour reprendre l'expression de Leibniz. Parfois la raison se fait trop modeste, et Leibniz semble tomber dans les excès des alchimistes de son temps, ou d'un Van Helmont [2].

Aussi Leibniz cherche-t-il à user dans la mesure du possible de moyens rationnels : il fait des expé-

1. Cassirer, *op. cit.*, p. 238.

2. H. Metzger, *Les doctrines chimiques en France*, pp. 53, 150-181. Leibniz, il ne faut pas l'oublier, fut secrétaire des Rose-Croix, connut F. Mercure Van Helmont. Cf. Baruzi, *Leibniz et l'organisation religieuse de la terre*, p. 7, note 1, pp. 138, 203 sq.

riences sur le magnétisme[3], ou sur le phosphore[4], et tente d'élaborer des théories qui devront être le plus simple possible. Cet intérêt pour les phénomènes magnétiques est certes issu du cartésianisme, mais Leibniz va plus loin, il cherche un *principe de vie* qui expliquerait ce qui est analogue à la vie, et la vie elle-même, et il le cherche hors de notre corps. Peut-être la vie des métaux est-elle plus originaire que la nôtre ; elle est, semble-t-il, moins élaborée et plus facile à saisir : il s'intéresse à leur génération, dont il rend compte dans la lettre à Thomasius d'avril 1669, et à leurs transmutations[5]. Bien plus, Leibniz qui aime bien, comme plus tard

3. Pour la critique de Descartes qui s'est approprié indûment les découvertes de Gilbert, sans même le nommer, G. IV, *Leibniz gegen den Cartesianismus*. Leibniz étudie l'aiguille aimantée et les variations de son inclinaison : M.S. I, 2, pp. 54, 57, 77, 88, 93, etc., son application à l'attraction exercée par la terre : R. I, 2, p. 417 ; F. de C., t. VII, pp. 507, 532, 543 sq., 563-566 ; Cout., pp. 11, 188 ; M.S. I, 2, pp. 133, 142, 143 ; M.S. I, 1, pp. 17, 36... ; G. I, pp. 43, 94, 97. Il estimera que cette science est parvenue à sa perfection, *N.E.* IV, 12, G.F., p. 402.

4. Le phosphore est l'objet de la correspondance avec deux de ses contemporains les plus illustres, Huyghens et Bernoulli. Au premier, Leibniz entend donner des conseils sur la manière d'allumer la poudre à canon, mais Huyghens, pourtant un excellent expérimentateur, n'y parvient par aucune des deux méthodes indiquées par Leibniz (pp. 29-33). Cf. M.S. I, 2, pp. 19, 26, 28-32, 33, 36 ; M.S. III, pp. 636, 643, 641, 653, 655, 677, 690, 717, 816, 867 ; M.S. I, 2, pp. 271, 314 ; M.S. I, p. 151 ; Dut II, « Chimia », pp. 98, 102-108 ; R. I, 2 (textes cités § 2, note 40). La valeur des expériences de Leibniz est donc sujette à caution, mais il est important qu'il s'y soit essayé. Sur le rôle de l'expérience chez Descartes et Leibniz, Y. BELAVAL, *op. cit.*, pp. 477, 483, 502, etc.

5. *A. Thomasius*, Erd., pp. 48-54 ; R. II, 1, pp. 14-25. Cf. Erd., p. 722 ; G. I, p. 394 ; R. I, 2, pp. 79-84 ; R. II, 1, pp. 111-117, 529-532 ; Cout., pp. 50-56, 65-67, 446-449. Outre les textes cités, chap. I, § 2, notes 40-47. Pour les alchimistes, H. METZGER, *op. cit.*, pp. 39-71, 134-138, etc.

Fichte, ce qui est ésotérique[6], suppose que le secret, le mystère, l'occulte renferment sans doute ce qui est le plus profond et le plus originel.

Leibniz a cherché dans l'alchimie un principe de vie et un fondement au monde. Peut-être a-t-il cru d'abord le trouver avec l'un des aspects les plus désuets à première vue de sa physique : l'éther. Un tel concept est conforme au principe de continuité, dans la mesure où l'éther remplit tout, et surtout aux principes des indiscernables, et d'individuation. Il répond à un monde pensé « biologiquement » de par ces principes.

Mais qu'est-ce que l'éther ? Ce sont des particules « très subtiles » qui sont toujours en mouvement, qui remplissent tout, sans laisser jamais aucun « vide » dans la nature, car ce serait contraire au principe de continuité : « *de l'éther tout peut être déduit,* il va d'est en ouest... il pénètre tout, rien ne peut l'empêcher »[7]. En lui s'effectue la différenciation de l'homogène: les particules d'éther frappent la terre avec une vitesse prodigieuse, et la pénétrant par endroits elles donnent naissance à l'eau, à l'air

6. On peut en effet remarquer sa passion pour l'alchimie (§ 6), son intérêt pour tout ce qui est « à déchiffrer » : le chinois, les symboles des médailles (§ 16, note 47), et d'une manière générale, toutes les langues. Leibniz, qui se recommande de Pythagore, et déplore qu'un langage exotérique ait parfois déformé sa pensée (§ 24, note 6), tente d'en retrouver « l'ésotérique », de même que chez les autres philosophes chez qui « il y a toujours quelque chose de bon ».

7. G. I, p. 99 (souligné par nous). Cf. pp. 37, 75. Le dernier texte est une lettre à Arnauld que nous avons ici résumée. On comparera avec G. I, pp. 173-174. L'origine alchimique de l'éther est particulièrement évidente : pour Guericke « c'est de l'or liquide ». Leibniz, il est vrai, rejette cette hypothèse comme inutile (pp. 93, 95). Cf. aussi Dut., *Mathematica,* 3, p. 660 (une copie de cette lettre, annotée par Leibniz, se trouve actuellement à la bibliothèque de Genève — M.S., 610, f. 23-24 —).

qui eux-mêmes se différencient en petites bulles à l'infini. Si un obstacle les gêne, ou elles le rejettent vers le centre de la terre, et c'est la pesanteur ; ou bien elles en séparent les parties et les font tendre vers une subtilité égale à la leur, et c'est l'élasticité. Dès lors tous les phénomènes d'aimantation et de chimie se trouvent *fondés,* le passage de « la théorie abstraite à la théorie concrète », pour reprendre les termes de M. Gueroult[8], a permis, semble-t-il, de donner une réponse concrète et positive au problème du fondement, qui est ici analogue à la vie.

Cette théorie a une importance capitale : avec le magnétisme, le fondement des phénomènes était cherché dans le centre physique, le centre de la terre, centre théorique et centre physique coïncidaient, il fallait juste explorer les phénomènes, les approfondir comme donnés. Avec la théorie de l'éther, le centre et le fondement sont cherchés à l'extérieur. Bien plus, si l'éther constitue une entité physique et conceptuelle, il est composé de particules, il n'est pas une unité proprement dite, et encore moins un point, comme le centre de la terre ! Aussi le fondement se trouve-t-il à *l'extérieur* des phénomènes donnés, et il *ne coïncide plus* ni avec le centre, ni avec ce qui est simple : l'univers apparaît « décentré ».

Voilà l'une des raisons qui font dépasser à Leibniz sa théorie de l'éther. Trois autres s'y ajoutent : les particules d'éther sont difficilement compatibles finalement avec la loi de continuité : même si elles

8. M. Gueroult, *Dynamique et métaphysique leibniziennes,* p. 13. « Dieu a voulu organiser l'économie du monde visible, il a créé en lui la différenciation initiale qui rendait possible la lumière et a fait surgir un corps émetteur le soleil, un corps récepteur la terre, et un corps transmetteur l'éther ». Pour M. Gueroult, le seul moyen d'*unifier* le monde et d'y trouver un centre, c'est donc de faire intervenir Dieu.

s'introduisent partout, si elles sont élastiques, et subtiles, la possibilité d'un *vide* est ouverte ; d'autre part, l'éther est moins une « chose » qu'un concept, et un concept parlant à l'imagination, ce qui est dangereux (comme on le verra lors de l'étude de l'atomisme) ; enfin, et c'est sans doute la raison principale : il n'est pas le fondement recherché, car il est incapable d'expliquer la conservation du mouvement dans le monde [9]. La voie alchimique dès lors doit être dépassée au moins pour un temps : dans son état actuel, elle n'apporte aucune réponse positive au problème du fondement, et à celui de la vie ; c'est pourquoi, tout en continuant de s'y intéresser, Leibniz semble tourner de plus en plus ses espoirs vers le mythe d'une pierre philosophale [10].

Quel a été alors son intérêt ? Il est triple. C'est premièrement d'avoir posé des questions fondamentales : nous ne sommes pas les seuls êtres vivants, les seuls centres ; davantage, centre et fondement sont dissociés par la théorie de l'éther et rejetés hors du monde. Même si cette théorie est dépassée, la possibilité de cette dissociation, difficilement concevable au XVIIe siècle, a été ouverte. Deuxièmement, c'est le passage d'une appréhension descriptive et imaginative des phénomènes à une appréhension mathématique dans la dynamique ; tout en mettant en cause l'idéal cartésien de la science, elle permet de le réaliser, car non plus seulement au niveau des principes, mais à celui des phénomènes considérés concrètement, elle montre la nécessité de respecter les différences et la *vie* qui sont partout. Troisièmement, c'est d'avoir fourni un « modèle » : tout de même que l'éther qui était source de vie et avait quelque chose d'analogue

9. M. GUEROULT, *op. cit.*, p. 15.
10. Chap. I, § 7, note 43.

avec elle, était élastique et compressible, tout de même l'ensemble de la « matière » est également élastique, même si nos sens ne le perçoivent pas toujours.

§ 7. — La dynamique : la force comme principe de vie

Leibniz a étudié l'élasticité et fait des expériences sur ce phénomène [11] ; là encore les exigences de la raison définies par et dans les principes coïncident, semble-t-il, avec l'observation. Si toute la matière est élastique, le principe de continuité est respecté à deux points de vue : une limite entre des corps inertes et des corps élastiques signifierait une rupture, il faut donc supposer que les corps dits rigides ont une élasticité infiniment petite ; d'autre part, le mouvement élastique toujours renaissant a quelque chose d'analogue à la vie. Le principe des indiscernables à son tour est également suivi : la matière possédant différents degrés d'élasticité échappe à l'indifférenciation et l'uniformité de celle conçue par Descartes et identifiée à l'étendue. Et Leibniz a fait mieux que de dépeindre une élasticité universelle de manière descriptive, il en a donné une formulation mathématique : la formule mv^2 n'est

11. Leibniz s'est intéressé aux expériences sur la « compressibilité » et l'élasticité, dans sa correspondance avec Guericke sur les hémisphères de Magdeburg, G. I, pp. 75, 93, 97, 101, 107. Cf. M.S. III, pp. 515, 596, 675. La construction de différents appareils a pu alors être envisagée, G. I, pp. 106-107 : thermomètre, baroscope, hygroscope, baromètre, Dut. II, *physica generalis*, pp. 75-79, 89 ; M.S. III, pp. 690, 692, 697. L'isochronie du ressort est étudiée : M.S. I, 2, pp. 88, 100, 165, 187. Dès lors, Leibniz généralise l'élasticité : G. II, pp. 156, 161, 169 (« l'élastique ne périt pas »), 174 ; M.S. I, 1, p. 59 ; M.S. III, pp. 471, 504, 616 ; M.S. II, pp. 14, 28, 64, 215 et 81 (tous les corps sont élastiques) ; M.S. VI, pp. 208, 230 ; Cout., pp. 486, 521, 573, 593, etc.

que la généralisation d'une loi valable pour les corps élastiques. Loin donc de constituer une qualité inexplicable des corps, l'élasticité leur donne une suprême intelligibilité [12].

Il est possible maintenant de comprendre la critique leibnizienne de l'identification de la matière et de l'étendue opérée par Descartes [13]. Une telle conception est contraire aux principes du système de Leibniz, Descartes a confondu la matière et l'étendue, et l'étendue avec l'espace (or l'espace, pour Leibniz, n'est pas une chose, mais « l'ordre des coexistants ») [14]. Il a mélangé les perspectives, et n'a apporté aucune solution positive, ni au problème du fondement, ni à celui du mouvement, qui ne peut être dérivé de la simple répétition [15]. Il est donc nécessaire de considérer l'étendue comme un attribut, et le mouvement comme premier, pour ne pas tomber dans les embarras cartésiens. Ainsi la

12. Cf. E. CASSIRER, *op. cit.*, p. 328 : « Die Elasticität ist, wie Leibniz hervorhebt, keine besondere unerklärliche " Qualität " der Körper, sondern sie bedeutet die Annahme einer derartigen Struktur der Materie, wie sie zur Erhaltung der Kräfte notwendig ist. » Leibniz écrit en effet, *Discours de métaphysique*, § 17, *Théodicée*, III, § 346 : « J'ai trouvé qu'on peut rendre raison de ces lois, en supposant que l'effet est toujours égal à la cause, ou ce qui est la même chose, que la même force se conserve toujours : mais cet axiome, *d'une philosophie supérieure*, ne saurait être démontré géométriquement » (souligné par nous).

13. G. IV, p. 464 : démonstration par l'absurde.

14. *N.E.* II, 3, § 17 ; G. VII, pp. 304, 325, 345, 349 ; G. IV, pp. 523, 568, 576. *Correspondance avec Clarke*, Janet, t. II, pp. 639-641, 660, 663, 675 sq. *Ibid.*, lettre de 1691, pp. 519-521. Pour le problème de l'espace, voir *infra*, chap. V, § 37, note 124.

15. M. GUEROULT, *op. cit.*, p. 23, note 1, donne les principaux textes de Leibniz sur ce point. Ce qui préoccupe Leibniz, c'est de comprendre la matière dans sa *réalité*, c'est pourquoi il ne saurait admettre avec Descartes qu'elle prenne toutes les formes, ce qui serait également contraire aux causes finales : G. IV, pp. 274, 281, 283, 299, 314, 340, 344, etc.

possibilité d'un fondement aux phénomènes se trouve-t-elle singulièrement précisée.

L'élasticité serait-elle donc ce fondement ? Telle qu'elle a été définie, elle permet seulement d'expliquer la communication du mouvement, et de révéler en chaque corps la présence d'une force primitive. C'est donc la *force* qui constitue l'essence de la matière et lui confère sa réalité [16]. Mais que faut-il entendre par là ? Toute la dynamique leibnizienne est en jeu, avec les théories de l'*impetus* et du *conatus* [17], des forces primitives et dérivatives [18]. Sans entrer dans les détails de sa théorie qui a évolué,

16. E. CASSIRER, *op. cit.*, « der Begriff der Kraft », pp. 283-351.

17. On peut résumer brièvement la théorie des *conatus*. I - Le premier *conatus* est commun avec celui de Hobbes (G. I, pp. 34, 82 sq.). Il est défini *a priori*. C'est un mouvement infiniment petit, dt/ds (GUEROULT, *op. cit.*, pp. 8-12). II - Devant son échec pour expliquer la conservation du mouvement, Leibniz recourt à une méthode *a posteriori* distinguant le *conatus* (différentielle des vitesses p. 35) dont la sommation engendre l'*impetus*, c'est-à-dire la vitesse réelle du corps (et non plus seulement la vitesse « embryonnée »), cf. M.S. VI, pp. 120-121. La force vive est l'*impetus*, la « force morte » le *conatus* (p. 37 ; sur les origines de cette théorie cf. pp. 57-59 ; pour Descartes, Galilée, Huyghens, pp. 61-109). III - Devant l'impossibilité de passer des définitions phoronomiques du *conatus* et de l'*impetus* à leurs définitions concrètes, sinon à partir d'expériences, Leibniz se propose (M.S. VI, p. 292) d'établir les mêmes vérités avec une méthode entièrement *a priori*. C'est la source de la grande « querelle des forces vives » (pp. 111-118). Le concept d'action motrice sera démontré de manière syllogistique (p. 125 ; De Volder conteste la mineure) ; l'*impetus* est l'infinitésimal de la force ; le *conatus* n'est plus « mort » comme auparavant, mais il « est *un moment résumant le passé et gros de l'avenir* » (p. 160). La physique a ouvert la voie à la spiritualisation de l'univers. On consultera aussi : Y. BELAVAL, *Initiation à la philosophie de Leibniz*, pp. 233-240 ; J. MOREAU, *L'univers leibnizien*, pp. 137-156.

18. CASSIRER, *op. cit.* (pp. 292-299) étudie la force dérivative et (pp. 299-302) la force primitive. L'élasticité permet de rendre compte du mouvement et « atteste qu'il y a dans chaque corps... une force active primitive ». J. MOREAU, *op. cit.*, pp. 152-153.

une phrase de Leibniz suffit à expliciter la notion de force : en elle « consiste la connexion des choses spirituelles et matérielles »[19]. La force physique s'épuise ; or, dans le monde, il y a toujours du mouvement. Aussi Leibniz doit-il doter le *conatus* de « mémoire », en le considérant comme un moment « résumant le passé et gros de l'avenir » (ce qui explique aussi son origine). La force physique est donc définie de manière analogue à l'esprit d'un être vivant. Les forces matérielles constatées dans les phénomènes sont dérivées d'une force immatérielle et primitive, que Leibniz en reprenant l'expression d'Aristote appelle également « entéléchie première »[20]. La dynamique incapable de fonder les phénomènes se prolonge en *métaphysique.*

Dans ces conditions, quelle a été sa contribution au problème du fondement ? En premier lieu, c'est d'avoir donné une formulation mathématique du mouvement, bref, du fonctionnement de l' « analogue à la vie » décrit par l'alchimie. Ainsi, les modes de l'alchimie et de la dynamique se correspondent-ils. En second lieu, elle a permis, par son prolongement dans la métaphysique, de découvrir un fondement aux phénomènes, la force spirituelle et immatérielle, qui elle aussi « a quelque chose d'analogue avec la vie ».

Faut-il en demeurer là ? Certes, il semble que la tâche soit terminée : avec la force, le fameux fondement a été découvert, dans la métaphysique, et en cela nous sommes en parfait accord avec l'itinéraire spirituel. Devons-nous abandonner l'étude du monde pour celle de la méttaphysique ? Ce serait d'abord bien peu conforme au conseil de Leibniz montrant la supériorité des observations d'un Leeuwenhoek

19. Klopp, *A Sophie,* 3 septembre 1694, lettre XCIX.
20. CASSIRER, *op. cit.*, p. 299.

sur les élucubrations d'un métaphysicien[21] ; mais ce qui est plus grave, c'est que, *de ce fondement, le monde ne saurait être déduit.* Loin d'être remarquable par son intelligibilité, une fois le fondement découvert, jamais il n'a semblé avoir si peu de rationalité : il ressemble fort à celui des vitalistes du XVIe siècle finissant, un ensemble de forces spirituelles, matérielles, bref, d'entités analogues à la vie. Devant cet univers étranger au mécanisme, on peut être tenté de souscrire au jugement de Georges Friedmann, selon lequel Leibniz, « ce grand rationaliste, nourri des données de mathématiques, de la physique, de la biologie... n'en est pas moins un Paracelse de la fin du XVIe siècle »[22]. Et en effet, il a *omis* ces philosophes dans son itinéraire spirituel, ce qui est révélateur d'une grande ressemblance au premier abord, mais aussi d'un décalage dans les points de vue.

Or, le principal peut se résumer à ceci : Leibniz cherche un fondement idéal, capable de rendre compte des phénomènes, c'est-à-dire de les fonder et de les ordonner. La quête du fondement est donc indissociable de celle du centre et de l'unité. Or, l'alchimie et la dynamique ont apporté un acquis fondamental : la seule unité et le seul fondement du monde résident dans l'analogon de la vie ; ou encore, c'est bien la « vie » qui se révèle sous quelque point de vue que l'on considère l'univers. Mais l'étude de ces analogons n'a rien apporté de « positif » sur la vie elle-même. Tout comme la médecine, son grand intérêt a été de poser des questions : outre la dissociation du fondement, du centre et de l'unité, elle interroge sur l'apparition de la vie et sur son

21. « J'aime mieux un Leeuwenhoek qui me dit ce qu'il voit, qu'un cartésien qui me dit ce qu'il pense », M.S. I, p. 85 (fv. 91).
22. G. FRIEDMANN, *Leibniz et Spinoza,* p. 233 (cf. p. 213).

devenir : tout de même que l'alchimie a été incapable d'expliquer la génération et la transmutation des métaux (sinon par l'irrationnel), tout de même la dynamique a été incapable d'expliquer l'origine du mouvement et de sa conservation. Or, une science s'occupe de ces problèmes à l'époque de Leibniz, qui est toute nouvelle : l'embryologie. C'est la dernière tentative de recherche du fondement et d'étude de la vie par la science.

§ 8. — Avec l'embryologie, l'espoir d'une solution

Avant d'aborder cette étude, un certain sentiment de découragement peut vous saisir : puisque les autres sciences ont débouché sur des apories, il semble légitime de penser que l'embryologie, comme elles, se soldera par un échec. Or, trois raisons viennent s'opposer à la précédente : l'embryologie étant la dernière des grandes sciences sur lesquelles la médecine était appuyée, non seulement nous poursuivons le chemin initial, mais nous le *terminons*. En outre, elle recherche un fondement, et en même temps une unité et un centre, en approfondissant les deux seuls résultats positifs des deux sciences précédentes sur ce point : d'une part, l'alchimie se préoccupait de chercher un « centre séminal » aux phénomènes ; d'autre part, la dynamique avait abouti à la notion de *conatus* « riche du passé et gros de l'avenir », Enfin, elle constitue un modèle permettant de comprendre la notion de force douée de « préformation » et de mémoire, et elle est digne d'intérêt, ne serait-ce que pour l'éclairer.

Même si Leibniz n'a pas participé publiquement aux querelles de son temps sur l'animalculisme ou l'ovisme[23], il s'est intéressé de très près à toutes les

23. La bibliographie de Ravier révèle que Leibniz n'a écrit ni dans les *Acta Eruditorum*, ni dans le *Journal des Savants*, ni dans

découvertes obtenues grâce au microscope. Les premières observations sérieuses et connues de lui avaient eu lieu vers 1660 : « En 1660, Marcello Malpighi avait décrit la circulation du sang *(Kapillarkreislauf)* et en 1666, les globules rouges du sang, que Jan Swammerdamm avait déjà vus en 1659 et qu'Antony van Leeuwenhoek confirmait en 1673 ; en 1677, Johann Ham découvrit les spermatozoïdes. En 1663, Leeuwenhoek vit des images analogues aux bactéries *(Bakterien ähnliche Gebilde)*. En 1657, déjà Bonomio avait décrit les plus grandes sarcoptes *(Krätzemilbe)*. Robert Hooke décrivit en 1665 les germes des plantes *(Pflanzenzelle)*. »[24]

De tous les travaux de ces savants, ce furent ceux de Leuwenhoek auxquels Leibniz s'intéressa le plus, alors que celui-ci était inconnu de ses contemporains[25] : il apprécie son goût pour l'expérimentation

les *Philosophical Transactions,* ni enfin dans le *Journal de Trévoux* sur ces questions.

24. Telles sont les principales découvertes, d'après Fritz HARTMANN et Mathias KRÜGER, *op. cit.*, p. 239. Ce rapide résumé ne saurait évidemment être exhaustif. CALLOT, *Renaissance des Sciences de la vie au XVIIe siècle*, pp. 59-65, montre que le microscope fut découvert entre 1590 et 1600 par Hanz et Z. Janssen, mais que par son utilisation, il appartient en fait au XVIIe siècle. Le premier usage scientifique remonterait à 1625 avec Fr. Stelluti qui étudie l'abeille. Selon Leibniz (lettre à Ch. Philipp, 12-22 nov. 1678), R. I, 2, p. 385, « le premier qui a trouvé les microscopes *globulaires* est M. Hudde il y a plus de 12 ans. M. Leeuwenhoek les a embellis » (souligné par nous) ; et *ibid.*, t. III, p. 564, il parle de Borelli comme l'inventeur du microscope. On consultera T. BALLAUF, *Von Altertum bis zur Romantik eine Geschichte der Biologie*, 1954, pp. 153 sq. sur Malpighi, et pp. 160 sq. sur Leeuwenhoek qui donne des extraits de ces « biologistes » et surtout E. RADL, *Geschichte der biologischen Theorien in der Neuzeit,* 1re partie, pp. 161-177. Mais ces microscopes restaient imparfaits ; cf. M. DAUMAS, *Les instruments scientifiques aux XVIIe et XVIIIe siècles.*

25. Leeuwenhoek, en effet, petit fonctionnaire municipal à Delft, n'avait pas fait d'études et ignorait le latin ; c'est pourquoi il était coupé de la science de son temps ; d'autre part, autodidacte, il

et surtout la technique supérieure à celle de ses contemporains qu'il possédait pour l'art du microscope ; mais plus profondément, il semble adhérer à la théorie des animalcules et même la *construire*, car certaines lettres attribuées jusqu'ici à Leeuwenhoek se sont avérées être en réalité de Leibniz, comme des études récentes l'ont montré[26]. Il ne cessera de la défendre face à Hartsoecker[27]. Leeuwenhoek témoigne pour Leibniz, lui qui a coutume de diviser son propos en deux parties : d'une part, « je vois », de l'autre, « je pense », et s'il va fort loin dans le visible, il n'avance que prudemment dans la

n'était pas aveuglé par les préjugés de ses contemporains mais observait souvent sans but et supportait mal la contradiction. L'acuité de ses microscopes était bien supérieure à celle de ceux de son temps (cf. C. DOBELL, *Leeuwenhoek and the little animals*, et ROGER, *op. cit.*, pp. 294, 308). Leeuwenhoek a exposé ses découvertes dans des lettres aux diverses personnes de la société royale de Londres. Elles furent publiées de son vivant et traduites en latin, mais de manière incomplète. En 1930, C. Dobell a apporté une traduction anglaise et quelques inédits, et depuis 1939 un groupe de savants hollandais a commencé l'édition complète *(Alle de Brieven...)*.

26. C. DOBELL, *op. cit.*, p. 324, lettre du 2 mai 1692.

27. Comme le montre très bien J. Roger (*op. cit.*, pp. 297 sq.), il y eut toute une querelle entre Leeuwenhoek et Hartsoecker pour savoir lequel avait découvert le premier les animalcules, querelle où Huyghens joua un rôle déterminant (p. 299), tant et si bien que lorsque le *Journal des savants*, le 15 août 1678, communiqua la découverte, ni Hartsoecker, ni Leeuwenhoek ne furent nommés. Leibniz, G. III, p. 493 (3) défend les *Observations* de Leeuwenhoek dans une lettre adressée précisément à Hartsoecker (cf. G. VII, p. 202). Nous n'avons pas pu consulter la correspondance de Leibniz relative à ces questions, qui se trouve en Allemagne, éditée par C. G. EHRENBERG, *Rede zur Feier der Leibnitzischen Jahrestages über Leibnitzens Methode, Verhältniss zur Natur-Forschung und Briefwechsel mit Leeuwenhoek*, Kgl. Akademie der Wissenschaften, Berlin, 1845. D'autre part, la correspondance avec Hartsoecker donnée dans Gerhardt ne porte pas directement sur ces questions, mais sur le magnétisme, pas plus que la lettre à Leeuwenhoek donnée dans Dut. II, 2.

construction théorique[28]. Il est donc le savant idéal. Ainsi peuvent s'expliquer les très nombreuses références à son égard[29].

Quelles étaient les grandes théories génétiques à l'époque de Leibniz et sa situation par rapport à elles ? Deux grands courants, apparus simultanément, s'affrontaient : celui de l'animalculisme (l'animal est préformé dans la cellule mâle), celui de l'ovisme (il est préformé dans la cellule femelle). Le premier n'a compté que peu de partisans (outre Leeuwenhoek, Hartsoecker en conflit avec lui, N. Andry, Bourguet) et il a été malmené par l'histoire des sciences, comme le montre l'étude d'un E. Radl[30]. Le second a compté Redi, Malpighi, Swammerdamm, A. Vallisnieri[31] et un philosophe, Malebranche[32]. Ils s'opposaient à la théorie cartésienne de l'épigénèse, incapable de rendre compte à leurs yeux avec le mécanisme du phénomène de la génération : pour

28. C. DOBELL, *op. cit.*, pp. 271, 110-111, 150-151, etc.

29. G. II, p. 122 ; G. III, pp. 565, 579, 584, etc. ; G. IV, *Système nouveau ;* Dut. II, 1, pp. 58, 329, 330 ; *ibid.*, II, 2, pp. 169, 173, 214 ; *ibid.*, V, pp. 173, 319, 337-338 ; *ibid.*, VI, pp. 211, 213, 210.

30. *Op. cit.*, p. 280 où l'auteur ironise : « die Krone hat der Theorie jedoch ein gewisser Dalenpatius aufgesetzt » ; ce savant prétendait avoir distingué au microscope dans un spermatozoïde un petit homme avec deux pieds, deux mains, une tête, etc. (cf., p. 173, sur Leeuwenhoek). L'animalculisme est analysé avec précision, dans J. ROGER, *op. cit.*, pp. 294-316.

31. RADL, *op. cit.*, chap. V, pp. 178-180. L'origine de la notion d'œuf remonterait à Harvey (*ibid.*, p. 137), mais de manière bien différente : « er hat unter einem Ei, nicht ein konkretes Ding, sondern, nur einen abstrakten Begriff verstanden ». J. Roger expose clairement cette période (pp. 252 sq.), donnant la liste des savants acceptant l'ovisme (p. 268), et une analyse de l'affrontement des tendances vers 1700 (p. 293). Pour l'épigénèse cartésienne, CASSIRER, *op. cit.*, et J. ROGER, *op. cit.*, pp. 145-153. L'étude de ce problème montre une fois de plus que la science était faite par des *médecins* (ce qui est une justification *historique* de notre démarche).

32. H. GOUHIER, *La philosophie de Malebranche*, pp. 37-49.

reprendre la comparaison de Fontenelle[33], si l'on met côte à côte une machine de chien et une machine de chienne, il en résultera une troisième petite machine ; au contraire, deux montres seront toute leur vie l'une à côté de l'autre, sans qu'il en résulte une troisième. Sur quoi étaient fondées ces théories ? Toutes les deux sur l'observation au microscope, aidée de l'anatomie comparée établissant l'analogie entre les plantes elles-mêmes et entre les plantes et les animaux[34] qui en découle.

Malebranche a exposé cela avec une parfaite clarté, dans un texte très significatif de l'état d'esprit de l'époque ; il est en effet impossible de dissocier la vision avec l'œil du microscope de celle avec l'œil de l'esprit : « Ainsi, on ne peut douter que le germe d'un oignon de tulipe ne renferme une tulipe tout entière. Il *est raisonnable* de croire la même chose d'un grain de moutarde de celui d'un pépin de pomme, et généralement de toutes sortes d'arbres et de plantes, quoique cela ne se puisse pas voir avec les yeux, ni même avec le microscope. »[35] Voilà pour l'analogie entre les plantes ; mais Malebranche poursuit, en s'appuyant une deuxième fois sur l'anatomie comparée de manière implicite : « Ce que nous venons de dire des plantes et de leurs germes se peut aussi penser des animaux et du germe dont ils sont produits. On voit dans le germe de l'oignon d'une tulipe une tulipe entière. On voit aussi dans le germe d'un œuf frais... un poulet qui est peut-être entièrement formé... »[36]

Néanmoins, une autre grande distinction s'impose,

33. FONTENELLE, *Œuvres*, I, p. 383, lettre XI.
34. J. ROGER, *op. cit.*, pp. 258, 264.
35. *Recherche de la Vérité*, I, 6, § 1, p. 71, Vrin, 1962, p. 82 (souligné par nous).
36. *Ibid.*, p. 73.

indiquée par le texte de Malebranche : celle de la *préformation* et de la *préexistence*. Pour la première, la semence, l'œuf ou l'animalcule contient, formé ou préformé le vivant à naître. Pour la seconde, il y a préformation, mais en outre emboîtement infini des germes, si bien que depuis le septième jour de la création, Dieu a créé la totalité des vivants préformés : « Il ne paraît pas déraisonnable de penser qu'il y a des arbres infinis dans un seul germe ; puisqu'il nc contient pas seulement l'arbre dont il est la semence, mais aussi un très grand nombre d'autres semences qui peuvent toutes renfermer dans elles-mêmes de nouveaux arbres et de nouvelles semences d'arbres. » [37]

C'est principalement dans sa *correspondance avec Bourguet* [38] que Leibniz prend position face à ces différentes théories. Ce qui frappe d'abord, c'est son extrême *prudence*, comparée à celle de Malebranche : il engage Vallisnieri à poursuivre ses observations et à en faire d'aussi bonnes que celles de Leeuwenhoek. S'il adopte la théorie de ce dernier, c'est d'abord parce qu'elle est fondée sur des expériences des plus précises et qu'elle n'est nullement infirmée par la théorie adverse [39].

37. *Ibid.*, p. 72.

38. G. III, en particulier pp. 558, 571, 579. (Cf. pp. 562, 564-565, 567, 584.) Bourguet est l'auteur de *Lettres philosophiques*, où il envisage les questions de micrométrie (Amsterdam, 1729).

39. Son argumentation dans la lettre XIV (août 1715) est la suivante : 1° le grand nombre de spermatozoïdes ne prouve rien contre la valeur de la théorie animalculiste ; 2° plusieurs semences peuvent s'introduire dans l'œuf ; 3° la différence de taille entre les deux n'a donc plus aucune importance ; 4° il n'est nullement prouvé que l'œuf et le fœtus soient la même chose, l'œuf peut être aussi bien un réceptacle ; 5° même si l'on comprend les animaux séminaux comme des animaux d'une espèce particulière, il est possible que certains d'entre eux soient « élevés à un plus haut degré par une transformation ». Face à une telle argumentation, on comprend les « excuses » de Bourguet, G. III, p. 584.

C'est pourquoi elle est la plus « vraisemblable ». Trois autres raisons viennent ensuite s'y ajouter : l'appel à l'anatomie comparée est moins abusif chez les animalculistes que chez les ovistes, et l'on se souvient de la rigueur exigée par Leibniz pour cette discipline. Le spermatozoïde, en outre, par sa petitesse supérieure à celle de l'œuf, semble se rapprocher davantage de la vie même, comme élément infinitésimal. Enfin, étant toujours en mouvement, il est plus que l'œuf l'expression et même l'incarnation de cette vie.

Leibniz se serait-il donc contenté de *répéter* Leeuwenhoek ? Il n'en est rien. Ce dernier, comme nous l'avons vu, n'était pas tant un théoricien qu'un observateur, et Leibniz l'a certainement influencé dans la construction de sa doctrine. D'autre part, il l'aménage singulièrement. En effet, Leeuwenhoek était anti-oviste de manière farouche, tandis que Leibniz considère l'ovisme comme une solution possible, mais dont le degré de probabilité est actuellement inférieur à celui de l'animalculisme. Mais surtout, Leeuwenhoek rejetait la préexistence : l'animalcule, certes, est un embryon, mais il naît. Or, Leibniz considère cette préexistence comme quasi certaine. Ainsi, pour ces deux raisons, Leibniz a dépassé l'animalculisme et les querelles de son temps sur la génération ; et l'on comprend pourquoi il n'y a pas pris part publiquement. Il opère une *synthèse* des deux théories précédentes, créant ce que l'on pourrait appeler un « ovo-vermisme » plus proche de nos théories actuelles que les deux précédentes [40]. Aussi, lorsque Leibniz semble « énumérer » des savants, est-ce précisément cette synthèse qu'il effec-

40. Nous rejoignons ici les conclusions de M. SERRES, *op. cit.*, p. 355, note 3.

tue[41]. Il reste à voir comment dans son système il l'a réalisée, avant d'examiner si elle apporte une solution au problème du fondement.

§ 9. — Les mondes de Leibniz et de Leeuwenhoek

Le monde de Leibniz « ressemble » singulièrement à celui de Leeuwenhoek, jusque dans le langage même de la description : ce dernier parle très fréquemment d'anguilles, et Leibniz, en maints endroits, prend l'exemple du lac plein de poissons : « Je vis, écrit Leeuwenhoek à propos d'une goutte d'eau, qu'il s'agissait de petites anguilles, ou de vers, amassés en une foule grouillante et frétillante... et l'eau elle-même, en sa totalité, paraissait *vivante*... des milliers et des milliers de créatures vivantes, vues toutes vives dans une petite groutte d'eau. »[42] D'innombrables passages de Leibniz peuvent s'en rapprocher, dont les plus fameux sont les paragraphes 67 et 68 de la *Monadologie :* « Chaque portion de la matière peut être conçue comme un jardin plein de plantes et comme un étang plein de poissons. Mais chaque rameau de la plante, chaque membre de l'animal, chaque goutte de ses humeurs est encore un tel jardin, un tel étang. Et quoique la terre et l'air interceptés entre les plantes du jardin ou l'eau interceptée entre les poissons de l'étang, ne soit point plante, ni poisson, ils en contiennent pourtant encore, mais le plus souvent d'une subtilité à nous imperceptible. » Ainsi, il n'y a « rien d'inculte, de stérile, de mort dans l'univers... ». Une description plus précise du monde vivant pressenti par l'alchimie

41. *Théodicée,* § 91, G.F., p. 154.

42. Dobell, *op. cit.,* p. 144. Ce passage est commenté par M. Serres, *op. cit.,* p. 358.

a été faite grâce au microscope de Leeuwenhoek ; Leibniz l'a *généralisée* à l'ensemble de la matière, tout en la rendant encore plus concrète.

Toutefois, ce serait appauvrir singulièrement la pensée de Leibniz que de la réduire à une projection ou une paraphrase de celle de Leeuwenhoek : la vision du monde foisonnant de l'infiniment petit est très pascalienne. Il s'exprime presque dans les mêmes termes que ce dernier : « Qu'il y voie une infinité d'univers, dont chacun a son firmament, ses planètes, sa terre, en la même proportion que le monde visible : dans cette terre des animaux et enfin des cirons < et dans ces cirons une infinité d'univers semblables à ceux qu'il vient d'entendre, et toujours des profondeurs pareilles sans fin et sans repos... > »[42 bis] Chez ces deux auteurs, la même volonté de description *concrète* de l'invisible se retrouve, et tous deux décrivent des vivants, animés, « sans repos » comme dit Pascal ; bien plus, ils établissent une analogie, une « proportion » entre le visible et l'invisible, et les mêmes modèles mathématiques, à première vue, sous-tendent leurs textes : le calcul intégral et le calcul infinitésimal. Baruzi a pu montrer que Leibniz a été extrêmement marqué par le texte du ciron, qu'il a « recopié activement », en le recomposant pour ainsi dire[43]. Il se parle à lui-même, car

42 *bis*. *Pensées*, Brunschvicg n° 347 (fin) ; Chevalier n° 84 ; Pléiade, p. 1106.

43. BARUZI, *Leibniz et l'organisation religieuse de la terre*, pp. 224 sq. Selon l'auteur, Leibniz est hanté par Pascal, et il fait revivre la célébre phrase : « Qu'est-ce que l'homme dans la nature ? Un néant à l'égard de l'infini, un tout à l'égard du néant », en l'appliquant au plus infime corpuscule, « le premier et *presque néant*, en montant du rien aux choses, puisqu'il en est le plus simple ; comme il en est aussi le *presque tout*, en descendant de la multitude des choses vers le rien » (dans l'inédit *Théologie* XX, f° 213, recto 22), ce manuscrit est photocopié en appendice du livre de Baruzi ; cf. T., p. 553 [15]. Quelques jugements de Leibniz sur

ce texte n'est destiné à *personne ;* pourquoi ? c'est qu'il s'attaque au même problème que Pascal : cherchant un centre, une unité, un fondement dans l'infiniment petit, dans ce qui est le plus intérieur, il ne trouve que dispersion, divisibilité.

Leibniz, loin d'abandonner cette voie, la poursuit, et ne cesse de l'approfondir dans le système définitif. En vertu du principe de continuité, il n'est rien d'inerte. Ce qui nous semble tel ne l'est qu'à cause de l'insuffisance de nos moyens d'exploration [44]. « La moindre particelle de matière enveloppe un monde véritablement infini de créatures et peut-être d'animaux. » Et il va même jusqu'à imaginer que le morceau de marbre, symbole de l'indivisibilité et de l'inertie, contient également « peut-être une infinité de corps vivants, comme un lac plein de poissons ». Tout est vivant, tout est *organique.* Avec ce dernier terme, la raison pour laquelle Leibniz a continué à approfondir la voie de l'embryologie apparaît : si tout est organique, c'est que tout est d'abord *organisé :* « Il n'y a... point de chaos, point de confusion qu'en apparence. » [45] Ici interviennent la théorie de la

Pascal : Erd., p. 703, lettre LXXXVII ; G. III, p. 195. On consultera aussi sur ce point J. GUITTON, *Pascal et Leibniz,* pp. 40-81. Enfin M. SERRES, *op. cit.*, p. 716, note 2, donne les principales sources pour l'étude des rapports de Pascal et de Leibniz, et surtout étudie parallèlement Pascal et Leibniz dans les chapitres finaux de son livre.

44. G. III, pp. 488, 500 : « si nous avions les yeux assez pénétrants... ».

45. *Correspondance avec Arnauld,* lettre XX, éd. G. Le Roy, Vrin, p. 168. Leibniz compare ailleurs le marbre à un fromage contenant des vers, ce qui n'est pas sans poser quelques problèmes, car les vers du fromage sont « accidentels » et non « essentiels ». Mais pour Leibniz, la putréfaction est le devenir du fromage et est « essentielle » à sa nature. Cf. G. I, p. 335 (lettre VI à Malebranche, 1679) : « il y a peut-être jusqu'à huit cent mille petits animaux visibles dans une goutte d'eau et chacun de ces

préformation et surtout celle de la préexistence, qui permettront de comprendre l'origine de la vie et de son devenir.

La matière doit être conçue comme un emboîtement à l'infini des corps vivants, les uns dans les autres. Cette organisation ordonnée est intelligible et permet de rendre compte de la *vie* puisque tout animal en enveloppe un autre à l'infini, « ce que nous appelons *Générations* sont des développements ou accroissements ; comme ce que nous appelons *Morts* sont des enveloppements et des diminutions... et non seulement il n'y aura point de génération, mais encore point de destruction entière, ni de mort prise à la rigueur »[46]. *La vie est donc première et indestructible.*

Un progrès considérable a été accompli par rapport à l'alchimie et à la dynamique, incapables d'expliquer la naissance et le développement des *analoga* de la vie. La conception de la vie et de la mort coïncide avec les principes. Avec celui de continuité : elle est celle de la chenille qui devient papillon[47], ou encore des mouches noyées, apparemment mortes, qui renaissent : ce sont des transformations insensibles, dont l'une, à un moment, se précipite un peu, et c'est pourquoi, malgré l'imperfection de nos sens et de notre esprit, nous la percevons : « Ce... n'est qu'un

petits éléments est quasi aussi loin des premiers éléments que nous le sommes... il y a même *tout lieu de craindre* qu'il n'y a point de premiers éléments... ». Cf. *Correspondance avec Wolff*, pp. 44, 57 ; G. I, p. 416 ; G. II, pp. 305, 409 ; G. III, p. 507 ; G. IV, pp. 166, 473 ; F. de C., I, p. 348 ; Erd., p. 676. *N.E.*, G.F., pp. 43, 57, 267, 273, 285, 384, 420, etc. ; *Théodicée*, G.F., pp. 41, 91, 115 ; pour la « préformation » : pp. 141, 154, 190, 230, 353, 440, etc.

46. *Monadologie*, § 76.

47. G. II, pp. 75, 99, 124 ; G. IV, pp. 474 sq. ; Erd., pp. 125, 180 sq., 431 ; CASSIRER, *op. cit.*, pp. 416 sq., commente Erd., p. 180. (Pour les mouches dans la craie pulvérisée, G. IV, p. 480.)

changement plus grand et plus prompt qu'à l'ordinaire, tel que le ferait le saut ou la cataracte d'une rivière. »[48]

Ces changements un peu plus brusques sont également comparables aux « points distingués » d'une courbe, qui toujours peuvent être déterminés par une équation. Ils sont non seulement conformes à l'essence de l'individu, mais ils permettent de la mieux déterminer dans son individualité — et ici le principe des indiscernables est entré en jeu —. La rationalité du devenir de l'individu et son intelligibilité sont ici totales : la géométrie rend possible la compréhension de la vie, comme la synthèse conforme aux deux grands principes de Leibniz.

L'emboîtement des corps vivants va à l'infini, et cela d'autant plus que chacun est « machine en ses moindres parties ». Aussi, le même animal, tour à tour, est-il animalcule et « grand animal »[49]. Dès lors, tout le sens de la synthèse leibnizienne ici opérée entre l'animalculisme et l'ovisme apparaît. D'une part, le principe de continuité et celui des indiscernables sont mieux respectés grâce à l'animal-

48. Dut., V, p. 18 La lettre se poursuit : « or, comme dans une ligne de Géométrie, il y a certains points distingués qu'on appelle sommets, points d'inflexion... et comme il y a des lignes qui en ont une infinité, c'est ainsi qu'il faut concevoir dans la vie d'un animal ou d'une personne, les Temps d'un changement extraordinaire... De même que les points distingués dans la courbe se peuvent déterminer par la nature générale d'une équation, on peut toujours dire d'un animal : " c'est tout comme ici " » ; cf. G. III, p. 635, Klopp VIII, p. 16, etc.

49. G. III, p. 330 ; G. IV, p. 475 : « le plus violent agent ne détruira point l'animal, mais le réduira à une petitesse telle que rien ne peut plus agir sur lui », Klopp, lettre LXIX, *A Sophie*, p. 304. Leibniz défend le côté *biologique* de sa conception face aux élucubrations d'un Van Helmont : T., p. 99. Cf. aussi Dut. II, *logica et metaphysica*, pp. 59, 61-64 ; *Correspondance avec Arnauld*, lettre XVI, p. 141.

culisme : le devenir de l'animal est plus homogène s'il ne s'agit que de transformations qui vont du moins au plus et du plus au moins ; l' « œuf » aurait introduit une sorte de rupture et, de ce fait, l'individualité de l'animal n'aurait plus été respectée dans son intégralité. D'autre part, s'il n'est nullement incompatible avec l'animalculisme, l'emboîtement des germes à l'infini est autant soutenu par l'ovisme. Or, il est conforme aux deux grands principes de Leibniz : il n'est pas de « vide » ni de rupture dans la transmission de la vie ; en outre, du *même* naît l'*autre,* un processus d'individuation s'effectue.

§ 10. — La mort se réduit a la vie

En même temps, se produit la plus haute affirmation de la vie, dans un mouvement symétrique à celui accompli par la médecine : celle-ci avait établi la nature commune de la vie et de la mort ; celle-là révèle que la mort n'est qu'une vie revenue à l'état d'embryon. La mort est susceptible de redevenir vie à tout instant, il y a immortalité, car elle est un mode de la vie. On comprend maintenant la signification du « à la rigueur » du paragraphe 69 de la *Monadologie* : la mort et la naissance n'existent pas à proprement parler car, d'une part, elles sont des changements de même nature que ceux qui se produisent continuellement en nous et, d'autre part, elles sont toutes deux des modes de la vie, elles n'en sont nullement les termes absolus, elles sont inscrites dans l'ensemble du devenir de la vie ; elles occupent chacune une place symétrique. Dès lors, la mort est vidée de tout son contenu existentiel et théologique [50], c'est pourquoi elle est « naturelle », et la révolte d'un

50. Cf. Cassirer, *op. cit.*, p. 417.

Schopenhauer ne se justifie pas, si on la considère sous ce point de vue [51].

Mais qu'est-ce que cette immortalité ? Est-ce celle des corps seulement, comme tout jusqu'ici le laisse penser ? Il n'en est rien, car pour Leibniz chaque corps est doué d'une âme, même les animaux et les plantes. Il est en conflit ici avec Descartes, et surtout la tradition chrétienne. La métaphysique s'introduit explicitement dans le biologique. Il n'est pas encore possible, à ce point de notre analyse, de comprendre toutes les raisons qui ont amené Leibniz à une telle affirmation, après avoir été lui-même opposé à l'idée d' « âme sensitive » [52]. Certes, son aristotélisme latent n'y est pas étranger, mais surtout, l'idée d'âme en chaque corps est conforme au principe de continuité : dès lors qu'elle est accordée à l'homme, elle doit être accordée à l'ensemble des créatures, avec des degrés de moindre perfection. Elle est également conforme au principe des indiscernables, car chaque corps organique possède non seulement son individualité « biologique » révélée par la médecine, mais l'individualité de son âme [53]. Comme le dit très bien

51. *Schopenhauers Werke*, Ergänzungen zum viertes Buch, Kap. 46, Insel Verlag, Cotta Bd. II, pp. 747 sq.

52. G. I, pp. 126, 192 ; R. I, 2, p. 482.

53. Quelques textes où Leibniz défend l'âme des bêtes ; *N.E.*, G.F., pp. 95, 199, 203 ; Klopp, t. VIII, p. 17 (nov. 96) ; Dut. II, 1, pp. 231-234 ; Erd. LXXXI, p. 463 : *Commentatio de anima brutorum.* G. VII, pp. 329, 535 ; T., pp. 47, 552. G. Grua, *op. cit.*, chap. II, notes 109-129, permet de compléter cette liste. A notre avis, les principaux arguments sont donnés dans les Lettres à Bayle, G. III, p. 67 ; G. IV, pp. 525-529 (ou encore dans la correspondance avec Sophie, Klopp, lettres XCIV, XCIX, CCCLXXII). Ils sont de type *négatif :* accorder l'âme aux bêtes n'est pas plus « criminel » que d'accorder l'éternité aux atomes de Gassendi. Sur l'âme des bêtes et la polémique au XVIIe siècle, on consultera H. Busson, *La religion des classiques*, pp. 166-172 (polémique avec les cartésiens) et pp. 173-177.

K. Fischer (ici l'allemand est beaucoup plus expressif que le français, et nous suivons les conseils de Leibniz lui-même sur le choix de la langue) : *jedes Körper ist belebt und beseelt*[54]. Le panvitalisme se prolonge en panpsychisme : toute âme est liée à un corps organique, et c'est l'ensemble qu'ils composent qui est indestructible (lorsqu'on parle des animaux ou des plantes) ou immortel (lorsqu'on parle de l'homme.). C'est pourquoi le même corps reste lié à la même âme, cette dernière restant « attachée » à la petite parcelle infinitésimale de corps organique qui précède la naissance et suit la mort. Leibniz rejette la métempsychose, qui pourtant semble l'avoir fasciné.

Il la rejette, pour des raisons théologiques évidentes ; mais aussi parce qu'elle est contraire à l'ordre de la *nature*, à l'emboîtement et à l'évolution des corps vivants tels qu'ils sont apparus au microscope : « C'est ici que les transformations de messieurs Swammerdamm, Malpighi et Leeuwenhoek, qui sont les plus excellents observateurs de notre temps, sont venues à mon secours. »[55] Elle est contraire à l'ordre de la *raison* : si l'âme passait d'un corps à l'autre, d'une part il y aurait un saut, d'autre part l'un et l'autre perdraient leur individualité. Cette conception semblait donc, à première

54. K. FISCHER, *op. cit.*, chap. V, I, § 3, p. 398.

55. G. IV, p. 479. Cette conception de l'immortalité, ou de l'indestructibilité a été perçue par Leibniz dès 1672 (Cout., p. 16), ce qui montre toute la portée des conceptions biologiques. Cf. *ibid.*, pp. 179, 530 ; G. IV, p. 479. Quelques textes où Leibniz s'élève contre la métempsychose : Dut. V, pp. 18, 174, 318 ; *N.E.*, G.F., p. 204, *Discours de Métaphysique ; Correspondance avec Arnauld*, lettre XXVI, éd. Le Roy, p. 185. Les textes sont si nombreux qu'on ne saurait en faire une liste exhaustive ; on consultera l'*index* de L. PRENANT, *Œuvres de Leibniz*, qui renvoie aux textes les plus célèbres. Sur le problème de l'immortalité on consultera H. BUSSON, *op. cit.*, pp. 317-331.

vue, très proche de la métempsychose : d'une part, l'âme et le corps sont en mouvement et en devenir perpétuel ; d'autre part, à ce niveau de notre analyse, l'éternité et l'immortalité sont dans le monde. Mais Leibniz a dépassé cette solution, qui fait appel au miracle, de même que celle de Spinoza, par la notion d'*individualité,* subsistant après la mort[56].

De manière symétrique, puisque l'âme et le corps restent unis une fois la vie « achevée », ils l'étaient également avant son « commencement ». Or, lorsque Leibniz, au paragraphe 74 de la *Monadologie,* écrit : « on a jugé que non seulement le corps organique y était avant la conception, mais encore une âme dans le corps », il s'expose à de graves difficultés vis-à-vis des « théologiens » : l'âme rationnelle semble « dériver » de l'âme *animale*[57].

Ainsi, le monde a-t-il perdu une fois de plus tout centre, et l'on ne comprend pas, à ce stade de notre analyse, pourquoi Leibniz a introduit des « âmes »

56. Nous nous référons ici à l'interprétation « traditionnelle » de Spinoza, soutenue par exemple par F. ALQUIÉ, *Nature et liberté dans la philosophie de Spinoza* (S.E.D.E.S.). On peut toutefois considérer avec B. ROUSSET, *La perspective finale dans l'Éthique et l'autonomie comme salut* (Vrin), que Spinoza a respecté l'individualité dans l'éternité. Leibniz aime à répéter que Pythagore serait parvenu aux mêmes conceptions que lui, Leibniz, s'il n'avait pas voulu parler un langage *simple* pour ses disciples. On voit une fois de plus l'aspect *ésotérique* de Leibniz.

57. Avec J. JALABERT, *La théorie leibnizienne de la substance,* chap. VI, pp. 178-184, on remarquera l'hésitation de Leibniz devant l'idée d'une transformation naturelle de l'âme animale en âme rationnelle, qui supposerait que la raison est contenue *virtuellement* dans une âme animale. Rejetant l'idée d'une destruction miraculeuse par Dieu de l'âme animale pour lui substituer une âme rationnelle, Leibniz préfère adopter *explicitement* l'idée d'une transcréation de l'âme animale en âme humaine. A l'époque du *Discours de Métaphysique,* Leibniz n'avait pas tranché. Ensuite, il semble pencher de plus en plus vers la première (*A Arnauld,* nov.-déc. 1686 ; *A des Bosses,* G. II, pp. 389, 390).

et les a douées d'indestructibilité et d'immortalité. Il semble se plaire à nous égarer. Non seulement nous ne sommes plus les seuls êtres vivants, mais nous ne sommes plus les seuls êtres doués d'*âme* et d'*immortalité.* Certes, la vie est apparue comme un fondement universel, conforme aux principes de Leibniz, et dont la reproduction est intelligible, mais non la production. Personne n'a jamais affirmé la présence de la vie avec autant de force, et Leibniz ouvre ainsi la voie au XVIIIe siècle allemand[58]. Mais, dans cet univers, nous ne savons pas nous diriger, nous n'avons ni *centre,* ni *unité.*

§ 11. — Le monde de Leeuwenhoek en lui-même n'est pas une solution plus satisfaisante que l'atomisme

Leibniz a bien *réalisé* la synthèse de l'animalculisme et de l'ovisme ; mais il a été plus loin : d'autres éléments étrangers à ces deux théories sont apparus à plusieurs reprises : le thème pascalien ou l'affirmation des âmes. Le problème est maintenant de saisir *la signification* de ces décalages. Or, nous pouvons constater que les ajouts extérieurs aux théories embryologiques sont *métaphysiques.* C'est la preuve de l'insuffisance de la réponse purement embryologique qui, dans le monde de l'*infiniment petit* révélé par le microscope, n'est pas beaucoup supérieure à celle de l'atomisme, tellement combattue par Leibniz.

58. Par exemple Herder, qui écrivait dans les *Ideen :* « Die Regel, die Weltsysteme erhält und jeden Krystall, jedes Würmchen, jede Schneeflocke bildet, bildet und erhält auch mein Geschlecht... Was der Allbelebende ins Lebens rief, lebet, was wirket, wirkt in Seinem ewigen Zuzammenhang ewig » (*in* Cassirer, *op. cit.,* p. 418) ; cf. Boutroux, *op. cit.,* p. 133.

Au premier abord, elle semblait plus satisfaisante pourtant ; elle était conforme à l'observation des phénomènes et aux exigences de la raison. Les atomes, au contraire, étaient la négation de la vie, et donc d'abord du principe de continuité : on est obligé de supposer le vide, non seulement « en eux », puisqu'ils sont l'infiniment petit, mais aussi « hors d'eux ». Ils sont incapables de rendre compte de la cohésion de la matière et de sa structure, car ils ne sont pas ordonnés, sinon par le hasard ; ils nient ensuite le principe des indiscernables, car ils sont tous identiques, et les assemblages d'atomes n'ont en eux que des différences *quantitatives*. Deux autres arguments viennent s'y ajouter : la dureté absolue est une notion contradictoire et l'insécabilité exige l'appel au miracle. Leibniz n'a pu dépasser toutes ces objections dans sa correspondance avec Huyghens ; contre l'atomisme, observation et raison étaient d'accord[59] ; et pourtant, écrivait-il à Huyghens : « Je crois que parmi tous ceux qui ont soutenu les atomes, nul ne l'a fait avec plus de connaissance de cause et n'y a apporté davantage de lumière

59. Leibniz en donne aussi une démonstration entièrement *a priori :* F. de C., p. 171, *Miscellanea metaphysica.* A) 1° « j'entends par corps... ce que les démocritéens appellent *moles* » (et non la substance, car ce serait contradictoire) (déf. 1) ; 2° « atome, un corps qui ne peut être brisé » (déf. II). — B) Par hypothèse, la matière est uniforme, et elle est partout dans le même. *Postulat :* si des atomes sont donnés, il convient d'assigner figure, grandeur à chacun, et un endroit déterminé. — C) D'où, après une démonstration par l'absurde, il ne peut se faire que tous les corps soient composés d'atomes ; c'est le problème de la cohésion qui est en question ; par conséquent, on est amené à nier le postulat, selon lequel les atomes ont figure et grandeur (p. 175, scolie), puisque l'on arrive à une conséquence absurde. Cf. Cout., p. 8, où Leibniz affirme le respect de « l'individualité ». Contre l'idée de dureté et d'insécabilité, Dut. II, 2, pp. 62-63 ; G. III, pp. 497, 506-507, 519, 532 ; M.S. I, 2, p. 314, etc.

que vous et que, de mon côté, j'y ai apporté des considérations assez particulières. »[60]

Car, tout comme l'embryologie, l'atomisme est aux prises avec la divisibilité à l'infini. Ni l'un ni l'autre ne permettent de trouver un fondement aux phénomènes susceptible de les faire parvenir à la réalité. Une question se pose alors : si l'atomisme était la source de difficultés bien plus nombreuses que l'embryologie, tant du point de vue de la raison que de l'observation du divers des phénomènes, pourquoi Leibniz s'y est-il intéressé d'aussi près ? C'est que le fondement recherché par les deux disciplines est bien différent : l'atomisme tente de trouver une *unité* irréductible, l'embryologie de comprendre la vie. Avec

60. Huyghens expliquait la cohésion de l'étendue en recourant à la notion d'atomes non lisses, à la manière de grains de sable, à quoi Leibniz rétorquait que « c'était un bien grand postulat » (M.S., I, 2, pp. 145, 155, 176, etc.). On reconnaît l'exigence de *simplicité* de Leibniz, qui apparaissait dans sa période « atomistique », Cout., pp. 10-11 (texte de 1676). Cf. M.S. I, 2, p. 139 ; G. III, pp. 85, 497, 500, etc. ; *N.E.*, G.F., p. 43. Anna SIMMOVITS, « die dialektische Einheit von Einheit und Mannifaltigkeit in Leibniz' Philosophie », *Studia leibnitiana*, Suppl. I *Monadenlehre :* l'auteur montre toute l'importance de cette critique : « Leibniz übte von vielen Gesichtspunkten an der atomischen Philosophie Kritik. » D'autre part, pour les rapports de Leibniz et de l'atomisme, l'ouvrage fondamental reste celui de LASSWITZ, *Geschichte der Atomistik*, II, pp. 390 sq., II, pp. 470 sq., pour le point de vue surtout de l'histoire des sciences. Mais avec Cassirer (*op. cit.*, pp. 336 sq.), nous nous séparons de son interprétation plus proprement philosophique. Enfin, la thèse latine de C. Hannequin donne un exposé de la théorie leibnizienne et de ses antécédents : *de Leibnitio atomorum fautore*, pp. 7-23, retrace la critique de Démocrite, Épicure (p. 13) et de Gassendi, ainsi que l'insolubilité du problème de la continuité (p. 19) dans l'hypothèse d'une insécabilité (p. 21), sinon par l'intervention d'un miracle perpétuel. L'auteur passe ensuite à l'examen de « la philosophie définitive » de Leibniz. Enfin, STONES, *The Atomic View of Matter*, pp. 445-465, et ROGER, *op. cit.*, chap. III, étudient la renaissance de l'atomisme au XVIIe siècle.

Leeuwenhoek et Huyghens, Leibniz était confronté aux deux plus grands savants de son temps : le premier, un observateur exceptionnel; le second, un grand observateur et un excellent théoricien. *Or, aucun des deux n'a pu découvrir le fondement par la science.*

Nous sommes capables maintenant, semble-t-il, de comprendre la signification des ajouts métaphysiques de Leibniz dans le monde de Leeuwenhoek. Une première hypothèse se présente : ils essaient de pallier les insuffisances de celui-ci. Cette hypothèse a l'avantage de la chronologie : il est incontestable que sans les découvertes obtenues grâce au microscope, Leibniz n'aurait jamais pu soupçonner ni une vie aussi concrète et foisonnante dans la matière, ni non plus, par conséquent, la belle continuité du microcosme et du macrocosme. Or, elle se heurte à une grave objection : loin d'introduire des solutions, chacun de ces ajouts entraîne au contraire des *difficultés* supplémentaires : la divisibilité à l'infini, celle de l'errance pascalienne ; les âmes, celle de conflits avec les contemporains, d'un côté les savants pour lesquels c'est une notion étrangère, de l'autre les philosophes et les théologiens criant au panpsychisme et à l'abaissement de l'homme au rang d'animal ; enfin la préexistence, celle de l'existence des monstres, à laquelle Leibniz s'est intéressé de très près, mais sans trouver de solution satisfaisante : les monstruosités sont des accidents qui viennent de « l'extérieur », selon les *Nouveaux Essais*. C'est pourtant à partir de ces trois problèmes et de la confrontation de l'embryologie à l'atomisme que naît la solution leibnizienne au problème du fondement dans la notion de monade. Dès lors, cette solution, envisagée actuellement comme possible, apparaît extrêmement *spéculative* et complexe, et une deuxième hypothèse se présente, *qui renverserait la précédente, et d'une certaine façon tout ce qui vient d'être dit jusqu'ici.* Loin d'être une application du monde de Leeuwenhoek à son propre système, en l'aménageant à ses principes, c'est bien plutôt le monde de Leeuwenhoek qui est une application et un témoignage de celui de Leibniz : il fournit l'image d'une théorie abstraite, conçue par la pure raison indépendamment de l'imagination.

En réalité, ces deux hypothèses ne sont *pas exclusives* l'une de l'autre et il est probable que Leibniz lui-même n'a pas élucidé clairement ce point : « Quoique la conservation de l'animal soit favorisée par les microscopes, cependant on a reconnu les petits corps avant leur découverte. Et ainsi, on peut fort bien aussi avoir prévu les petits animaux, comme Démocrite a prévu les étoiles insensibles dans la voie lactée, avant la découverte du télescope. »[61] Ou encore : « Je n'oserais assurer que les animaux que M. Leeuwenhoek a rendus visibles dans la semence soient précisément ceux que j'entends ; mais je n'oserais point assurer qu'ils ne le soient point. »[62]

Il est certain que la vision du monde de Leibniz s'est édifiée à partir des découvertes du microscope. Sans la considération du monde de Leeuwenhoek, les idées théoriques auraient risqué d'être vides. Mais il est certain, d'autre part, que Leibniz, loin d'être esclave des idées de l'animalculisme, de l'ovisme, ou même de leur synthèse, revendique l'originalité de sa pensée par rapport à elles : le parallèle qu'il établit entre Démocrite et lui est significatif à cet égard : tandis que les théories de Démocrite se sont révélées exactes après coup, celles de Leibniz ont été vérifiées à son époque. Ce trait montre le désir de Leibniz d'être compris comme un théoricien, un

61. *Lettre de Leibniz à M. de Maizeaux,* Erd., p. 676 (cf aussi *N.E.*).

62. *A Bourguet* (5 août 1715), G. III, p. 579.

philosophe, dont les découvertes scientifiques ont vérifié les théories, en même temps qu'il en révèle l'extrême prudence : il est soucieux de ne pas suspendre toute sa métaphysique (il faut faire maintenant de la métaphysique après l'échec de la science) à tel ou tel courant scientifique, qui sera nécessairement dépassé, puisqu'il est incapable de déterminer le fondement des phénomènes.

Ainsi Leibniz voudrait-il que sa philosophie soit une *philosophia perennis,* pour reprendre le terme d'un de ses opuscules, parce qu'elle aura guéri les sciences de leurs prétentions abusives, en les remettant à leur juste place de témoignage, ainsi que les philosophies fallacieuses de son temps [63].

§ 12. — Un fondement dans l'entendement constructeur

Néanmoins, pour séduisant qu'il paraisse, ce retournement doit à présent être démontré : il faut tenter de comprendre pourquoi Leibniz introduit de nouvelles hypothèses, sources de difficultés, et voir s'il réussit à les surmonter.

La revendication de la divisibilité à l'infini semblait placer Leibniz dans la même situation que Pascal. En réalité, celle-ci est bien différente pour cinq raisons. Le problème de Leibniz est celui du *fondement* des phénomènes, dont le centre, comme l'unité [64] n'est que l'un des possibles ; celui de Pascal

63. *A Rémond* (26 août 1714). On consultera le commentaire de H. Jan de Vleeschauwer, in *Studia leibnitiana,* Suppl. I, *Monadenlehre.*

64. Dans une *lettre à Jean Frédéric,* R. II, 1, pp. 111-117, Leibniz parlait d'une « centre séminal », présent en toute chose, notion alchimique renvoyant au *centre* et à *l'unité.* L'embryologie recherchait une notion analogue à l'aide du microscope.

Le centre et l'unité sont seulement des fondements doués d'un

est de découvrir un centre comme point de repère. D'autre part, Leibniz considère *seulement* l'infini de petitesse[65], tandis que Pascal met en balance les deux infinis. Bien plus, les deux infiniment petits sont fort différents : celui de Leibniz est *ordonné* par la préformation, celui de Pascal est plus proche du monde du microscope. Pascal n'y voyait que la manifestation du négatif, témoignage de la finitude de notre esprit, et de l'imperfection de toute création par rapport à la perfection et à l'unité de Dieu. Pour Leibniz, cette divisibilité à l'infini est d'abord conforme aux exigences de la *raison*, au principe de continuité, car l'idée d'une limite dernière imposerait celle d'une rupture ; au principe des indiscernables, car les différences infinitésimales permettent d'exprimer la qualité. Elle révèle ensuite la *perfection* des ouvrages de Dieu, par son infinie complexité[66]. Enfin — et cette cinquième raison n'est que la conséquence de ce qui précède — Pascal, après avoir mis en œuvre des moyens mathématiques extrêmement puissants[67], conclut à l'impossibilité pour l'homme de trouver ainsi un centre à l'univers, et donc une

plus grand degré de probabilité : le centre est ce autour de quoi tout *s'organise ;* l'unité est ce qui *produit* le divers les phénomènes.

65. Leibniz a considéré les deux infinis également (M.S. I, 2, *corresp. avec Huyghens*).

66. Leibniz, contrairement à Malebranche, a coutume de tenir le raisonnement suivant : Dieu est parfait, donc il agit parfaitement, et sa création est parfaite *(Discours de Métaphysique).*

67. La technique du « point bas » de la cycloïde *(Traité de la Roulette)* de la sommation des lignes et des plans par des sommes pyramidales. Il a utilisé aussi des procédés physiques : la balance et l'équilibre des liqueurs ; cf. D. MAHNKE, *Unendliche Sphäre und Allmittelpunkt*, et surtout M. SERRES, *op. cit.*, t. II, pp. 647-727. Nous ne prétendons pas épuiser les différences de points de vue de Pascal et de Leibniz, mais en étudier seulement quelques-unes pour ce problème du fondement.

intelligibilité et un sens. Tout au contraire, Leibniz n'utilise qu'une seule technique, le *calcul infinitésimal*, et parvient ainsi à fonder les phénomènes dans leur divisibilité infinie : *les mathématiques sont la règle de leur construction.*

Leibniz est peut-être allé plus loin que Pascal, car il a considéré « l'infiniment infini », c'est-à-dire l'*infini actuel* qui n'est pas imaginable car il est mathématique. Dès lors, la divisibilité à l'infini de la matière n'est pas tant constatable par les sens que construite par la raison. Elle est rationnelle et idéale : « la matière est essentiellement un agrégé, il y a toujours des parties *actuelles*... par conséquent, c'est par la raison et non plus par les sens seulement que nous jugeons qu'elle est *divisée*, ou plutôt qu'elle n'est autre chose originairement qu'une multitude... Je crois qu'il est vrai que la matière et *chaque* partie de la matière est divisée en un plus grand nombre de parties qu'il n'est possible d'imaginer »[68]. Comme le dit très bien E. Cassirer : « La divisibilité à l'infini n'est pas affirmée comme une qualité de choses absolues, mais comme un principe pour la conception *(Auffassung) des phénomènes.* »[69] Car *c'est par leur dépendance des règles mathématiques que les phénomènes se distinguent des rêves*[70]. Leibniz a donc dépassé de très loin « les difficultés de la dialectique de l'infini », pour reprendre l'expression d'E. Cassirer, et l'objection soulevée tout à l'heure tombe d'elle-même.

68. G. IV, pp. 502-503 ; cf. Dut. II, 2, p. 140 ; G. I., pp. 403, 416 ; G. II, p. 77 ; G. III, pp. 507, 594 ; M.S. III, p. 515 ; Erd., p. 758, etc. E. CASSIRER, *op. cit.*, pp. 346 sq., commente cette divisibilité à l'infini.

69. E. CASSIRER, *op. cit.*, p. 346.

70. Cf. G. VII, *De modo distinguendi phaenomena realia ab imaginariis.*

La liaison des mathématiques et de l'embryologie s'affirme alors avec force : l'emboîtement des germes n'est parfaitement compris que par ce calcul permettant de passer de l'appréhension imaginative et expérimentale du monde à l'appréhension de l'entendement.

Toutefois, s'il est certain que l'embryologie n'a de réalité que par la règle mathématique qui la construit, il n'en est pas moins vrai qu'elle possède cependant sa réalité propre, qui est d'exprimer la vie, avec tous les moyens dont la raison est capable : le calcul infinitésimal rend compte également de l'atomisme bien compris et de l'embryologie, et cependant une différence considérable les sépare, car l'embryologie étudie la vie. Toute l'originalité de la pensée de Leibniz est peut-être ici : l'ensemble des mathématiques et le calcul infinitésimal en particulier sont seulement des schèmes abstraits incapables de construire tel phénomène particulier. Le fondement mathématique est incontestable, *mais il ne suffit pas.* D'ores et déjà deux des pôles entre lesquels oscille la découverte d'un fondement total se laissent apercevoir : d'une part, la réalité des phénomènes dans l'entendement, d'autre part, leur vie propre. Seule la notion de « monade » permettra de les *unifier* et de les rapprocher en les mettant au *centre.* Cependant, pour insuffisant qu'il soit, nous devrons toujours garder présent à l'esprit le fondement mathématique.

§ 13. — Schématisme de l'emboîtement des germes

Le seul schématisme mathématique étant incapable de construire un univers concret et vivant où s'affirme partout l'individualité, deux explications de « l'ajout » des *âmes* en découlent : elles permettent d'individualiser, tout de même que la vie, une matière abstraite pensée par l'entendement et elles jouent ainsi un rôle analogue à celui des « formes substantielles »[71] ; d'autre part, elles sont l'expression de la volonté de Leibniz de considérer un « individu dans sa totalité » et non comme un simple corps organique pourvu d'une originalité biologique révélée par la médecine. Elle dote tous les êtres vivants d'une dignité spirituelle, condition pour l'homme de la vie morale et religieuse. A ce point de notre analyse, les objections adressées à Leibniz ne peuvent pas être complètement réfutées. On peut juste constater qu'elles relèvent d'un anthropocentrisme abusif, que Leibniz, depuis l'étude de l'alchimie, a rejeté, et qu'en regard de cette nouvelle dimension spirituelle, elles semblent bien légères.

Le dernier grand « ajout », celui de la *préexistence*, doit être maintenant étudié. Au premier abord, il semble pourtant n'être qu'une expression imaginative et naïve de la considération de l'infiniment petit mathématique et ne présenter aucun intérêt « métaphysique ».

Il est aisé cependant de lever cette objection. L'emboîtement des germes est d'abord une organisation, non seulement du microcosme mais du macrocosme, entre lesquels il établit un lien. Aussi, par l'intelligibilité de cette organisation, le monde de la vie n'est ni un songe ni un simple phénomène, mais il possède une *réalité dans l'entendement*, soustendue par le schème du calcul infinitésimal. La préexistence des germes, ensuite, constitue le « lieu »

71. *Discours de Métaphysique*, § X-XI - *Système nouveau de la nature*, fin du § 3 - *De ipsa natura*, § 6-7 ; projet d'une lettre à Arnauld, Janet, t. I, pp. 552-557. Cette notion vient d'Aristote, et Leibniz y substituera de plus en plus la notion d'âme (cf. *infra*). Il faut les bien *entendre*, et ne pas tomber dans les abus qu'il condamnait dans ses *lettres à Thomasius :* ex. G. I, p. 19, § 14. Cf. G. IV, pp. 166, 170 (la forme est principe du mouvement, mais pas du premier), p. 172 ; G. II, pp. 314, *ad 29um*, p. 320, etc.

où se consomme l'échec de l'embryologie comme science tentant de découvrir le fondement des phénomènes et de la vie de ces phénomènes, et où il est aussitôt relayé et dépassé en métaphysique et en théologique. Enfin, telle que Leibniz l'a peut-être comprise, elle constitue le « lien » de la description concrète du monde et de sa plus grande abstraction dans l'entendement.

En premier lieu, il nous faut considérer le point de vue de l'échec relatif et de son dépassement. L'embryologie a permis d'approcher la vie plus près qu'aucune des autres sciences jusqu'ici étudiées. Toutefois, son échec est double : incapacité de remonter à un noyau initial centre et unité d'où la vie des phénomènes pourrait être déduite ; incapacité surtout de « comprendre » la vie même s'il a été possible de l'« expliquer » [72].

Mais les échecs, en réalité, sont précisément le contraire d'échecs. Le premier relève de la méconnaissance de l'infini mathématique, de l'infini actuel ; il est le fruit de la « solution paresseuse » qui consiste à vouloir assigner une limite dernière aux choses [73]. Il relève d'une conception *imaginative* de la science : pourquoi voudrions-nous que dans sa perfection Dieu ait créé un monde compréhensible pour l'imagination ? Il est beaucoup plus vraisemblable que sa connaissance relève de l'entendement. Cet échec s'ouvre sur l'affirmation de la perfection de la création divine.

Le deuxième constitue la reconnaissance du fait biologique : lorsque nous avons expliqué la vie à la lumière de la préformation, nous sommes incapables d'agir sur elle. Leibniz se trouve ici au cœur d'un

72. *Verstehen* $\neq$ *erklären : comprehendere* $\neq$ *intelligere* (cf. *Théodicée,* G.F., p. 53).

73. C'est l'un des reproches fondamentaux à l'atomisme.

débat qui dépasse de loin celui des mécanistes et des vitalistes de son siècle, mais qui se déroule encore aujourd'hui entre plusieurs de nos éminents biologistes, qui expliquent la vie par des phénomènes physico-chimiques, mais sont incapables de la créer à partir de là, de même qu'ils sont incapables de la reproduire : de l'union d'une cellule mâle et d'une cellule femelle, il n'a toujours pas été possible d'engendrer un animal, hors de son milieu d'origine. Certains, tels Monod, gardent le ferme espoir de pouvoir un jour à leur tour « créer la vie » à partir de mécanismes chimiques ; d'autres, au contraire, pensent comme Leibniz qu'elle est irréductible et qu'il faut renoncer à la conception imaginative et orgueilleuse d'une science qui voudrait tout épuiser [74].

Leibniz a donc considéré la vie comme *originaire ;* mais il va plus loin, l'embryologie s'ouvre sur une théologie : non plus une simple théologie négative recourant à Dieu parce qu'il est impossible de faire autrement, mais un hymne à Dieu, d'autant plus grand qu'on s'est approché davantage de la vie et qu'on a cru pouvoir la comprendre. Dieu est « *Source de Vie* », car il l'a créée originellement et a tout prévu, a tout organisé par avance pour qu'elle se reproduise et qu'elle ait, d'une certaine façon, son autonomie. Et cette prévoyance de Dieu se retrouvera tout au long de l'œuvre de Leibniz.

En second lieu, il faut remarquer que jusqu'ici nous nous sommes référés à la conception imaginative des contemporains de Leibniz, et qui soutient évidemment son propos. Mais Leibniz avait aussi sa propre conception, présentée dans la 6e Lettre à

74. MONOD, *Le hasard et la nécessité,* pp. 1 sq., 39 sq., 155 sq., pense qu'un jour la science réussira à « comprendre » les origines de la vie et peut-être à « tout épuiser ».

Des Bosses [75]. L'emboîtement des germes est un système complexe et croisé, non pas analogue à celui des objets gigognes, comme on le croyait au XVIIe siècle, mais à une machine : sa propre machine arithmétique ou une horloge. La fameuse phrase de Leibniz : « tout corps organique est machine en ses moindres parties », doit être comprise à partir de ce schéma. Car il s'agit évidemment d'un schéma qui tente de rendre compte du monde concret aperçu au microscope et de cet emboîtement des corps vivants.

Mais en même temps, par sa grande complexité, on peut considérer qu'il est capable de produire le monde concret du vivant. Par ce *schématisme,* Leibniz rompt avec la conception imaginative de la science : celle-ci ne doit pas aboutir à des résultats descriptifs, comme l'ont cru peut-être les contemporains de Leibniz armés de microscopes croyant voir dans un germe un petit homme, mais à des schémas abstraits.

Nulle part peut-être le va-et-vient continu du monde de Leeuwenhoek, comme *donné* à partir duquel a pu s'édifier une théorie extrêmement abstraite, et comme *image* de cette théorie, n'a été aussi perceptible. Ainsi, on peut considérer que le retournement envisagé tout à l'heure à titre de possible a été démontré.

Un grave problème se présente, au moment même où l'on croyait avoir un peu « compris » la pensée de Leibniz : d'une part, les phénomènes ont une réalité dans l'entendement ; d'autre part, la vie demeure irréductible au mécanisme et à la connaissance humaine ; elle est première et éternelle, affirmée partout dans la nature, et débouche sur une

75. *A Des Bosses,* G. III, pp. 304-308.

théologie. Pourtant, Leibniz use exactement, comme ses contemporains mécanistes, du schème de la machine pour rendre compte de l'emboîtement des germes. On peut se demander s'il a été réellement en mesure de comprendre sa rupture avec le mécanisme et si, finalement, il n'y retourne pas : Leibniz aurait « reculé » devant les conséquences de sa théorie.

Cela amène à considérer la notion d'organisme, objet tout à la fois d'une « étude » et d'une « philosophie » de la vie : on y reconnaît aujourd'hui le fait biologique par excellence et Leibniz, quant à lui, y voit une substance capable de réaliser des phénomènes. Dès lors, si malgré des textes à première vue contradictoires, la conception leibnizienne de l'organisme est « biologique », vie et fondement un moment dissociés se rejoindraient, de même qu'étude et philosophie de la vie.

CHAPITRE III

L'ORGANISME : FAIT BIOLOGIQUE ET FONDEMENT

Alors que Leibniz était encore loin de sa « philosophie définitive », dès 1676, il est le premier (après Evelyn)[1] à avoir employé le terme d'organisme. C'est peut-être pourquoi la notion d'organisme semble être centrale dans le leibnizianisme, mais également être mal élaborée, contradictoire parfois, et remettre en cause les acquis précédents. Et d'abord, au moment précis où il vient d'affirmer l'irréductibilité de la vie au mécanisme, Leibniz donne comme schéma de l'emboîtement des germes celui d'une machine humaine et forge ce concept non pas en opposition avec celui de mécanisme, mais en « dérivation » : l'organisme n'est « rien d'autre qu'un méca-

1. En effet (Cout., p. 16), il était dès cette époque en possession des principales caractéristiques de la notion d'organisme. Un récent séminaire de M. le Professeur G. Canguilhem a montré, qu'en réalité, un certain J. Evelyn, botaniste, avait déjà, quelques années auparavant, forgé ce néologisme (cf. l'index de R. VI, 2, p. 677, n° 356 et la recension d'Y. Belaval, in *Studia Leibnitiana*, Bd VI, Heft 2, 1974, p. 281). Toutefois, la conceptualisation effectuée par Evelyn est bien inférieure, semble-t-il, à celle de Leibniz.

nisme sinon plus subtil et plus divin »[2] ; l'apparition d'un mot ne signifiant nullement celle d'un concept, il aurait substitué ce terme à celui d'économie animale[3] et aurait reculé devant l'autonomie du vivant de peur de passer pour un « vitaliste ». En second lieu, l'organisme est de plus en plus considéré comme une « substance composée réalisant les phénomènes », il en est le *fondement*. Mais au moment même où l'on croit être arrivé au but, deux graves objections se présentent : Leibniz semble accorder la substantialité à une « chose » et retourner à une conception imaginative de la science ; et quand bien même il serait possible d'élever l'organisme à la notion métaphysique de substance, le problème demeure entier : Leibniz semble avoir une conception de la connaissance de type aristotélicien, incompatible avec les conclusions précédentes selon lesquelles la réalité des phénomènes était dans l'entendement. Il faut donc étudier ses textes en tenant compte de l'évolution de sa pensée, de son décalage d'avec celle d'Aristote et de la distinction des points de vue possibles dans un même « objet ».

§ 14. — La naissance du concept d'organisme

La contradiction est flagrante : Leibniz a affirmé la présence de la vie en chaque partie de la matière, son irréductibilité à toute « compréhension », et aussitôt il définit le fait biologique par excellence,

2. Dut. II, 2, p. 144 *(ad 2um)* ; *ibid.*, p. 136 (§ 2-3) pour les écrits de 1706. En 1676, Leibniz écrivait déjà : « nihil aliud organismus viventium quam divinior mechanismus in infinitum subtilitate procedens ».

3. Leibniz continue à l'employer aussi : G. I, p. 174 ; Dut. II, 2, p. 135. Stahl également : t. III, pp. 28, 37, etc. C'est ce sens d'économie animale qu'en 1765 l'*Encyclopédie* reconnaîtra (t. XI, pp. 360 sq.).

l'organisme comme une machine : c'est une « machine naturelle »[4], ou encore une « machine divine »[5] ; d'ailleurs, « tout se fait dans la nature mécaniquement »[6]. La plupart des critiques, à cause de ces affirmations sans cesse réitérées ont fait de Leibniz un représentant du plus pur « mécanisme » : J. Roger, par exemple, montre que Leibniz a été amené à introduire la préexistence, uniquement pour sauver le mécanisme[7]. Il faut donc tâcher de comprendre ce que Leibniz entend par « machine divine » ou « machine naturelle », ses définitions les plus fréquentes de l'organisme.

La contradiction se lève facilement, dès que l'on étudie *le Système nouveau* ou *la Correspondance avec Lady Masham :* Leibniz, contrairement à n'importe quel mécaniste, ne part pas de la machine artificielle pour comprendre la machine naturelle, mais *c'est la machine naturelle qui sert à démonter la machine artificielle* et à en dévoiler toutes les faiblesses, auxquelles nul artifice humain, si grand soit-il, ne saurait remédier : en effet, le *Système nouveau* donne un long parallèle en filigrane des deux types de machines, à partir d'un raisonnement *a fortiori*, accordant à Dieu le moins et à l'homme le plus : « Un des principaux mérites de ma philosophie, écrit Leibniz, est de faire connaître enfin toute

4. Dut. II, 2, pp. 132, 135 ; *A Lady Masham*, G. III, p. 356 ; *Principes de la Nature et de la Grâce*, Janet, t. II, p. 409.

5. Dut., II, 2, pp. 136, 144.

6. Dans l'*écrit sur Stahl*, Dut. II, 2, pp. 131-132, 144. (Une traduction a été donnée dans les *Œuvres de Stahl*, du Dr Blondin, t. VI, avec toutes les réponses de Stahl qui ne sont pas données dans Dutens.) On ne saurait faire une recensement complet de tous les textes, par exemple : G. I, pp. 75 (« La mécanique abstraite explique tout »), 14, 106 ; G. IV, pp. 285, 341-343 ; G. VII, p. 280, etc.

7. J. Roger, *op. cit.*, p. 366.

la véritable et immense différence entre les moindres productions de la sagesse divine et les grands chefs-d'œuvre d'un esprit borné... car c'est une différence non dans le degré, mais dans le genre même. »[8] *Il n'est pas de condamnation plus explicite des prétentions du cartésianisme et du mécanisme.*

Leibniz donne aussitôt les caractéristiques actuelles et modernes de l'organisme avec la description de la « machine naturelle », qui peuvent se résumer en une seule : *l'autosuffisance.* Elle a ses propres lois et même sa propre « régulation », terme que Leibniz n'emploie pas mais dont le concept se confond avec celui d'autonomie de la machine naturelle. Elle fonctionne seule et, douée de prévoyance, elle possède son auto-défense : « Elle est munie à l'épreuve de tous les accidents » et n'a pas besoin d'un ouvrier pour être réparée. Mais son originalité consiste surtout en ce qu' « elle est machine en ses moindres parties »[9].

Deux interprétations dès lors se présentent, dont l'une semble exclure l'autre. La première, qui est la plus satisfaisante, est de comprendre le terme de « machine », comme celui de « machine naturelle », ou d'organisme : aussi loin qu'on le décompose, on en trouvera toujours un autre, muni des mêmes caractéristiques : autosuffisance, et donc finalité tant à l'égard de lui-même qu'à celui du tout auquel il appartient : il est impossible de remonter à des éléments premiers qui feraient de l'organisme une addition de parties, et ceci est parfaitement en accord

8. G. IV, p. 482 ; G. III, p. 374 ; *Monadologie,* § 74. Boutroux, p. 178 : « une espèce de machine divine qui *surpasse infiniment* tous les automates artificiels ».

9. G. IV, *ibid. ;* G. III, p. 356. Dès le texte de 1676 : « replicatis subdivisionibus in infinitum » ; « ubique interioribus organica est », *Monadologie,* § 64.

avec les conclusions médicales sur la polyvalence des « parties ». Pour reprendre l'exemple des paragraphes 63 et 64 de la *Monadologie,* la roue de laiton de la machine artificielle créée par l'homme est certes une partie qui n'est pas seulement matière, mais se détermine en fonction de la montre. Toutefois, la structure de la partie-roue ne possède ni finalité, ni légalité propres et n'est comprise qu'en fonction de celles de la machine. Au lieu d'une corrélation, il y a une subordination, et si l'on continue et que l'on décompose à son tour cette partie, on trouve un fragment de laiton qui est seulement partie de la partie, partie de matière. Jusqu'alors, l'approche inductive de la médecine coïncide parfaitement avec la conceptualisation, et la référence à la machine artificielle ne sert qu'à montrer la *différence de genre* avec l'organisme.

Néanmoins, une deuxième interprétation se présente : il y a « emboîtement » de machines naturelles; or, Leibniz semble avoir conçu cet emboîtement à partir du schème d'une machine artificielle, l'horloge [10]. Avec les mécanistes, Leibniz se servirait de la machine artificielle pour démonter la machine naturelle, et il se contredirait.

§ 15. — Quelques distinctions sémantiques et conceptuelles

Une remarque préalable s'impose : nous passons ici de la considération de l'organisme avec l'entendement et la sensibilité à celle du « schéma » de sa caractéristique essentielle : « être machine en ses moindres parties », ou encore « être emboîté dans un autre à l'infini », puisque machine naturelle est synonyme d'organisme.

10. Cf. § 13, note 75.

Le schéma est présenté par Leibniz comme une « comparaison » (*comparatione utor : finge...*, écrit-il). Or, toute comparaison s'adresse à l'imagination et elle se sait nécessairement imparfaite ; de ce point de vue, l'objection de la réduction de l'organisme à une horloge tombe d'elle-même.

Mais cette « comparaison » est d'un type très particulier car, loin d'être une image, elle est d'une abstraction telle qu'elle s'adresse d'abord à l'entendement : Leibniz n'a pas donné la figure de l'emboîtement des cercles mais la *méthode* pour les construire [11] ; en ce sens, le schéma est un *schème*, et le problème est de savoir s'il est capable de produire une machine naturelle ou s'il ne la réduit pas à une simple machine artificielle. Or, l'absence de figure fournit aussitôt la solution : Leibniz n'en a pas construit car c'était impossible. Le schème, en effet, permettait de concevoir *(fingere)* une figure infinie, donc non représentable. La contradiction venait d'une confusion de l'imagination : nous en étions restés à la figure géométrique finie, schème de l'horloge finie, humaine et insuffisante. Tout au contraire, la figure infinie et irreprésentable est un schème de l'horloge idéale, animée par le mouvement perpétuel et que Leibniz sait impossible à réaliser par l'homme [12].

11. « Comparatione utar : finge circulum, et in hoc describe tres alios maximos quos potes circulos inter se aequales, et in quovis novo circulo et inter circulos interstitio rursus, tres maximos aequales circulos, quos potes, et sic finge in infinitum esse processum, non ideo sequatur dari circulum infinite parvum, aut dari centrum quod habeat circulum proprium, cui (contra hypothesin) nullus alius inscribatur » (texte traduit par M. SERRES, *op. cit.*, t. I, p. 370). G. II, p. 306.

12. L'horloge était le modèle privilégié des mécanistes ; par exemple : DESCARTES, *Traité des passions*, art. 6, « jugeons que le corps d'un homme... » ; Fontenelle, « j'estime beaucoup plus l'univers depuis que je sais qu'il ressemble à une horloge »

Dès lors, la différence est la même entre la figure infinie et la figure finie, entre l'horloge idéale et l'horloge humaine et entre la machine naturelle et la machine artificielle : ce sont deux ordres différents. Par conséquent, à l'aide du schéma de l'emboîtement, Leibniz, loin d'avoir réduit la machine naturelle à la machine artificielle, en a affirmé l'irréductibilité absolue.

La méthode de construction des cercles croisés et imbriqués a engendré non pas tel ou tel cercle, mais une *structure déterminée,* qu'il ne saurait être question toutefois de « projeter » naïvement sur l'organisme : il s'agit d'une *comparaison* et non d'un modèle. Elle est une structure idéale d'une machine idéale, infiniment complexe. L'organisme est une *structure,* comme le montre cette définition donnée

(H. BUSSON, *op. cit.,* p. 113). Au XVIIIe siècle : La Mettrie, « Le corps humain n'est qu'une merveilleuse montre conçue avec un art et une habileté suprêmes. »

Leibniz s'est intéressé très tôt au problème du mouvement perpétuel des horloges, et cet intérêt persistera toute sa vie : il s'intéresse à tous les nouveaux procédés (M.S. I, 1, *A Oldenburg* (1674), pp. 54 sq.), à l'application aux longitudes dans la correspondance avec Huyghens (*ibid.,* I, 2, pp. 179, etc.), qui l'avait initié à la technique de l'*horologium oscillatorium* (M. GUEROULT, *op. cit.,* p. 93). Il est fier de la précellence de l'Allemagne, F. de C., t. VII, p. 66. Il a cru avoir trouvé le principe de la solution : « deux ressorts dont l'un jouerait, tandis que le premier mobile rebanderait l'autre », permettraient « de ne pas remonter la montre sinon après fort longtemps », Dut. III, pp. 135-137, « Extrait de diverses lettres à l'auteur du Journal des Savants », mars 1665 (cf. tab. II, fig. 11) ; *ibid.,* pp. 502-505, « remarques sur les horloges », publié dans les *Mémoires de Trévoux* (1718). Leibniz a même imaginé une horloge « qui se corrigerait elle-même », R. I, 2, pp. 89, 125, 459. Mais n'ayant jamais pu la construire, il en a compris l'impossibilité. Un schéma de la machine arithmétique est donné, Dut. III, tab. III, fig. 85. La solution est la même que dans les cas précédents : distinction du point de vue de l'imagination de celui de l'entendement, et distinction de la machine réelle de la machine idéale.

dans une lettre à Lady Masham : « L'Organisme, c'est-à-dire l'*Ordre* et l'*artifice,* est quelque chose d'essentiel à la matière produite et *arrangée* par la sagesse divine. »[13]

Il en est de même de l'emboîtement des germes à l'infini datant du premier jour : c'est une structure, dont l'absence de temporalité est particulièrement évidente. C'est pourquoi il est susceptible d'être érigé en image du monde et en *schème* l'aidant à se constituer : pour la préformation, la prévoyance de Dieu[14], la préordination du monde[15], la prédétermination des individus[16], leur prédestination[17]. Le temps s'immobilise alors, le « présent est chargé du passé et gros de l'avenir »[18], l'éternité peut être saisie dans l'instant et le repos aboli dans le *conatus.* C'est sans doute l'un des points de la philosophie de Leibniz où l'abstrait et le concret sont le plus indissolublement unis.

Machine naturelle, machine divine et organisme sont donc synonymes, et l'ambiguïté apparente des textes de Leibniz vient de ce que souvent il n'a pas précisé le type de machine. Trois autres distinctions sont encore nécessaires pour cerner le concept d'organisme (organisme, corps organique et agrégat), qui sont faites très clairement dans l'*écrit sur Stahl.*

La première, relative à la finalité et à la génération, qui se réduit finalement au degré d'activité, est celle

13. G. III, p. 340 (souligné par nous) ; Cout., p. 16 (texte de 1676) ; *ibid.*, pp. 68, 356, 352 ; *Écrit sur Stahl,* Dut. II, 2, p. 144 : « vis structurae ».

14. Par exemple, *Théod.*, G.F., pp. 155-157, 167, 332.

15. *Théod.*, G.F., p. 128.

16. Cf. Fichte : « l'homme moral *est déterminé* à se déterminer par soi, au lieu de *se déterminer* librement à l'autodétermination ».

17. *Théod.*, G.F., pp. 125, 147, 188, 312 ; F. de C., *Nouvelles lettres et opuscules,* p. 328 ; Grua, *op. cit.*, IIe partie, chap. XIII.

18. G. IV, p. 563.

de l'*agrégat et de la machine naturelle :* « Les machines ont leurs fins et leurs effets par leur propre force de structure, tandis que les fins et les effets des agrégats naissent d'une série de choses concurrentes, ou plutôt de la rencontre de diverses machines qui, même si elle suit une destination divine, possède néanmoins une coordination à peu près manifeste. »[19] Comme précédemment, Leibniz va du plus parfait au moins parfait, de l'organisme à l'agrégat, démarche entièrement contraire au mécanisme.

Chaque organisme étant autosuffisant réalise sa finalité et sa légalité propres : il ne saurait communiquer avec un autre sans aliéner une part de cette autonomie ; c'est pourquoi il lui est toujours coordonné, ou encore, il est en corrélation avec lui, contrairement à un agrégat composé de « parties » subordonnées. Une deuxième signification « métaphysique » de la corrélation apparaîtra par la suite : Leibniz, en présence de la pierre d'achoppement de la génération, qui ne saurait être expliquée par « contact »[20], dépassera cette difficulté avec la théorie de la « communication » des substances.

Tout au contraire, l'agrégat ne possède aucune suffisance, et de même qu'il avait son origine dans deux entités extérieures non seulement l'une à l'autre mais à lui-même, il est passif et reçoit sa finalité de

19. Dut., II, 2, p. 144 (6) : « machinae fines et effectus habent vi suae structurae, at aggregatorum fines et effectus oriuntur ex serie rerum concurrentium, atque adeo ex diversarum machinarum occursu, qui etsi etiam sequatur divinam destinationem, plus tamen minusque manifestae coordinationis habet ». C'est ce qui explique (Cout., pp. 94, 218) la difficulté de *prévoir* les effets d'une telle machine, même quand nous en connaissons la structure.

20. Il ne faut pas interpréter cela « naïvement » à la manière de certains contemporains de Leibniz qui refusaient l'idée de « contact » au nom de principes quasi religieux (J. Roger, *op. cit.*, pp. 64 sq., par ex.).

l'extérieur (par exemple « le marteau » la reçoit de l'homme).

La deuxième distinction, celle du *corps organique et de l'organisme,* permet de résoudre de nombreuses contradictions apparentes de Leibniz qui affirme tantôt que l'animal est *unum per se,* tantôt qu'il est un *unum per accidens,* un amas comme « un troupeau, une armée, un étang plein de poissons, ou une montre composée de rouages et de roues »[21], un agrégat. Le même corps organique, en effet, peut tour à tour être considéré comme un agrégat et un organisme : le ver à soie, engendré par la corrélation de deux organismes, est un agrégat si on le considère comme un résultat ; mais il est un organisme si on le considère comme agent en train de « réaliser sa tâche la plus intrinsèque, qui est de produire la soie »[22].

L'agrégat est donc une organisation, mais dépourvue d'autosuffisance, dont le corps organique, considéré sous un certain point de vue, et la machine artificielle sont deux formes. En effet, le corps organique peut être observé sous trois angles : celui de l'imagination qui le saisit comme une masse, un amas[23] doué d'une juxtaposition spatiale ; celui de l'imagination et de l'entendement qui le saisit comme un agrégat, c'est-à-dire une structure ou une organisation qui sont de simples résultats ; celui de l'entendement enfin qui le saisit comme organisme, c'est-à-dire « structure active » ou « réseau de relations ». L'organisme est *force,* il est mouvement (et

21. *N.E.,* G. III, 6, G.F., p. 285 ; G. IV, p. 482, G. VII, p. 344.

22. « Opus maxime intimum... », cf. G. VI, p. 550 : « une masse de matière est un résultat... *aggregatum* ».

23. Y. Belaval, *Initiation à la philosophie de Leibniz,* p. 241 ; *N.E.,* III, 6, G.F., p. 285.

l'on retrouve un *analogon* de la vie[24]) et *présuppose l'organisation.*

Les différentes équivalences établies par Leibniz permettent de résumer les caractéristiques essentielles de l'organisme : il est une *structure* irréductible à celle d'une machine humaine ; il est en effet *autosuffisant,* doué de ses propres lois, de ses propres moyens de défense, et en cela il est « réglé » : le concept de *régulation* est sous-jacent chez Leibniz. Il est composé de parties en corrélation les unes avec les autres, chacune possédant son *individualité* et sa *finalité,* et concourant à celle du tout de l'organisme[25]. La notion d'organisme correspond d'une part à la *pratique médicale* de Leibniz, d'autre part à ses *principes* qui l'ont en quelque sorte engendrée[26] ; ou encore l'organisme vivant perçu par l'imagination et l'entendement fournit une image des principes : le tout et la partie de l'organisme sont respectés dans leur individualité et dans leur corrélation.

§ 16. — L'ORGANISME, RÉALITÉ DANS L'ENTENDEMENT

Leibniz a donc élaboré de manière extrêmement précise le concept d'organisme. Quel est son rôle dans la biologie entendue comme science de la vie ? C'est d'abord la reconnaissance de l'irréductibilité de l'organisme au mécanisme cartésien ; c'est ensuite l'introduction de la considération de la structure du

24. Cf. notre chapitre II. Pour ces trois « points de vue », G. V, pp. 373 sq ; G VI, p. 502.

25. M. GUEROULT, *op. cit.,* chap. III, p. 189, note 1, distingue également trois niveaux : le phénomène changeant et imaginaire, celui du phénomène changeant mais non imaginaire, et celui de la substance. (Dans une certaine mesure, nous rejoindrons ses conclusions.)

26. Cf. notre introduction.

corps vivant, acception du concept d'organisme jusqu'à Blumenbach[27]. Le concept d'organisme est donc entièrement neuf par rapport à celui d'économie animale, ou encore de fonctionnement de la machine naturelle (« l'ordre, le mécanisme, l'ensemble des fonctions et des mouvements qui entretiennent la vie des animaux »[28]).

Les rapports du mécanisme et du « vitalisme » nécessitent un approfondissement qui ne saurait être qu'un commentaire de la fameuse phrase : « Tout organisme à la vérité est un mécanisme, mais plus excellent *(exquisitior)* et plus divin. »[29] Cela signifie, d'une part, que la structure de l'organisme est irréductible à celle d'une machine artificielle, mais, d'autre part, que son fonctionnement est explicable par des mécanismes partiels. Certes, le mécanisme en reste à la surface des phénomènes, puisqu'il s'en tient à l'étendue géométrique[30], mais il est aussi « la voie la plus profonde », selon le *Discours de Métaphysique,* car il s'intéresse au *comment* des choses[31] ; il est ensuite la voie « la plus immédiate », car il considère le phénomène en lui-même, indépen-

27. *Handbuch der Naturgeschichte,* § 23, p. 30.

28. Cette définition est empruntée à l'*Encyclopédie* (t. XI, p. 360) et résume bien l'acception de cette notion aux XVIIe et XVIIIe s.

29. Dut., II, 2, p. 136.

30. Telle est la conception de Leibniz du mécanisme cartésien qui apparaît notamment au § 21 du *Discours de Métaphysique,* où il réfute un mécanisme pur tel que Descartes l'aurait fait s'il avait été fidèle à ses principes et n'avait pas introduit la « force de repos » qui lui fait dire précisément le contraire de ce que lui prête ici Leibniz (*Principes,* Deuxième Partie, art. 49, 4e loi du choc). Malebranche énoncera plus tard cette loi. Leibniz réfute donc ici un mécanisme géométrique, « de droit ».

31. Nous commentons ici le § 22 du *Discours de Métaphysique* (éd. Lestienne, Vrin, p. 66) : « cependant je trouve que la voie des causes efficientes, qui est plus profonde en effet et en quelque façon plus immédiate et *a priori,* est en récompense assez difficile quand on en vient au détail... ».

damment du tout auquel il appartient ; bref, il est la voie des causes efficientes. Leibniz va cependant beaucoup plus loin, car il n'oppose pas le mécanisme au vitalisme, mais il entend en opérer *la synthèse*[32] : le mécanisme doit aussi considérer les causes finales, « car l'effet doit répondre à sa cause, et même il se connaît le mieux par la connaissance de la cause... »[33], la véritable causalité est la cause finale qui s'ouvre sur la considération de Dieu, auteur d'un organisme si parfait.

L'organisme ne peut être pleinement compris qu'à partir des causes finales, générales et particulières : « Tous ceux qui voient l'admirable structure des animaux se trouvent portés à reconnaître la sagesse de l'auteur des choses, et je conseille... de s'éloigner des phrases de quelques esprits prétendus forts qui disent qu'on voit parce qu'il se trouve qu'on a des yeux, sans que les yeux aient été faits pour voir. »[34] L'œil n'est pas le fait du hasard et, pour le « comprendre », l'homme doit considérer sa finalité : « être fait pour voir. » Il est donc l'œuvre de Dieu, et Dieu agissant par la simplicité des voies, les probabilités d'une explication juste sont plus grandes quand on considère, d'une part, la finalité particulière de l'œil, d'autre part, la finalité générale de Dieu. La considération des causes finales a une valeur heuristique,

32. *Ibid.*, p. 65, « l'un et l'autre est bon, l'un et l'autre peut être utile, non seulement pour admirer l'artifice du grand ouvrier, mais encore pour découvrir quelque chose d'utile dans la physique et dans la Médecine... ».

33. *Ibid.*, § 19, p. 61. Le texte se poursuit : « et il est déraisonnable d'introduire une intelligence souveraine ordonnatrice des choses, et puis au lieu d'employer sa sagesse, ne se servir que des propriétés de la matière pour expliquer les phénomènes ». On remarquera la parfaite concordance de ce texte de 1686 avec l'*Ecrit sur Stahl* de 1706 : la pensée de Leibniz est restée à peu près constante (cf. W. KABITZ, *op. cit.*, p. 137).

34. *Discours de Métaphysique*, § 19, p. 60, lignes 12 sq.

mais elle est aussi une admiration permanente pour la perfection des ouvrages de Dieu jusque dans leurs moindres parties : car non seulement toute matière est organique, mais elle est pleine d'organismes [35] infiniment parfaits. Et Kant, à propos de Leibniz, avait parfaitement compris cela lorsqu'il écrivait : « Un observateur de la nature finit bien par aimer les objets qui offensaient d'abord ses sens, quand il découvre la merveilleuse finalité de leur organisation et que sa raison se nourrit ainsi en les considérant. Ainsi, Leibniz reportait avec soin et sans lui faire de mal sur la feuille qu'il occupait, un insecte qu'il avait soigneusement considéré au microscope, parce qu'il s'était trouvé instruit en le voyant, et qu'il en avait pour ainsi dire reçu un bienfait. » [36]

Chacun de ces « touts » de la nature, « dont nous ne saurions assez admirer la structure » [37], possède finalement une rationalité supérieure à toute machine artificielle, car son degré de réalité est infiniment plus grand, les schèmes qui l'engendrent étant extrêmement puissants : si Leibniz emploie le terme de mécanisme, c'est que seules les « raisons mécaniques » sont « intelligibles » [37]. Cela explique son

35. *Théodicée,* Préface, G.F., p. 41.

36. *Critique de la Raison Pratique,* p. 170 ; A.K. Bd V, p. 160. Cette phrase est à l'origine de la *Critique de la Faculté de Juger.*

37. Dut. II, 2, pp. 132-133 ; *Théodicée,* § 134 : « il y a des touts dans la nature, la plante, l'homme, l'animal dont nous ne saurions assez admirer la structure » : dans l'os cassé, dans le brin d'herbe, l'anatomiste retrouvera toujours de l'ordre. Cf. *ibid.,* G.F., pp. 137, 143-165. Leibniz s'oppose ici aux cartésiens, cf. G. IV, pp. 281, 283-285, 288-299, 339, 344. M. Gueroult (*op. cit.,* p. 163) remarque le passage d'une finalité transcendante à une finalité immanente qui guidera de plus en plus ses explications scientifiques (*ibid.,* pp. 179, 180) et même physiques : *tentamen anagogicum* et *unicum catoptricae et dioptricae principium* (cf. *Discours de Métaphysique,* § 22, p. 67, Snellius aurait, selon Leibniz, trouvé la loi de la réfraction $\sin i = n \sin r$, plus rapidement que Descartes grâce

interprétation des natures plastiques de Cudworth qui avait bien perçu l'irréductibilité de la matière à l'étendue géométrique : « Son système [lui] revient extrêmement », et il « l'admet en général », mais il ne faut pas considérer ces natures plastiques comme « le résultat d'un miracle de Dieu... ayant quelque avantage sur la machine »[38]. Toutefois, même dans la synthèse des causes efficientes et des causes finales, le mécanisme ne suffit pas à expliquer les fonctionnements, même parcellaires, de l'organisme[39]. Si nous l'employons, c'est que nous n'avons rien d'autre, et Cassirer va jusqu'à le considérer comme un *als ob*, un « comme si », en s'appuyant sur la réplique à Bayle : « En un mot, tout se fait dans le corps, à l'égard du détail de phénomènes, *comme si* la mauvaise doctrine de ceux qui croient que l'âme est matérielle, suivant Épicure et Hobbes, était véritable ; ou *comme si* l'homme même n'était que corps ou Automate. »[40] Il faut considérer l'organisme seul avec la *raison*, sans parler tout le temps d'une âme immatérielle qui le gouverne, sans lequel il ne serait rien, à la manière d'un Stahl[41]. Mais, d'un

à la considération des causes finales). Nous assisterons en effet à une *généralisation* de cette méthode de connaissance à l'ensemble du monde.

38. Dut. II, 2, p. 136.

39. *A Lady Masham*, G. III, pp. 368, 374. Leibniz est en outre d'accord avec Cudworth pour unir toujours les âmes à quelque corps organique, et il s'oppose avec lui à la nécessité absolue, et à l'hylozoïsme.

40. Erd., p. 185 ; G. IV, p. 559, *Réponse aux réflexions contenues dans la Seconde Édition du Dictionnaire Critique de M. Bayle, article Rorarius, sur le système de l'Harmonie Préétablie* (souligné par nous). Corps = corps organique, considéré comme *agrégat*.

41. STAHL, *op. cit.*, t. II, pp. 235-242 (§ XXXI, objet du sixième doute de Leibniz). « L'âme peut très positivement susciter les mouvements du corps » — ou encore *ibid.*, t. III, p. 115, « il est essentiel que le corps existe avant que l'âme puisse agir soit *sur* lui, soit *en* lui, soit *par lui* » ; t. IV, pp. 134, 23, chap. IV, § 4,

autre côté, il faut considérer une certaine « influence » de l'âme sur le corps, comme si elle était matérielle, en médecine psychosomatique. Mais cette « influence » n'est pas mécanique. Enfin, le fonctionnement du corps organique n'est pas expliqué totalement, nous n'avons qu'un semblant de connaissance peut-être, puisque les lois le gouvernant comme machine naturelle sont d'un autre ordre que celles d'une machine artificielle. Leibniz, dans sa synthèse du « mécanisme » et du « vitalisme », *guérit* en fait chacune de ses deux doctrines : « Il faut reconnaître la considération matérialiste dans son droit relatif, tout en transformant en même temps l'affirmation dogmatique d'un fait en un " comme si " métho-

« les affections de l'âme altèrent l'organisme dans son agrégat matériel », etc... Cf. E. Radl, *op. cit.*, pp. 86-91 (erste Auflage, Leipzig, 1905).

On peut se demander, d'autre part, si Stahl n'est pas de mauvaise foi quand il affirme : « tout organe physique est véritablement mécanique, mais on ne saurait admettre l'inverse, que toute machine soit véritablement un organe (cf. t. VI, p. 53, t. II, p. 205, où il montre comment une machine peut devenir un organe). Il n'y a donc pas d'Organisme sans mécanisme présupposé, mais il est absurde que tout mécanisme dans l'acception rigoureuse soit un organisme » (*ibid.*, p. 59). Toute la querelle porte sur la signification d' « acception rigoureuse », Leibniz ayant bien précisé qu'il s'agissait d'un mécanisme *divin*, irréductible au mécanisme humain. Ce dernier semble avoir perçu les « affinités » de sa théorie avec celle de Stahl, quand il écrit à Hansch (Dut. V, lettre XX, p. 318 : « Nosse velim, quid de CC. Medici Stahlii novis, et ni fallor, superbis nonnihil dogmatibus sentiat, quamquam ille paulo perplexius scribat, et de aliis audacius judicet, et non raro laudanda spernat ; videtur tamen aliquid boni habere, in primis tunc, cum pressius adhaeret observationibus ». Stahl, quant à lui, est beaucoup moins nuancé, et n'a sans doute pas plus que Foucher (G. IV, p. 488) compris la distinction machine naturelle et artificielle. Il perd patience d'ailleurs dans la polémique, en particulier (p. 218, t. VI) quand il qualifie ainsi l' « argumentation de l'illustre philosophe » : « sans nerf, sans logique et sans ordre ».

dique. »[42] La *désacralisation du corps humain* a été définitivement opérée, son autonomie par rapport à l'âme « métaphysique » affirmée. En même temps, le corps qui n'est qu'un parmi d'autres de même « structure » que le sien, ne sera jamais compris, le mécanisme demeurant un « comme si » : il permet d'expliquer le fonctionnement du corps organique, de manière partielle, mais il est foncièrement incapable d'en expliquer la structure, résultat que nous commençons à retrouver aujourd'hui[43] de plus en plus.

Leibniz a donc élaboré le concept d'organisme, tel qu'il se retrouvera plus tard chez Laschwitz, Zedler, Winckler et surtout Christian Bonnet, son disciple, Bordeu et même Weismann[44]. Il affirmait ainsi le fait biologique dans son irréductibilité aux mécanismes artificiels, son intelligibilité supérieure et son autonomie par rapport à la métaphysique et à la religion. En

42. E. CASSIRER, *op. cit.*, p. 403 : « Das wahre Mittel gegen den Irrtum und die Schwäche dieser Lehre ist hier gefunden : es besteht darin, dass man die materialistische Betrachtung in ihrem relativen Recht anerkennt, zugleich aber die dogmatische Behauptung einer Thatsache in ein methodisches " Als ob " verwandelt. » Cf. H. L. KOCH, *Materie und Organismus bei Leibniz*, II. Kap., § II, p. 45.

43. Nous en restons toujours là ; on a cru ces dernières années que la cybernétique permettrait de *comprendre* le corps humain, par exemple la transmission du mouvement par les nerfs : ainsi Grey Walter avec des condensateurs, des batteries, des tubes à néon, etc., a construit un appareillage mimant seulement dix-huit propriétés des nerfs. *Le montage donne une analogie de fonctionnement, mais nullement une analogie de structure.*

44. On consultera H. BUSSON, *op. cit.*, chap. V, pp. 121-136 (critique du cartésianisme) ; E. RADL, *op. cit.*, pp. 228-235 (étude de Ch. Bonnet) ; E. CASSIRER, *Leibniz' Hauptschriften, loc. cit.*, p. 17 et surtout *Leibniz' System...*, p. 411, note 1 sur Weismann. Enfin, chez Buffon, le concept d'organisme est présent, mais il n'emploie pas le terme : il l'emploie seulement pour les *métaux*. Cela est tout à fait comparable à la filiation leibnizienne de l'alchimie à la biologie. Cf. J. ROGER, *op. cit.*, chap. II, 3e partie.

même temps, en recourant aux concepts d'agrégat et d'économie animale, il ouvrait la voie à la notion contemporaine d'organisme, qui considère sous les trois points de vue distingués tout à l'heure le corps organique [45].

Il répondait alors à un premier problème : celui de la *vie*. Elle est première et originelle et fonde en ce sens les phénomènes : loin de pouvoir être déduite de quelque mécanisme que ce soit, c'est à partir d'elle, une fois sa création par Dieu, que le corps organique peut être déduit par un mécanisme divin. L'entendement la perçoit dans la structure du corps et la fait parvenir ainsi à sa réalité intelligible. Leibniz répondait ainsi à un deuxième problème : celui du *fondement* : l'organisme est fondement des phénomènes car il est une structure de type privilégié, telle que la vie peut se maintenir et se reproduire. Cette structure est en effet au-delà du temps, puisqu'elle a été créée une fois pour toutes par Dieu ; elle permet de comprendre l'indestructibilité et l'immortalité sous un nouveau point de vue [46]. Le schématisme des cercles imbriqués a montré qu'aucun ne saurait être séparé d'un autre, tant cet enlacement est complexe : il s'agit de la structure d'une *unité* parfaite et en même temps infiniment complexe [47] ; la synthèse du tout et des parties est

45. Par exemple : « système constitué par l'ensemble des organes d'un être vivant » (d'après FOULQUIÉ, *Dictionnaire de la langue philosophique*), ou encore simplement « tout corps vivant » (d'après le dictionnaire de Robert).

46. L'indestructibilité n'est plus seulement celle de l'enveloppement et du développement d'un même animal, saisie par l'imagination. La formule de Leibniz, « la machine naturelle demeure toujours cette machine qu'elle a été » (G. IV, p. 482), peut être interprétée sous les deux points de vue.

47. On peut même aller plus loin, avec Leibniz qui attachait une grande importance au symbolisme, et voir dans chaque cercle une image de l'éternité, le cercle étant par définition la figure qui n'a

totale. L'organisme est unité sous trois autres points de vue : il est un agencement de parties en corrélation les unes avec les autres ; ensuite, comme pour Stahl, « il est l'acte même de constituer l'agrégat »[48] ; enfin, il est doué d'une finalité interne qui unifie tous ses actes. Unité indestructible, structure intelligible douée de vie, l'organisme constitue pour l'entendement un fondement privilégié des phénomènes. Unité et fondement coïncident dans l'entendement, en même temps que la considération de la vie.

Toutefois, Leibniz ne s'en tient pas là ; le corps organique est en effet toujours uni à une âme immatérielle. Aussi va-t-il le considérer sous un nouveau point de vue, en tâchant d'élucider, avec l'entendement, la nature de cette union, qui sera lourde de conséquences, non seulement pour la compréhension de l'organisme, ce fondement des phénomènes, mais aussi pour celle du *monde*, et même pour ce que l'on pourrait appeler « l'épistémologie leibnizienne ».

§ 17. — Changement de point de vue : l'organisme comme union de l'ame et du corps

Du *Discours de Métaphysique* à la *Monadologie*, en passant par le *Système Nouveau* qui en donne

ni commencement, ni fin. On remarquera son intérêt pour les médailles et leur symbolisme : par exemple dans une *lettre à S.A.S. Rodolph August, duc de Brunswick*, Guhrauer, Bd I, p. 402. La même lettre se trouve en latin dans Dut., t. V, lettre LVIII, p. 346, et en français annotée de la main de Leibniz à la bibliothèque de Genève (J. 82 ; f. 123-126). Outre l'image de la création à partir des nombres, à la manière de Pythagore, elle énonce le principe de la dyadique.

48. Stahl, *op. cit.*, t. II, p. 85 ; t. IV, p. 388. « La structure est l'acte même de constituer l'agrégat. »

l'exposé le plus complet [49], Leibniz considère l'union de l'âme avec le corps comme un cas particulier de l'union des substances : *étude de la vie et philosophie de la vie se confondent.* En effet, sans exposer la théorie leibnizienne de la substance [50], on peut définir celle-ci comme ce qui est *sous* les phénomènes, ce qui les fonde. Dès lors, trois hypothèses se présentent : ou bien Leibniz reprend le vocabulaire de ses contemporains pour désigner deux ensembles de structures indépendantes l'une de l'autre, pensées par l'entendement. Ou bien il « recule » devant une conception qui aboutit à faire du seul entendement constructeur le fondement des phénomènes, alors que la compréhension de la vie lui échappe, et il retourne à l'*ousia* aristotélicienne. Ou bien, comme très souvent, il tente de construire une « synthèse ».

Quoi qu'il en soit, un véritable retournement par rapport à la perspective cartésienne s'opère [51] : l'union de l'âme et du corps est objet de l'entendement et non de l'imagination, qu'elle soit relation de deux *ousiai* ou de deux « structures ». L'étude de ce problème est d'autant plus importante que Leibniz ne cesse de la considérer comme un des problèmes cruciaux auxquels sa philosophie a apporté une solution *définitive* [52].

49. *Discours de Métaphysique,* § 32 ; *Monadologie,* § 56, 62 ; *Système Nouveau,* G. IV, pp. 471 sq. (avec les *Éclaircissements*).

50. J. Jalabert, *La théorie leibnizienne de la substance.*

51. Descartes, A.T., IX, p. 64 : « certaines façons confuses de penser qui... dépendent de l'union et comme du mélange de l'esprit avec le corps » ; cf. A.T., III, p. 692, IV, pp. 200 sq. (*Correspondance avec Elisabeth* dans ce volume) ; Merleau-Ponty, *op. cit.*, pp. 13-17.

52. Par exemple à Jean Bernoulli, M.S. II, p. 348 ; M.S. III, pp. 755, 951 où en décembre 1715 Leibniz déclarait : « le commerce de l'âme avec le corps peut être considéré comme démontré » ; cf. *N.E.*, G.F., pp. 56-58 ; *Théodicée,* G.F., pp. 40, 291. W. Kabitz estime qu'à partir de là Leibniz pourra fonder les *Geisteswissens-*

Le *Système Nouveau*, en effet, malgré le titre, n'est pas vraiment neuf, puisqu'il constitue une synthèse des théories précédentes, à la lumière de laquelle il sera d'ailleurs possible de les apprécier à leur juste valeur[53] ; il est donc non seulement le point d'aboutissement de la philosophie de Leibniz, mais aussi de toute la philosophie antérieure qu'il « guérit ». Il peut se résumer tout entier dans cette phrase de Leibniz : « L'union de l'âme avec le corps et même l'opération d'une substance sur l'autre ne consiste que dans ce parfait accord mutuel, établi exprès par l'ordre de la création, en vertu duquel chaque substance suivant ses propres lois se rencontre dans ce que demandent les autres ; et les opérations de l'une suivent ou accompagnent ainsi l'opération ou le changement de l'autre. »[54] A la demande de Foucher, Leibniz explicite[55] cette théorie

chaften (*op. cit.*, chap. V, pp. 83 sq.). Cf. E. CASSIRER, *op. cit.*, Drittes Teil, 10es Kapitel, « Der Begriff des Individuums im System der Geisteswissenschaften », pp. 423-473.

53. On reconnaît ici l'esprit conciliateur de Leibniz, souligné par tous les interprètes, et sa propre interprétation du *Système Nouveau :* G. IV, pp. 471, 477, 540, 567 ; *Nouveaux Essais*, I, 1, G.F., pp. 56 57.

54. G. IV, p. 413 ; cf. *ibid.*, p. 560, « ce qu'il y a de bon dans les hypothèses des plus grands matérialistes et idéalistes se réunit ici ».

55. Notre propos n'est pas de présenter l'ensemble de la théorie leibnizienne de la communication des substances qui a été déjà maintes fois développée. *a*) Pour les principaux commentaires en français : Y. BELAVAL, *Leibniz critique de Descartes ; Initiation à la philosophie de Leibniz ;* J. JALABERT, *La théorie leibnizienne de la substance ;* J. MOREAU, *L'univers leibnizien. b*) En allemand : K. FISCHER, *Geschichte der neuern Philosophie*, Bd. II, pp. 373-385. *c*) Voici les principaux textes de Leibniz que nous avons relevés sur cette question, outre le *Système nouveau* et G. IV : G. I, *correspondance avec Foucher*, pp. 383, 400, 332, 374, 420 ; G. II, *correspondance avec de Volder ; correspondance avec Des Bosses*, pp. 307, 311, 312 ; G. III, *correspondance avec Lady Masham ; A Bosnage*, p. 121 ; *A Coste*, pp. 462-463, 468 ; *A Hartsoecker*,

à l'aide du modèle de l'horloge extrêmement éclairant au premier abord : l'accord de deux montres peut se faire de trois façons [56] : par une influence naturelle [57], par la voie de l'assistance de l'ouvrier qui les redresse à tout moment et enfin par leur propre exactitude ; de même, l'accord de l'âme avec le corps ou d'une substance avec une autre, peut être obtenu par « contact », c'est la voie de la philosophie de Descartes ; par l' « assistance continuelle », celle des causes occasionnelles de Malebranche, ou enfin par le « consentement préétabli », et c'est la voie de Leibniz ; voie synthétique, puisqu'elle unit les avantages des deux solutions précédentes : l'accord total de Descartes et l'indépendance de chacune des substances que l'on trouvait chez Malebranche.

Leibniz choisit la troisième solution : la synchronisation de deux horloges provient de leur propre force à chacune. L'âme et le corps sont des *analogons* d'horloges idéales d'un autre ordre que nos horloges mécaniques artificielles. Un *parallélisme* total est imposé à chacun : ils sont des « machines divines » pourvues d'une structure déterminée. Toutefois, cha-

pp. 508-509 ; G. V, p. 24 ; *Nouveaux Essais* (G.F.), pp. 56, 58, 91, 97, 130, 189, 205, 206, 275, 286, 335-337, 392 ; *Théodicée* (G.F.), pp. 137, 140, 291, 327, 351 ; T. p. 243 ; *A Sophie*, Klopp, VIII, lettre CXVII ; *Correspondance avec Clarke*, Janet, t. II, 2e écrit, pp. 621 sq. (4, 5, 12) ; 4e écrit, pp. 638, 639 (34)-646 ; 5e écrit, pp. 670-671.

56. G. IV, les *Éclaircissements*, pp. 498, 500, 520.

57. Le problème de l'accord des pendules (qui se réalise seulement s'ils sont sur un même support), auquel se heurtait Huyghens, a hanté Leibniz : par ex. : Klopp, t. VIII, p. 137, lettre CLII, *A Sophie*, 27 juillet 1699, cette lettre expose de manière beaucoup plus détaillée le problème. Comme le fait remarquer très justement M. GUEROULT, *Métaphysique et dynamique leibniziennes*, p. 82, l'influence de Huyghens sur Leibniz fut déterminante, « presque toute la structure de la théorie leibnizienne en dépend ». Nous en voyons ici *peut-être* une illustration avec l'accord des horloges.

cune de ces deux structures a son originalité, Leibniz le répète[58] : comme nous le verrons, celle de l'âme contient concentrativement celle que le corps organique exhibe.

Leibniz s'est donc contenté pour l'instant de considérer ces deux substances comme deux *structures* dont l'entendement a des schèmes. Il est un peu dans la même situation que Descartes dans la Règle VI : l'*ousia est posée* et *construite* par l'entendement[59]. Néanmoins, deux graves difficultés apparaissent : si l'on admet que l'âme d'une part, le corps de l'autre, constituent chacun une substance pourvue de sa propre unité et de sa propre autosuffisance, quelle sera l'unité de la substance composée, ou même d'abord du corps vivant ? D'autre part, si toute âme est toujours liée à un corps organique comme le répète Leibniz, l'un n'est rien

58. G. IV, pp. 530-531. Commentaire de l'article Rorarius : « deux horloges de différente structure », « règlement de chacun des deux êtres en vertu de leur propre nature », et p. 520 « je n'ai comparé l'âme à une pendule qu'à l'égard de l'exactitude réglée des changements qui n'est même qu'imparfaite dans les meilleures horloges, mais qui est parfaite dans les ouvrages de Dieu ». Leibniz marque ici l'impossibilité d'un prolongement machine humaine - machine divine. Cf. aussi *N.E.*, III, 6, G.F., pp. 283-284 : il s'agit d'une différence spécifique selon le type de balancier, ou le nombre de roues, dans les horloges humaines. Pour les horloges idéales, cette différence spécifique peut être multipliée à l'infini ; pour la valeur du modèle de l'horloge : par ex. G. II, p. 439 : « Substantiae compositae sunt quae unum per se constituent ex anima et corpore organico, quod est Machina naturae ex Monadibus resultans. ».

59. Leibniz, tout comme Descartes, reprend le vocabulaire existant, celui de la scolastique, ou celui de ses contemporains (par exemple, IIIe *Méditation*, « éminemment », « formellement », et E. Gilson, *Index scolastico-cartésien*). Leibniz écrit : « il est vrai que les substances agissent les unes sur les autres *pourvu qu'on l'entende sainement* », G. IV, pp. 492, 493, 495.

sans l'autre. Comment peut-on parler alors d'auto-suffisance ? [60]

A toutes ces difficultés, une réponse se dessine : ce n'est ni le corps ni l'âme pris indépendamment l'un de l'autre qui ont leur unité, mais leur *consensus*, c'est-à-dire une relation purement intelligible. Le corps vivant, composé de l'âme et du corps, n'est décidément pas une chose mais une relation privilégiée de deux réseaux de relations ayant déjà chacun leur unité. Et cette théorie s'ouvre sur celle du *vinculum substantiale*. Or, elle permet d'approfondir singulièrement la nature du *consensus* de l'âme et du corps : celle du « mécanique » et du « vital », qui « donne une merveilleuse image de la perfection des ouvrages de Dieu » [61].

§ 18. — Le vinculum

La théorie du *vinculum substantiale* [62] constitue l'une des pierres d'achoppement du leibnizianisme,

60. Cf. M. Merleau-Ponty, *L'union de l'âme et du corps chez Malebranche, Biran et Bergson*, notes recueillies par J. Deprun, Paris, Vrin, 1968, pp. 31, 48, 49, 55.

61. Cf. J. Moreau, *Correspondance de Malebranche avec J.-J. Dortous de Mairan*, Paris, Vrin, 1947.

62. Pour une vue globale du problème : Belaval, *Leibniz, initiation à sa philosophie* (pp. 240-253) ; on consultera en outre les ouvrages suivants :

Blondel, *Le vinculum substantiale et l'ébauche d'un réalisme supérieur*, considère que loin d'être isolée et tardive, cette théorie est plutôt la clef de voûte qui assure au système son achèvement et sa solidité : « il faut avoir traversé tous les appartements du philosophe et être monté jusqu'à la terrasse secrète, invisible, d'en bas, mais donnant sur l'ensemble du paysage spirituel une vue éclairante et dominante » (p. 33). Blondel recherche dans « le passé qui a précédé » la genèse du *vinculum*, et il y voit l'expression d'un « réalisme » dont Leibniz n'a pas tiré tout le parti possible.

A. Boehm, *Le vinculum substantiale et ses origines historiques*, donne une analyse précise de la correspondance avec *Des Bosses*

que nous n'avons pas la prétention de lever totalement ; il nous semble néanmoins que le point de vue « biologique » en permet une meilleure compréhension, sans rien ôter toutefois de ce « mystère » de la création, qui est la marque de notre finitude

(pp. 22-31) et rappelle les circonstances historiques du problème (pp. 84-90) : la querelle avec Tournemine dans le Journal de Trévoux). Les différentes étapes de la querelle sont les suivantes : 1° le *vinculum* est-il un mode absolu ou substantiel ? Leibniz (G. II, p. 479) répond par la deuxième solution, car *sinon* ce serait un miracle perpétuel. 2° Pour le problème de la simultanéité des parties, Leibniz (G. II, p. 489) répond qu'il s'agit de l'unité d'un agrégat, et non d'une substance. 3° (G. II, p. 502) Leibniz, face à Des Bosses qui considérait le *vinculum* comme une résultante, le pose comme principe d'action. 4° S'agit-il d'une substance ou d'un accident ? Chacun des deux reste sur sa position (G. II, p. 515), séparés par une question de terminologie, Leibniz appelant « mode » ce que Des Bosses appelle accident ; Leibniz considère alors la substance composée comme un moyen terme entre la substance au sens strict et la modification, et accorde *(ibid.)* la substantialité au *vinculum*.

A. Boehm, s'opposant à Blondel qui avait mis l'accent sur la nouveauté de la thèse de Leibniz, tombe trop souvent dans la réduction de l'œuvre de Leibniz à celle de ses prédécesseurs scolastiques, et en particulier celle de Murcia. Néanmoins, la scolastique que Leibniz connaissait admirablement a peut-être fourni un *cadre conceptuel* à Leibniz et a dirigé son attention sur des problèmes essentiels, comme celui du *totum essentiale* (pp. 91-98, 35-55) et du *totum integrale* (pp. 101-119, 58-79). Toutefois, avec G. FRIEDMANN, *Leibniz et Spinoza*, Appendice I, il nous semble que la conclusion de A. Boehm est un peu hâtive, *op. cit.*, p. 120 (elle réduit en effet la théorie leibnizienne à l'aboutissement d'un « courant aristotélicien dont les eaux sont fortement mélangées de néoplatonisme chrétien en provenance saint-bonaventurienne »), et qu'*il importe de renverser le rapport : le problème est pour Leibniz d'adapter ses propres idées à la scolastique* et à la thèse classique ; il nous semble que les difficultés, les rectifications de Leibniz, dans cette correspondance, sont dues essentiellement à cela.

Pour connaître Des Bosses, voir M. DE CERTEAU, « le *clavis Lycaei* du père Barthélémy Des Bosses », *Archives de philosophie* (oct.-déc. 1966) ; cette étude est accompagnée de la publication de quelques lettres de Des Bosses (pp. 578-593).

intrinsèque[63]. Nous ne prétendons pas non plus que le modèle biologique (et plus encore celui des horloges, en filigrane ici), soit le seul moyen d'approche, mais il nous semble beaucoup plus « englobant » que celui de la mécanique, de la dynamique ou de la théologie[64]. Le problème que tente de résoudre cette doctrine est celui de l'unité foncière du corps vivant par laquelle il serait un *unum per se*[65]. D'emblée, l'expression apparaît doublement contradictoire : Leibniz avait rejeté la conception de l'influence de l'âme sur le corps par « contact » ; or, le terme *vinculum* (lien) semble le restituer. D'autre part, l'ambiguïté du terme de *substantiale* est grande : il peut signifier « qui est une modification des substances », ou bien « qui est une substance », et, dans cette dernière hypothèse, on risque de retourner à la conception « chosiste » de l'influence : il serait le *milieu* entre l'âme et le corps. Le contenu scolastique de cette notion a pu être défini précisément ; toutefois, il n'apporte rien de définitif à la résolution de ces difficultés. Il faut donc admettre que Leibniz, une fois encore, utilise un vocabulaire en opérant une subversion de son contenu, et il importe avant tout de suivre précisément les différentes définitions qu'il donne du *vinculum*.

Les textes sont formels : le terme de lien ne désigne pas une entité physique, mais une « relation *de même type* que celle qui existe entre les autres substances »[66], c'est-à-dire un accord, un *consensus*. Le schème des *horloges* sous-tend donc la théorie

63. Belaval, *op. cit.*, pp. 250-253.

64. Boehm, *op. cit.*, pp. 7-24. Pour d'autres interprètes, le *vinculum* aurait été « ajouté » pour résoudre le problème de la transsubstantiation.

65. G. II, pp. 435, 444, 450, 451, 457, 459-473, 486, 495.

66. G. II, p. 438 (souligné par nous).

du *vinculum*. Mais pourquoi, s'il se confond avec le *consensus* de deux substances, Leibniz l'a-t-il introduit ? C'est qu'il est une « relation plus parfaite par quoi de plusieurs substances il en naît une nouvelle »; ou encore : « le *consensus* n'est pas un simple résultat mais ajoute comme une nouvelle substantialité, un *vinculum substantiale* »[67]. Contrairement aux *consensus* que l'on rencontre entre d'autres substances (par exemple entre les âmes, ou même entre différents organismes), celui du corps et de l'âme n'est pas un simple résultat, car il est producteur de « substantialité ». c'est-à-dire d'une entité indivisible, éternelle, bref d'une unité. En effet, à la structure de l'organisme déjà unifié « correspondrait » sa projection dans l'âme qui la « contient concentrativement » ; elle possède ainsi un degré supérieur d'unité. Inversement, l'âme n'est âme que parce qu'elle représente le corps organique sans lequel elle serait vide. Or, cela n'est *possible* que par et dans le *vinculum*.

C'est ce qui explique le retournement de la lettre du 23 août 1713[68] où Leibniz dote le *vinculum* de l'ingénérabilité et de l'incorruptibilité qu'il lui avait auparavant expressément refusées : Dieu a créé le *vinculum* lorsqu'il a réglé le corps et l'âme dans une mutuelle « harmonie préétablie ». Il est donc l'*essence commune* de ces deux substances qui est d'être réglées l'une sur l'autre, tout en demeurant

67. *Ibid.*, pp. 438, 504, etc.

68. G. II, pp. 481-483 : « quae de vinculis substantialibus olim ad te scripsi, hunc non invenio... ». Ainsi (*ibid.*, p. 458), Leibniz avait-il expressément refusé l'ingénérabilité et l'incorruptibilité des liens substantiels. Avant cette lettre, Leibniz considérait le lien synthétique comme un acte de création contingent : les « monades » de la substance composée auraient pu ne pas être créées, et leur liaison aurait pu être différente, Dieu garde le pouvoir absolu d'annihiler ou de créer.

entièrement indépendantes et en réalisant chacune leur propre finalité. Jamais l'individualité n'a davantage été respectée.

On comprend maintenant le terme de *substantiale* : il signifie bien « qui relie deux substances », mais il n'en est pas dérivé ; celles-ci, en effet, n'ont de *réalité* que par lui. Il *est* la substance, il est l'unité des relations par qui le composé se fait substance ; bref, il est « le principe d'action de la substance composée »[69] ; il est une force active de composition et non pas une simple résultante. Au fur et à mesure que progresse sa correspondance avec Des Bosses, Leibniz en prend de plus en plus conscience : il n'est pas possible de concevoir de substance composée sans admettre ce lien[70], et il peut écrire : *vinculum seu substantia corporis animati seu substantia composita*[71] ; en cela, il rejoignait l'un de ses tout premiers écrits, celui où l'on rencontre pour la première fois le mot d'organisme : *substantia est vel simplex ut anima, quae nullas habet partes, vel composita ut animal, quod constat ex anima et corpore organico*[72].

Le *vinculum* n'est donc pas la simple résultante de deux réseaux de relations déjà unifiés chacun ; mais il en constitue la commune essence et il en est le principe d'action. Par là, il possède quelque chose

69. *Ibid.*, pp. 503, 511. (Dans le premier texte, se trouve la célèbre analogie de l'écho « corpus Echo reddens est principium actionis ».)

70. *Ibid.*, pp. 503-504. « Qui eam <substantia composita> admittit, etiam hoc vinculum admittit. » On comprend l'opposition de Leibniz qui veut en faire une pure *(mera)* modification des substances.

71. *Ibid.*, pp. 481, 482, 517 : « vinculum reale seu substantiale aliquid quod subjectum communium seu conjungentium praedicatorum et modificationum ».

72. Cout., p. 13, texte de 1676.

d'analogue à la vie ; et c'est peut-être pourquoi il *est* la substance composée qui « réalise les phénomènes ». *C'est bien le fondement dernier des corps.*

§ 19. — L'ORGANISME COMME SUBSTANCE COMPOSÉE ET RÉALITÉ HORS DE L'ENTENDEMENT

Il semble donc que nous soyons en présence de deux fondements qui chacun tâchent d'exprimer la vie : d'une part, l'*organisme* (une structure) ; d'autre part, le *vinculum,* unité de deux structures, et substance. Leibniz n'a pas semblé établir cette dichotomie, puisqu'il écrit : « Je restreins la substance corporelle ou composée aux seuls vivants ou aux seules machines organiques de la nature ; le reste n'est pour moi que purs agrégats de substance, que j'appelle substantiés *(substantiata)* ; l'agrégat n'est qu'un être par accident. »[72 bis] Le texte est formel : dans le système de Leibniz, il existe seulement une substance composée, et c'est la machine organique, c'est-à-dire l'organisme. Deux hypothèses se présentent : ou bien Leibniz juxtapose à la définition de l'organisme comme structure, celle de la substance composée, ou bien il renonce à la première pour lui substituer celle-ci. La résolution de cette antinomie n'est possible qu'après examen de l'opposition entre la substance composée et l'agrégat.

Ce dernier, étant en effet perçu par l'imagination, était divisible à l'infini, et il était toujours susceptible d'être détruit. C'est pourquoi il n'est qu'une « unité extérieure », une « unité arithmétique et non méta-

72 *bis.* G. II, p. 520, lettre CXXVIII, du 29 mai *1716.* La « substance composée » de Leibniz va être une « subversion » de celle d'Aristote.

physique »[73] ; bref, un simple phénomène. Jusqu'ici, la seule réalité était *in sola mente*[74], selon l'expression de Leibniz, c'est-à-dire dans l'âme qui le contenait « concentrativement », ou encore dans l'entendement qui le construisait comme structure, comme organisme. Comme l'écrit Ludwig Koch : « Conçu comme partie de l'étendue *(Ausgedehnten)*, aucun être vivant ne peut être une substance ; mais en tant *(dadurch)* qu'une forme substantielle ramène à l'unité *(verknüpft)* ses différents états, il compose une substance individuelle. »[75] Or, cette opération n'a été possible que parce que le *vinculum*, comme *consensus*, les réglait l'un sur l'autre. Bien plus, étant actif, il possède une *réalité objective* indépendante de l'entendement[76]. En ce sens, les phénomènes n'ont plus une seule réalité intelligible et le *vinculum* est bien, selon l'expression de Leibniz, *realisans phaenomena*[77].

La relation de l'âme au corps est donc elle-même la substance composée, dont l'agrégat n'est qu'un résultat s'offrant à l'entendement et à l'imagination. Dès lors, il semble que la première définition du corps vivant comme réalité intelligible ou organisme soit entièrement subordonnée à cette réalité objective.

73. G. II, p. 304 ; G. IV, pp. 482 sq. ; G. VII, p. 344 ; *Nouveaux Essais*, G.F., p. 285 : « il est bon cependant de reconnaître la différence entre les substances parfaites et entre les assemblages de substances *(aggregata)* qui sont des êtres substantiels », etc.

74. G. II, pp. 450, 517.

75. H. L. Koch, *Materie und Organismus bei Leibniz* (in *Abhandlungen zur Philosophie und ihre Geschichte*, herausgegeben von Benno Erdmann), 30es Heft, Halle, Verlag von Max Niemeyer ; chap. II, § 13, p. 53. Après avoir montré le développement de la *Naturphilosophie* de Leibniz (chap. I) et l'échec de la substance cartésienne, l'auteur étudie précisément les relations de l'âme et du corps et la notion d'organisme.

76. Nous rejoignons ici partiellement les conclusions de Blondel.

77. G. II, pp. 451, 479, 484, 487, 500, 504, 519, cf. G. IV, p. 657 ; G. V, p. 625, etc.

Il n'en est rien, car il s'agit en fait d'une différence de points de vue : l'organisme considéré comme structure était la réponse au niveau de l'entendement à la question : « Comment se fait-il qu'il y ait des corps qui semblent vivants ? » Quand on le considérait dans sa relation à l'âme, c'était de manière non unifiée : à chaque mouvement du corps répondait un mouvement de l'âme et réciproquement. Même si chacun de ces deux touts était profondément une unité, une certaine dispersion dans leurs relations apparaissait. Le *vinculum* permet de penser globalement le rapport de l'un à l'autre, qui est celui du mécanique et du vital : *perfectissimum parallelismum instituo : unum inter principium materiale et formale, seu inter corpus et animam ; alterum, inter regnum causarum efficientium et regnum causarum finalium* [78]. Il fait plus : il le réalise dans le corps vivant, qui peut être considéré sous un nouveau point de vue : il est le rapport constant et réglé de l'âme et du corps ; à chaque instant, en effet, le *vinculum* est la « résultante » des diverses relations de l'un à l'autre, en même temps qu'il en est le « principe ». Bien que Leibniz ne le dise pas, on peut le considérer comme « chargé du passé et gros de l'avenir », puisqu'il est la réalité objective résumant et enveloppant l'ensemble des relations de l'âme et du corps.

Par conséquent, la distinction entre l'organisme et la substance composée est double : d'une part, il s'agit d'une différence de point de vue sur les relations de l'âme et du corps ; d'autre part, le *vinculum* est une substance *hors de* l'entendement douée de réalité objective, tandis que l'organisme n'a de réalité que *dans* l'entendement. Y a-t-il juxtaposition de ces deux fondements ou substitution de l'un à l'autre ?

78. Dut. II, 2, p. 133.

La question est délicate à résoudre ; il nous semble qu'une fois de plus Leibniz, en « médecin », a réalisé la synthèse de deux voies : celle qui fonde les phénomènes dans les opérations de l'entendement constructeur (à la manière de Kant) ; celle qui considère des *ousiai* à retrouver (à la manière d'Aristote)[79]. La première a pour elle son exigence de rationalité et d'intelligibilité totales. L'homme, seul dans l'univers, se demande « pourquoi il y a plutôt quelque chose que rien ? »[80], quel en est le fondement, et d'abord « comment y a-t-il quelque chose ? ». Or, on se heurte ici à trois apories : si les phénomènes n'ont de réalité que dans notre entendement, nous sommes alors le « centre » d'où tout part ; or, nous sommes identiques aux autres productions de la création, et nous n'avons aucune prérogative pour cela ; il y a ensuite un risque (ce que Kant appellera « la logique de l'apparence ») : il n'y a plus que semblant, *als ob* de connaissance ; cela était particulièrement frappant dans notre compréhension de l'organisme à l'aide du « comme si » du mécanisme ; enfin, la « vie », qui est première, n'a été comprise que par des structures. Aussi la deuxième solution, celle du fondement objectif, était-elle tentante, car elle résolvait ces trois difficultés, à condition de poser la vie comme substance. Mais elle se heurtait à son tour à deux graves inconvénients : la substance dans la tradition aristotélicienne possède une certaine opacité ; en outre, elle semble un « postulat » permettant de résoudre non seulement la question du « comment » mais celle du « pourquoi ».

Or, la solution de Leibniz est d'une remarquable subtilité, puisqu'elle *consiste à ériger en substance*

79. *Métaphysique*, A 3, 983 a 27, et surtout, *Catég.*, 3 a 10 ; 7, 8 a-13 b 21.

80. *Principes de la nature et de la grâce*, § 7.

ce qui jusqu'à présent n'avait qu'une réalité intelligible, grâce à un simple changement de point de vue. Le *vinculum* est une *relation,* il est donc perçu par l'entendement. En même temps, par sa force, il est *substance.* C'est donc une *ousia* bien particulière : elle est une relation, non une chose, elle est l'unité du divers, et enfin, loin d'être transcendante, elle s'identifie au corps organique (en tant que réalité intelligible, organique) considéré dans sa relation à l'âme. Dès lors, ce dernier est fondé comme phénomène, comme agrégat, et l'on peut se fier aux perceptions de l'imagination et de l'entendement. Un va-et-vient continu est possible entre l'agrégat et l'organisme.

Dès lors, ce dernier possède deux acceptions selon le point de vue d'où on le considère : il est la structure du corps organique, un réseau de relations parallèle à celui de l'âme, susceptible de correspondances indéfinies ; comme tel, il possède sa réalité dans l'entendement. Mais considéré dans sa relation à l'âme, il devient substance, il y a unification des deux réseaux, chacun restant autonome pourtant ; l'organisme est alors le rapport du « mécanique » et du « vital ». C'est pourquoi les définitions de la substance composée se confondent avec celles de l'organisme : « elle est source de ses propres modifications »[81], elle forme « un ensemble bien lié et bien réglé »[82], « ingénérable et incorruptible »[83]. Mais surtout elle est *vie*[84]. Dans la notion d'organisme, étude et philosophie de la vie se sont donc confondues. Le corps vivant, objet de l'entendement et de l'imagination, est « réalisé ». En ce sens, sous

81. G. II, p. 495.
82. G. II, pp. 459, 520, 482.
83. *Nouveaux Essais,* IV, 3, G.F., pp. 130, 286 et 335 sq.
84. G. II, p. 482, « omnis substantia vivit ».

les deux acceptions définies, *l'organisme est son propre fondement,* et il est « le fondement des phénomènes ».

C'est là un acquis fondamental, à partir duquel il va être possible de s'orienter, dans l'univers de Leibniz, et dans le monde. Une véritable révolution vient de s'opérer, à deux points de vue. En premier lieu, par rapport à la tradition platonicienne, du *to sôma sêma,* de la dépréciation du corps organique, Leibniz a reconnu son infinie perfection, son infinie beauté, jusque dans les plus petits animaux. Le corps, pour Leibniz, n'est pas une valeur négative, il n'est pas source d'imperfections. Il est intelligible, surtout dans sa relation à l'âme, sans laquelle il n'est pas possible de le penser sinon imaginativement. Leibniz s'oppose ici à Descartes. En second lieu, dans le système de Leibniz, la vie est affirmée universellement : l'âme est vie, le corps l'est également, et l'on peut dire avec Kuno Fischer *jedes Körper ist belebt, weil er beseelt ist.* En effet, indépendamment de sa relation à l'âme, celui-ci n'est qu'un assemblage, un agrégat, et l'on comprend maintenant pourquoi Leibniz a doté chaque corps organique d'une âme, malgré toutes les difficultés auxquelles il se heurtait : c'est pour le faire passer de la simple phénoménalité à une réalité intelligible, puis objective. Or, la substance est au-delà du temps, sinon elle se nierait ; c'est pourquoi les âmes doivent dès la vie embryonnaire être unies au corps, malgré les problèmes théologiques soulevés. Ici, elles sont toutes dépassées dans la substantialité du corps organique, qui s'ouvre sur l'admiration de Dieu.

Avec l'affirmation du corps vivant comme fondement, on comprend pourquoi la *médecine,* de toutes les sciences est la première : elle permet, par sa connaissance partielle du « mécanisme divin », de mieux admirer Dieu, et de mieux appréhender la substance composée.

Dès lors, la voie est ouverte à une compréhension intégrale de l'individu. La vie est affirmée, mais en même temps la mort qui lui est aussi essentielle, même si elle est réductible à la vie : contrairement à la conception cartésienne, la mort n'est plus un « accident », un arrêt de la machine par un décret de Dieu. L'affirmation de la substance vivante est une domination, une victoire sur la mort. Mais avant d'aborder ces conséquences pour l'homme, il importe de voir en quoi l'organisme est fondement. Il est une unité, mais non un centre, puisque nous sommes dans une série indéfinie de vivants. *Unité et fondement coïncident,* mais le centre en est toujours dissocié. Cela est regrettable, bien qu'il ne soit que l'une des « entrées » dans le système de Leibniz selon son propre aveu. Mais l'étude de l'harmonie de l'âme et du corps est le schème à partir duquel l'ensemble de l'harmonie du monde peut être compris. La considération de l'organisme ouvre à une compréhension *biologique* du monde, comme rapport du mécanisme et du vitalisme, au terme de laquelle un centre pourra peut-être être trouvé.

§ 20. — MONDE ET ORGANISME

Le concept d'organisme recouvre non seulement le réseau de relations qui constitue le corps organique comme tout pourvu de finalité, mais aussi l'*harmonie* de l'âme et du corps, ou encore leur mutuelle *expression* qui est celle du vital et du mécanique. Ces deux notions désignent des rapports entre plusieurs entités, mais elles ne sauraient être identifiées pour autant. L'harmonie est *unitas in varietate* (définition susceptible de variations qualitatives)[85], unité dans le multiple, tandis que l'expression ne met en présence que deux entités, puisqu'elle est un « rapport *constant* et *réglé* »[86] entre elles ; elle est seulement relation. Au contraire, l'harmonie est tout à la fois relation et réalisation : c'est le sens de la polémique de Jacobi et Mendelssohn[87] ; ce dernier, considérant l'harmonie seulement comme un produit, une unité simple *(Einheit)* et non comme un accord, une unification *(Ubereinstimmung)* assimilait ainsi la doctrine de Leibniz et celle de Spinoza. Enfin, plusieurs harmonies en présence peuvent s'exprimer mutuelle-

85. Y. BELAVAL, « l'idée d'harmonie selon Leibniz ». *Études d'histoire de la Philosophie,* Hommage à Martial Gueroult (éd. Fischbacher, 1964), p. 60. Cet article étudie les différentes acceptions de ce concept, que l'on ne saurait évidemment réduire à la biologie : dans l'architectonique générale (un et multiple, multiple et continu, même et divers), l'architectonique du monde moral (justice et grâce, monde des fins) et enfin l'esthétique. Il renvoie aussi aux principaux textes. (On pourra apporter quelques compléments avec GRUA, *op. cit.*, chap. IV, V, XI, XIV et XV et 2e partie, chap. 2, § 4-9, pp. 330-344). Outre le modèle « biologique » de l'harmonie que nous tentons d'étudier, il y a évidemment le modèle mathématique (M. SERRES, *op. cit.*, t. I), dont celui de fonction (BELAVAL, *loc. cit.*, p. 65) étroitement lié à la biologie, et le modèle dynamique : M. GUEROULT, *op. cit.*, p. 3, s'appuyant sur M.S. IV (2), 51, *Théodicée,* § 61, *Monadologie,* § 80, montre (pp. 177-179) en quel sens le système de l'harmonie préétablie a été apporté tout entier par la dynamique ; ensuite, pp. 179-182, il « renverse la formule » expliquant comment l'harmonie est condition de possibilité de la physique (*Tentamen anagogicum* et G. IV, pp. 543, 558, Gueroult, pp. 16-17) et permet la synthèse *a priori de* « l'élasticité, la masse et les lois de l'inertie » (p. 45, n. 3, et pp. 170-171).

86. *A Arnauld,* 9 oct. 1687, Vrin, p. 181. Cf. *Discours de métaphysique,* § 9 et G. IV, p. 475.

87. Moses MENDELSSOHN, *S. Werke,* Bd IX, Briefwechsel, pp. 264-265, cité par Kuno FISCHER, *op. cit.*, chap. 8, III, § I, p. 457. Lessing traitera Mendelssohn de « Kleiner Sophist ».

ment[88] et il existe un « emboîtement » des harmonies, générateur d'une harmonie finale comprise comme unité synthétique et accord[89], ce qui évite l'erreur de Mendelssohn. C'est à partir de là qu'il est possible de chercher à comprendre le monde, ou du moins à s'y orienter.

Leibniz conçoit le monde tout à la fois comme un agrégat (il refuse d'y voir un « grand animal »)[90] et peut-être aussi comme un organisme, puisqu'il « en est de l'univers comme de notre corps dont Hippocrate dit que tout y conspire »[91]. Toutefois, du moins à notre connaissance, il ne le désigne jamais par le terme d'organisme, et les textes où il dénonce une vision approchante, sont beaucoup plus nombreux que ceux où il lui attribue *explicitement* les caractéristiques de la machine naturelle. Il est donc légitime de se demander s'il ne « recule pas » en quelque sorte devant les conséquences

88. *A. Jean Frederic,* I, pp. 53, 61, 62. *A Thomasius,* I, p. 33. *A Arnauld,* I, pp. 72-73. *A Hobbes,* I, p. 83, « pour les œuvres de jeunesse ».

89. C'est une accord idéal (K. FISCHER, *loc. cit.*, p. 488). Cf. notre paragraphe 17 sur la communication des substances. Le modèle en est *génétique* doublement : l'emboîtement des représentations renvoyant à celui des germes et l'harmonie préétablie à la préformation.

90. G. II, p. 305, *A Des Bosses :* c'est une « unité verbale », et le « monde ne saurait se comporter comme un animal ». De même Klopp, t. IX, lettre CCCXC, p. 308, *à Toland* (in « Correspondance avec Sophie), « c'est un *aggregatum,* comme un étang plein de poissons... ». Considérer le monde comme un animal, c'est aussi l'erreur de Hartsoecker (G. III). Cf. *Corresp. avec Clarke,* Janet, t. II, p. 659 : « animal divin » et *Théodicée,* § 195. Le monde est une « *collection* » (*ibid.,* § 8, pp. 108-109), mais il est « *lié* » : telle est l'antinomie.

91. *Système nouveau,* G. IV, p. 475 (dans les deux versions). Dès l'écrit de 1676, Leibniz avait affirmé : « il faut savoir que ce qui se produit dans la nature des choses, tout comme selon Hippocrate dans le corps de l'animal, est que dans l'univers tout entier *sumpnoia panta* ». Cf. aussi *Monadologie,* § 61, p. 177.

d'une analogie qu'il avait pourtant lui-même établie très solidement.

Si Leibniz avait considéré le monde comme « un grand animal », il se serait heurté à deux graves difficultés. *En premier lieu,* une telle assimilation constitue un abandon de la science moderne « qui s'était libérée des pseudo-concepts » empruntés à la biologie et transposés en physique et avait rejeté « toutes les analogies faciles *(reizende)* avec les phénomènes de la vie »[92]. Or, nous avons pu voir sa grande fidélité au rationalisme mécaniste, par-delà une certaine tentation « alchimique » et « vitaliste ». Leibniz connaît bien les philosophes de la Renaissance, l'héritage de Nicolas de Cues, Paracelse, Cardan et aussi au XVIIe siècle, les deux Van Helmont, Bisterfeld, Weigel et les cabalistes. Tous sont d'accord pour considérer l'univers comme une unité essentielle, dont les parties constituent un tout harmonieux, et qui est tout entier plein d'âmes. Or,

92. E. CASSIRER, *Leibniz Hauptschriften,* Bd II, Einleitung, p. 8. Notre propos n'est évidemment pas d'étudier des « philosophes » pour eux-mêmes. Tout au plus est-il permis de rappeler en quelques mots l'essentiel de leurs doctrines : pour Nicolas de Cues, l'univers est un tout que chaque individu contribue à constituer, et où tout est vivant. Pour Cardan, mathématicien, l'animisme est universel, et il est une gradation *continue* de tous les êtres. Et enfin, pour Paracelse, sa pensée tourne autour de l'analogie universelle entre le microcosme et le macrocosme. Tout cela est présenté dans le livre de Koyré par exemple, *De l'univers clos au monde infini,* et plus anciennement dans l'ouvrage de CASSIRER, *Individuum und Kosmos in der Philosophie der Renaissance,* et RADL, *op. cit.,* VIes Kapitel, pp. 182-203. Pour les Paracelsistes et sur Paracelse lui-même, pp. 26-84 (IIes Kap.).

Les premiers jugements de Leibniz sur ces doctrines se trouvent en G. II, pp. 1, 22, pour le panpsychisme de Campanella ; en T. p. 93, pour Van Helmont, et T. p. 509, pour Morus. Le principal reproche sera de « compliquer inutilement les choses », cf. G. VI, p. 64 ; G. VII, p. 339. L. STEIN, *Leibniz und Spinoza,* Beilage XVI sq. donne des lettres inédites avec des jugements sur Van Helmont.

Leibniz dit d'une certaine façon exactement la même chose. C'est pourquoi on est tenté de souscrire au jugement de G. Friedmann qui va jusqu'à dire que « ce grand savant rationaliste, nourri des données des mathématiques, de la physique et même de la biologie... n'en reste pas moins un Paracelse de la fin du XVIIe siècle, qui aurait bénéficié de toute la discipline acquise par la science moderne ». *En second lieu,* si le monde est un « grand animal », il lui faut non seulement un corps, mais aussi une âme, et une telle « âme du monde » ne peut être que Dieu, hypothèse que combat Leibniz avec une très grande vigueur, quand elle est prise en ce sens [93].

Il s'élève contre le stoïcisme, où Dieu se trouve déterminé par une nécessité aveugle, et contre le spinozisme [94], qui constituent des tentatives pour

93. G. GRUA, *Jurisprudence universelle et Théodicée dans la philosophie de Leibniz,* IIe partie, chap. IX, p. 327-329, « le meilleur monde ». L'auteur montre très bien qu'il n'y a pas *rupture* dans la pensée de Leibniz sur ce point ; en effet, il accepte l'expression « en un sens large » dans le *De Transsubstantione* (1668) et les *Quaest Phil.* (1664), ou la *Conf. Nat.* (1668) : Dieu comme moteur intelligent peut s'appeler âme du monde, il s'agit selon Grua « de la perfection simple de l'intelligence divine et de la société dans les esprits distincts qui sont issus d'elle ». Et dans ces mêmes textes il critique la conception stoïcienne.

94. Contre les stoïciens, Spinoza et aussi Platon, cf. note 12, chap. IX, *loc. cit.*, où sont recensés les principaux textes. Cf. aussi, G. VII, pp. 151, 332 ; *Correspondance avec Clarke,* Janet, t. II, pp. 623, 630, 639, 659. C'est dans cette correspondance, où s'achève la construction de la notion d'organisme, que l'on trouve la plus grande hostilité à la notion d'âme du monde ; G. III *à Hartsoecker,* p. 520, protestations de Hartsoecker, pp. 521, 526.

Les rapports de Leibniz et de Spinoza sont présentés dans deux ouvrages : Georges FRIEDMANN, *Leibniz et Spinoza,* et Ludwig STEIN, *Leibniz und Spinoza.* Le premier ouvrage montre que finalement Leibniz et Spinoza se rejoignent dans le *déterminisme :* « c'est le drame d'une pensée qui va là où elle ne voulait pas aller », pour Leibniz dont le système se voulait « pour l'homme » ; et Spinoza semble à Friedmann « au total plus sage et plus

remplacer la providence par une sorte de force brute. Au-delà de cet aspect polémique, non négligeable chez lui, la conception d'un « Dieu-âme-du-monde » est un anthropomorphisme[95], qui rabaisse Dieu considérablement, et c'est cela le plus grave[96] : aussi nous donne-t-il deux démonstrations par l'absurde de son impossibilité (par l'infinité du monde, et la conservation des possibles en Dieu)[97], qui se ramènent finalement à celle-ci, énoncée clairement dans la correspondance avec Des Bosses : Dieu ne saurait être en même temps *âme du monde, et cause du monde*[98] ; et si Dieu n'est pas cause du monde, c'est tout le système de Leibniz qui s'effondre, avec sa conception de l'univers et de son « harmonie préétablie ». Cela seul suffit à légitimer ces attaques ; mais leur fréquence prouve que leur objet exerçait sur Leibniz une certaine séduction, ou que

confiant » (p. 226, cf. p. 214) ; en outre, il y aurait un « immanentisme » de Leibniz, car partout où il y a monade, il y a Dieu. L'étude de la biologie permet de réfuter notamment de telles affirmations ; il nous faut accorder à Friedmann que c'est bien Descartes qui est visé au travers de Spinoza (pp. 96-111, 124).

95. Janet, II, pp. 665 (82, 86), p. 676.

96. *A Morell*, T., p. 139 ; *de origine rad.*, G. VII, p. 302. Cf. G. GRUA, *loc. cit.*, IIe partie, chap. VI-VII, en particulier pp. 251-258, où il montre le respect de la transcendance divine, et p. 281 sur la distinction de Dieu et du monde-agrégat. Cf. aussi J. JALABERT, *le Dieu de Leibniz*, qui montre la tentation de « l'immanentisme ». Cf. G. III. Dans tous ces textes Leibniz refuse de voir Dieu comme une *Intelligentia Intramundanea*, elle doit rester *supramundanea*.

97. T., p. 558 : si le monde est fini, alors Dieu qui est infini ne peut pas être dit âme du monde ; si le monde est infini, alors il ne peut être compris comme corps, et on ne peut parler d'âme. I., p. 396 : « le monde est un agrégat de plusieurs substances, qui n'exhibe qu'une série parmi les possibles ». Or en Dieu doivent « demeurer non seulement ses actualités mais ses possibilités ».

98. G. II, pp. 305, 324, *A Des Bosses*.

du moins il était conscient de son affinité avec son propre système : Dieu, certes, n'est pas âme du monde, mais ce dernier doit être pensé comme un grand corps organisé, et même peut-être aussi comme un organisme.

§ 21. — Esquisse d'une réponse aux précédentes difficultés

Dès le premier écrit de sa *Correspondance avec Clarke*, Leibniz introduit le modèle de l'horloge, qui est celui tantôt de l'agrégat, tantôt de l'organisme. Or, de toute évidence c'est ici l'horloge idéale qui est en jeu, puisque cette « machine de Dieu » (et nous retrouvons ce terme synonyme chez Leibniz d'organisme) est précisément opposée à la machine imparfaite de l'occasionalisme. En effet, elle n'a pas besoin d'être remontée[99], elle est donc un automate, au sens leibnizien du terme : elle est source de son propre mouvement, et échappe ainsi au mécanisme pur, qui exige une « poussée extérieure », et dont le même mouvement finit par s'épuiser. Et comme l'horloge idéale, elle constitue un tout authentique, une unité véritable : « tout y conspire »[100], « tout s'y trouve intéressé » et « rien ne s'y perd »[101], telles sont les expressions qui reviennent le plus souvent pour désigner ce « tout si bien lié », fondement du

99. *Correspondance avec Clarke,* Janet, t. II ; *Système nouveau,* G. IV, p. 586.

100. *Sumpnoa panta* (Hippocrate et les Stoïciens).

101. G. IV, p. 481, « tout l'univers se trouve intéressé » au bonheur des créatures ; G. IV, p. 495 (10), « il n'y a point de substance *inutile* (souligné par Leibniz) ; elles sont concourues toutes au dessein de Dieu » ; *Théodicée,* IIe partie, § 122, G.F., p. 179.

principe d'analogie[102] ; sa machine est plus juste que celle de n'importe quel machiniste, car Dieu, outre le don de création, a celui d '« ajustement »[103]. Mais quelles sont précisément les règles qui régissent l'univers et quelle est la nature du lien qui en tient les différentes parties ajustées (subordination ou corrélation), c'est ce qu'il importe maintenant d'approfondir.

L'univers est incontestablement un tout organisé, puisque en lui « tout se fait mécaniquement »[104]. Toutefois, s'il n'est que le *résultat* du concours de différentes forces et substances, alors il n'est qu'un agrégat. Or le monde est beaucoup plus qu'un simple « produit », puisque l'agencement de ses parties est tel qu'il peut corriger ses propres désordres[105], ce qui était apparu le propre de la machine naturelle. Aussi le modèle médical s'étend-il à l'univers tout entier, ce qui est essentiel à la compréhension de la *Théodicée*[106].

L'univers est présenté comme « une montre dans laquelle Dieu a tout prévu et où il a remédié à tout par avance » ; comme il n'est pas doué seulement de sagesse pour prévoir, mais aussi de puissance pour pourvoir, il a « pourvu à tout par des remèdes convenables préordonnés »[107]. Aussi lorsque la machine « tombe dans le désordre », n'est-on « pas

102. « La nature serait bien peu *liée*, si cette particule de matière qui fait les corps humains, était seule douée de ce qui la ferait infiniment différente du reste », *A Lady Masham*, G. III ; *Théodicée*, G.F., pp. 133, 171, 328.

103. *Correspondance avec Clarke*, Janet II, p. 622 (6), (2e écrit).

104. *Supra*, note 6, § 14.

105. *Correspondance avec Clarke*, Janet, p. 360 (16) (3e écrit), cf. *supra*, note 8 (pour les textes de Leibniz, § 14).

106. Cet aspect n'a pas été assez souvent souligné.

107. *Deuxième écrit* de la correspondance avec Clarke, Janet, t. II, p. 622 (8) et (9).

obligé de redresser par des voies extraordinaires »[108]. Le Dieu de Leibniz est un Dieu-médecin à l'origine, mais qui ensuite n'intervient plus[109], pour ne pas contredire à « la simplicité des voies »[110], et parce qu'il a tout « préformé »[111] ; or, c'est précisément en cette préformation que nous avons reconnu l'un des traits spécifiques de l'organisme par rapport à la machine artificielle. Dans une telle conception, la maladie et le mal prennent un sens nouveau : ils peuvent être générateurs d'un bien et même, dans le cas de l'univers, « le mal est la condition *sine qua non* d'un bien »[112], ce que Leibniz avait pressenti, puisqu'il préconisait des remèdes doux[113]. L'univers ne connaît donc pas de mal, ni de maladies à proprement parler, car les monstruosités, par exemple, ne sont qu'apparentes et restent conformes aux lois générales[114]. Au-delà du modèle algébrique de la courbe toujours réductible à une équation, se profile

108. *Troisième écrit, ibid.*, p. 630 (16) ; *Discours de Métaphysique*, § 6.

109. C'est peut-être en ce sens qu'il conviendrait de rectifier l'image du « mauvais médecin », *Théodicée* (G.F., p. 421), ou celle d'un Dieu-pharmacien (T., p. 341). Dieu en effet est bon, et a le meilleur dessein possible : *ibid.*, pp. 122, 371, 383, 412, 438.

110. Du *Discours de métaphysique* à la *Théodicée*, ce thème a été une constante. Dans ce premier ouvrage, c'est une « réinterprétation » de l'expression malebranchiste du *T.N.G.* que Leibniz venait de lire, qui est déjà définitive.

111. Sur la prescience divine, conçue en fonction du schème de la préformation, cf. note n° 14, chap. III, § 15, p. 94 (cf. *infra*, § 34).

112. *Monadologie*, § 89-90 ; *Théodicée*, préface, G.F., pp. 47, 431. Cf. aussi *ibid.*, G.F., pp. 183, 198. Cette formule « s'entend non suivant le principe du nécessaire, mais selon les principes du convenable ». Cf. *ibid.*, p. 112 (pour le souci *médical*), pp. 118, 142, 395.

113. Voir *supra*, notes 124-130, chap. I, § 4.

114. *Théodicée*, pp. 231 sq., 262-264. Il y a d'ailleurs plus de bien que de mal, *ibid.*, pp. 110, 116, 269-276.

celui de la maladie pour tout organisme : elle est souvent moyen de défense contre une plus grave, si elle n'est pas directement génératrice d'un bien. L'organisme malade se guérit lui-même, dans la mesure où l'une de ses « parties » remplit le rôle de celle qui est défaillante, pendant un temps, car elles sont corrélatives. En ce sens, on peut parler de « régulation » ; Leibniz n'emploie pas le terme, qui ne sera introduit que beaucoup plus tard et dont les origines sont, selon G. Canguilhem, fort mal connues, mais qui, selon lui, remontent vraisemblablement à Leibniz[115]. Le terme d'horlogerie a été importé en biologie « par l'assimilation analogique ou métaphorique de l'organisme à la machine ». Or, Leibniz précisément n'opère pas cette assimilation, puisqu'il définit au contraire la machine artificielle à partir de la machine naturelle ; et bien qu'il utilise seulement une série de synonymes, « lier », « régler », tout laisse à penser qu'en quelque sorte le contenu conceptuel est présent. Car la notion de régulation constitue « le fait biologique par excellence »[116], avec la conception d'un tout dont chaque partie répond par une fonction nécessaire à l'ensemble. Et c'est à Leibniz qu'il revient d'avoir été en ce domaine, une fois encore, un précurseur. Puisque l'univers a sa propre régulation, ses différentes règles se fondent finalement

115. Nous tenons à remercier M. le Professeur G. Canguilhem pour cette précieuse indication.

116. Article « régulation », par Georges Canguilhem, in *Encyclopedia Universalis*, t. XIV. Selon lui, la notion de régulation remplace la « nature médicatrice » d'Hippocrate, et il est remarquable que Leibniz qui le cite volontiers, n'emploie jamais cette expression. En 1878, Littré ne connaît toujours que le terme de *régulateur* en horlogerie, et c'est avec Geoffroy Saint-Hilaire que le concept se définit le mieux : étude des *monstruosités* et du *développement embryonnaire* — deux thèmes très étudiés par Leibniz. La quasi-totalité des opérations de l'être vivant est aujourd'hui comprise par ce concept.

en une, et il possède une véritable unité. Par « tout lié », il faudra donc toujours entendre « tout autoréglé » et « auto-suffisant ». Il n'est pas un ensemble d'organismes juxtaposés, mais bien plutôt en étroite liaison, en *corrélation* profonde les uns avec les autres, puisqu'il « n'est pas de moindre action dont l'effet ne se fasse sentir à mille lieues d'ici » et que, par là, tout est partout comme ici [117]. C'est en ce sens qu'il est profondément harmonique [118]. Il appartiendra donc aux savants de chercher à découvrir la structure profondément rationnelle de ce grand organisme [119].

§ 22. — ENRICHISSEMENT DES SCHÈMES

Néanmoins, un grave problème reste posé, celui de l'exploitation de l'analogie avec le rapport de l'âme et du corps : puisque Dieu n'est pas âme du monde, il manque alors, semble-t-il, un terme ; le monde n'est organisme que lorsqu'il est considéré comme structure, réseau de relations, et la deuxième acception du terme organisme ferait ici défaut. Or, cette objection reste bien légère, puisque le premier rapport se ramenait à celui du vital et du méca-

117. *Théodicée*, § 9, G.F., p. 108 : « car il faut savoir que *tout* est lié dans chacun des mondes possibles. L'univers, quel qu'il puisse être *est tout d'une pièce*, comme un océan, *le moindre mouvement y étend son effet à quelque distance que ce soit*... de sorte que Dieu a tout *réglé d'avance* une fois pour toutes (souligné par nous).

118. G. IV, p. 486, « parfait accord de tant de substances qui n'ont point de communication ».

119. KABITZ, *die Philosophie des jungen Leibniz*, Ves Kap., die Theologie, p. 128, § 1 : « la pierre de touche de sa conception du monde et de la vie est sa parfaite rationalité *(rationale Vernunftmässigkeit)* ou sa légalité logique ». Toutefois (§ 2), il n'y a pas de sacrifice de l'individuel à l'universel en une sorte de logique pure.

nique. Il se retrouve donc dans le monde, donnant toute sa profondeur à la notion d'harmonie et surtout à celle d'organisme : le règne du vital et du mécanique sont réglés l'un sur l'autre, ils sont non seulement en corrélation, mais en *correspondance* mutuelle.

Cette proposition que nous venons de déduire *a priori* à partir de l'analogie de l' « harmonie des substances », dans le cas de l'union de l'âme et du corps, et dans celui de l'univers, semble incompatible d'abord avec de nombreuses affirmations de Leibniz : « tout est organique », « tout est vivant »[120], et en vertu du principe de continuité conçu comme principe ontologique[121], il ne saurait y avoir de différence d'ordre entre les deux règnes, et donc de « correspondance », ni d' « expression » possible.

Toutefois, Leibniz va lui-même au-devant de cette objection : que la matière soit remplie d'organismes n'implique nullement qu'elle soit à son tour un être vivant, pas plus que « l'étang plein de poissons n'est lui-même un animal »[122]. La matière, en d'autres termes, ne saurait constituer un *unum per se*, elle est un *substantiatum* et non une *substantia*[123]. Elle est une multiplicité organisée, comme le suggère l'image de l'étang rapprochée de celle de l'armée

120. Cf. *supra*, chap. II, § 6 en particulier.

121. Cf. A. PHILONENKO, « la loi de continuité et le principe des indiscernables », *Revue de métaphysique et de morale*, 1967, p. 263.

122. Dut., II, 2, p. 134 : « Etsi nulla sit materiae pars, in qua non latent corpus vivum seu organicum, non ideo tamen ipsa semper viva animatave est, quod jam exemplo piscinae declaravimus, quae animalibus abundare potest, ipsa animal non est. » G. VI, *Considérations sur le principe de vie...*, pp. 539, 540. *Ibid.*, pp. 550, 581, 582. *Monadologie*, §§ 67-68.

123. Erd., p. 745. *Extrait d'une lettre à M. de Dangicourt*, 1716. Il y a une erreur dans Erdmann que l'on peut corriger d'après Dut. III, p. 499 : non pas *sed substantiam*, mais *sed substantiatum*.

qui montre bien la rigueur d'un ordre demeurant cependant étranger à chacune des parties qui les composent[124]. Aussi, dans l'univers, le rapport du mécanique au vital n'est pas tant celui de l'inerte et du vivant que celui de *l'organisation et de l'organisme ;* ou encore le mécanique et l'organisation étant de l'ordre du « multiple », celui du multiple et de l'un. Nous retrouvons donc, une fois encore, la définition de l'harmonie, *unitas in varietate*[125], comme synthèse. Leibniz a donc réussi à « résoudre » à un niveau cosmique le vieux problème de l'un et du multiple posé dans le *Parménide*[126]. Ce rapport permet d'éviter l'éclatement « atomistique » de l'univers. Néanmoins, étant donné la cohérence et la force profondes de la doctrine des « monades » (il est significatif que Leibniz ait écrit un livre sur les monades et non sur l'*organisme*), il n'est pas question de voir dans ce monde unifié un monisme de type spinoziste : et c'est peut-être l'explication dernière de la différence des points de vue sur un même corps organique considéré tour à tour comme agrégat et organisme : la considération de l'agrégat relève du désir de respecter chaque élément, chaque partie pour elle-même, ou plutôt de connaître le multiple comme tel. Ce souci est sans doute ce qui a empêché Leibniz « d'aller jusqu'au bout », pour reprendre le reproche que Heidegger avait adressé à Kant sur le rôle de l'imagination ; Grua l'a souligné : « L'uni-

124. La biologie contemporaine qui insiste sur l'accord du vivant et du milieu ne serait plus d'accord avec Leibniz : le poisson ne saurait être séparé de son « milieu vital » sans mourir, de même que les plantes de l'étang privées de poissons seraient peut-être envahies par des parasites (cf. les ouvrages de G. Canguilhem).

125. *Supra,* note 85, chap. III, p. 116.

126. *Parm.,* 157 b, etc. Cf. SINGEVIN, *Essai sur l'Un, passim.*

vers ne bénéficie pas, comme les agrégats partiels, du lien substantiel débattu avec Des Bosses. »[127]

En effet, le *vinculum* était une « réalité objective », au sens kantien ; doter l'univers d'un tel lien revenait à en faire une substance, une réalité objective ; à la fameuse question : « Pourquoi y a-t-il quelque chose plutôt que rien ? », la réponse était un postulat : le monde est une substance, créée ou non par Dieu, et la philosophie de Leibniz n'avait plus de raison d'être. Aussi, loin de reculer, trois raisons au moins tendent à prouver que Leibniz approfondit la notion d'organisme comme *réalité intelligible.* Leibniz, en effet, respecte la multiplicité du mécanisme, c'est-à-dire de l'agrégat, réalité imaginative ; ensuite, le propre du *vinculum* étant de relier l'âme au corps, l'ambiguïté d'un Dieu âme du monde était de nouveau introduite ; enfin, cela aurait été un anthropomorphisme abusif. Le monde est un organisme, dans la mesure où en lui le rapport des deux règnes du mécanique et du vital constitue non un simple résultat, mais une entité dynamique et positive ; l'univers comme totalité a son propre fondement, il est foisonnant de vie et d'activité. Le monde est une *structure, il est le rapport du « mécanique » au « vital »*. Et même temps, il peut fournir un schème pour la compréhension de l'organisme en général, au même titre que le corps humain. L'analogie du grand corps de l'univers et du petit animal va très loin, puisqu'ils s'enrichissent mutuellement dans l'entendement.

Le monde comme rapport du « mécanique » et du « vital », possède une réalité intelligible. Tout de même que l'appréhension biologique du corps humain était celle de l'union avec le corps organique, tout

127. *Op. cit.*, p. 329 ; *A Toland,* Klopp, 30 avril 1709, lettre CCCXC, *Correspondance avec Sophie,* pp. 302, 315.

de même, l'appréhension biologique concernera non seulement chaque organisme de l'univers, mais le tout de cet univers. Un véritable retournement s'est opéré : la physique n'est intelligible que dans une biologie bien comprise.

§ 23. — Un repère dans l'univers : le rapport du mécanique au vital

Ce rapport permet en effet à l'homme de s'orienter, de distinguer différents ordres de réalité, et avant tout de considérer le monde comme un *tout* organisé et plein de vie. Sa finalité se révèle partout, c'est elle seule qui fournit la raison du mécanisme : « Ceux qui sont versés dans les profondes contemplations de Géométrie et de nombres... admirent à tout moment l'*ordre* des choses ; et quand ils envisagent quelque progression au rang des grandeurs où il paraît de l'irrégularité, ils trouvent toujours, après une exacte discussion, que tout est admirablement bien réglé, disposé, et que ce désordre apparent fait la plus grande beauté. Il y a bien de l'apparence que la nature garde partout cette coutume... si nous étions aussi capables d'envisager l'harmonie universelle que nous sommes en état d'envisager l'ajustement de notre corps. »[128] Ainsi, l'absence même de finalité n'est en définitive qu'une finalité que nous ignorions[129]. Nous ne devons pas nous borner à la

128. Cout., p. 334 (cité et commenté *in* Belaval, *Leibniz critique de Descartes*, p. 397).

129. Schelling, dans un texte très influencé par Leibniz, décrira plus tard avec une grande clarté cette finalité du Tout de la nature : « nous nous voyons obligés de n'envisager chaque particularité que dans ses rapports avec le Tout ; toutes les fois que nous découvrons quelque chose dans la Nature qui ne répond à aucune fin, ou bien qui est contraire à une fin quelconque, la totalité, la cohésion des choses nous paraît rompue, et nous n'avons pas de repos tant que nous n'avons pas trouvé que

considération des seuls phénomènes, indépendamment de leur relation au tout de l'univers : le mécanisme cartésien a perdu toute sa portée ontologique et « enveloppe quelque chose d'imaginaire » [130], la dynamique possède un degré de réalité juste supérieur, puisqu'elle considère la force, *analogon* de la vie [131], mais sans parvenir à la comprendre.

Dès lors, la plus haute des sciences apparaît, la biologie : elle seule est étude de l'organisme, même incomplète ; elle seule est considération du *Tout* de l'univers, en fonction duquel chaque événement doit être appréhendé. Il n'est pas pur mécanisme, il est doué de finalité car il possède une individualité biologique. C'est pourquoi, de tous les possibles, il est tel et non pas autre, et aucun ne peut lui être semblable. La biologie, qui use des causes finales *(nexus finalis)* et non plus des causes efficientes *(nexus effectivus)* [132], englobe donc la physique. A partir d'elle, le double usage prôné par Leibniz des causes finales et efficientes en physique s'éclaire : il n'est plus seulement heuristique, mais « ontologique », puisqu'il répond à la nature profonde de l'univers [133] ; le passage de la simple imagination à la pure raison s'est effectué.

cette absence de finalité n'est... qu'une finalité que nous ignorions » (« Idées pour une Philosophie de la Nature », *Essais*, Aubier, 1946, p. 85). Pour Leibniz et Schelling, la finalité de la nature est non pas seulement régulatrice, mais *constitutive*.

130. Y. Belaval, *op. cit.*, p. 494 ; outre les références données dans le chapitre, on consultera G. IV, pp. 345, 466 ; G. VII, pp. 343, 344, 451, 280, 328, par exemple. Le mécanisme en effet s'intéresse seulement aux phénomènes, aux différences *quantitatives*, et possède une *insuffisance métaphysique*, dénoncée depuis le *contra atheistas*.

131. Cf. notre chap. II, § 7.

132. Nous reprenons les distinctions de Kant dans le § 65 de *La critique de la faculté de juger*.

133. Le rationalisme de Leibniz et ses distinctions entre les différents ordres du réel, lui feront éviter les excès dénoncés

En même temps, les limites et les bornes de notre connaissance se trouvent posées : de même que nous n'avons pu « comprendre » le corps vivant, de même nous ne pourrons sans doute jamais « comprendre » le monde. Nous n'en avons qu'un point de vue partiel et le repère constitué par la relation du mécanique au vital apparaît comme un idéal qui nous échappe dans le divers des phénomènes, mais que nous devons tenter de toutes nos forces de suivre. L'idéal de la science se fait plus modeste : il n'est plus celui d'une science déductive et orgueilleuse, voulant tout comprendre, mais celui d'une science rationnelle, certes, mais faisant appel aux causes finales, à la considération de Dieu, et acceptant d'être imparfaite et donc probabilitaire : nous ne pouvons entrer dans les desseins de Dieu, auteur d'un monde si parfait et si admirable. Et, une fois de plus, l'intérêt de Leibniz pour la médecine se trouve expliqué, dans la mesure où elle est d'une part étude de l'organisme, d'autre part modèle de ce nouveau mode de connaissance.

Grâce au rapport du mécanique et du vital, *différents ordres de réalité peuvent maintenant être distingués.* Toute notre tâche sera de nous situer dans le grand tout de l'univers, pourvu de finalité, ainsi que les différentes autres créations. Toutefois, une objection se présente : chacun des deux termes de ce rapport semble une dichotomie. D'une part, le mécanique renvoie tantôt au mécanisme « humain » (artificiel), tantôt au mécanisme « divin », qui n'est autre que l'organisme, c'est-à-dire le « vital » ; d'autre part, le vital renvoie ou à la vie du corps organique ou à celle de l'âme. En procédant méthodiquement, à l'aide d'une « combinatoire » de cas chère à Leibniz,

par BERGSON, *Évolution créatrice,* pp. 40 sq. On ne comprendra cela toutefois qu'avec la considération de Dieu.

ce rapport peut néanmoins retrouver une certaine unité.

Un premier cas peut être éliminé d'emblée : le rapport du mécanisme humain à la vie proprement dite : de celui-ci, ni la vie organique, ni la vie de l'âme ne saurait être produite [134]. Trois solutions restent possibles : en premier lieu, le rapport du mécanique et du vital a été celui du mécanisme humain et du « mécanisme divin », ce sont deux structures irréductibles, dont la deuxième ne nous est connue que schématiquement, et par la différence desquelles la vie se révèle. Le rapport de deux structures est celui qui constitue le monde comme réalité intelligible. En second lieu, le rapport du mécanique et du vital est celui du mécanisme divin, c'est-à-dire de l'organisme à la vie organique elle-même. En troisième lieu, il est celui de l'organisme à la vie de l'âme.

Néanmoins, une étude plus attentive permet de les classer en deux groupes : le premier rapport est celui de deux structures irréductibles l'une à l'autre, entretenant des rapports d'*analogie*, puisque la machine naturelle a permis de définir la machine artificielle. Les deux premiers rapports sont ceux de l'organisme à deux manifestations de la vie ; or, l'organisme comme structure et organisation n'est pas la vie, il en est seulement un *analogon*. Dès lors, trois ordres du réel se laissent déterminer : celui du *mécanisme* humain (artificiel), celui de l'*organisation* (naturelle) et enfin celui de la *vie* comme telle. Le premier est objet de l'imagination, selon l'aveu même de Leibniz ; le second, objet de l'entendement, et le troisième, d'après les principes mêmes de Leibniz, et tout ce qui précède, est profondément

134. Ce serait retourner au mécanisme cartésien.

rationnel, même si jusqu'ici nous n'avons pu le comprendre directement.

Considérés indépendamment l'un de l'autre le mécanique et le vital ont « éclaté » ; mais leurs rapports ont permis d'ordonner le réel, de donner au monde une réalité intelligible, ainsi qu'aux phénomènes un fondement. Le monde est ordonné, et nous savons comment nous y diriger, même si nous n'avons pas de *centre* à proprement parler[135].

135. La conception hégélienne de l'organisme (*Encyclopédie,* Philosophie de la nature, § 337 sq. et *Wissenschaft der Logik,* III, 3, 1, pour les textes principaux ; Theodor LITT, *Hegel,* III, 2, § 2-3, pour le commentaire) prolonge celle de Leibniz, et de ce seul point de vue exigerait toute une étude. Pour Leibniz, en effet, d'une certaine façon, l'organisme peut donc être considéré comme centre : « nulla autem est substantia composita seu revera constituens unum per se, nisi ubi est Monas dominatrix cum corpore vivo organico », G. II, p. 486. Il en est de même chez Hegel pour qui l'organisme est *Zentrum :* « le corps central a donc, pour autant, cessé d'être un simple *objet...* aussi peut-il être considéré comme un *individu...* », *Wissenschaft der Logik,* Die Objektivität, erstes Kap., — C — das Mechanismus, — a — das Zentrum, Lasson,, p. 371, trad. p. 421. Il sera dépassé pour laisser place à la liberté et à la vie authentique de l'Idée. Ce mouvement qui, d'une certaine façon, reprend celui de Leibniz, sera néanmoins étudié surtout à la lumière des textes fichtéens, parfois moins connus, mais à notre avis beaucoup plus proches. Fichte faisait attention à Leibniz et, avec lui, on peut se demander si Schelling n'a pas mieux compris Leibniz que Hegel : « Einen geistvollen Abriss des Wesens der Leibnitzischen Philosophie, im Vergleich mit der Spinozischen, findet man in Schellings neuester Schrift : *Ideen zu einer Philosophie der Natur* », *Zweite Einleitung in die Wissenschaftslehre,* § 10 (éd. F. Meiner), p. 102, note.

CHAPITRE IV

LA MONADE, SCHÉMATISME ET REPRÉSENTATION

Des trois ordres de réalité, dont seuls les deux derniers concernaient la biologie, il ne nous reste plus maintenant qu'à étudier celui de la vie elle-même. Or, une grave objection se présente : depuis le début de ce travail, nous tentons de l'appréhender, et il s'est avéré qu'elle était intelligible seulement dans l'organisme. Nous sommes donc apparemment enfermés dans un cercle vicieux, et il faut admettre notre incapacité à la saisir, sinon à travers différents types de structures, différents *analoga*. Néanmoins, il est aisé d'en sortir, lorsque l'on songe que la vie ne se limite pas à celle du corps organique, mais qu'elle est aussi celle de *l'âme* : cette dernière fait l'objet de la « psychologie » de Leibniz et n'est elle-même qu'un cas particulier de celle de la monade. Dès lors, deux problèmes se posent : celui des rapports de la vie monadique et de la vie organique d'une part, et des rapports de la substance simple (monade) et de la substance composée d'autre part. Il semble en effet que Leibniz introduise un nouveau fondement aux phénomènes, où coïncident également la vie, l'unité et peut-être même le centre. Mais qu'en est-il d'abord de la monade ?

§ 24. — La monade : simplicité et complexité

Le début de la *Monadologie* est formel : « La substance dont nous parlerons ici n'est autre chose qu'une substance simple qui entre dans les composés; simple, c'est-à-dire sans parties. »[1] Deux remarques s'imposent : d'une part, la monade étant dépourvue de parties n'est pas étendue ; elle est donc *immatérielle.* D'autre part, sa caractéristique essentielle est la simplicité, refusée aux simples phénomènes, et donc critère de substantialité. Par conséquent, elle est une substance et même *la* substance par excellence.

D'emblée, cette simplicité apparaît problématique. Pourtant, toute la compréhension de la monade en dépend, ainsi que M. Gueroult l'a souligné[2]. Il ne saurait être question pour nous d'envisager ici la totalité de cette question. Néanmoins, *en premier lieu,* il faut constater que la monade est chargée d'un lourd héritage dans l'histoire de la philosophie, qui semble d'abord fort hétérogène. Son origine immédiate est l'alchimie, puisque l'emploi définitif du terme remonte aux environ de 1696[3], où Leibniz, après ses conversations avec F. M. Van Helmont, relit les ouvrages de H. Morus, Knorr von Rozenkreuz et Cudworth[4], auteurs de *Monadologies,* qu'il connais-

1. *Monadologie,* § 1.
2. « La constitution de la substance chez Leibniz », *Revue de métaphysique et de morale,* 1947.
3. G. Grua, *op. cit.,* chap. II, pp. 77-78, note 28, signale l'emploi du terme monade dès juillet 1695 ; Ludwig Stein, *op. cit.,* p. 209, donne une lettre à Fardella de 1696, tandis que généralement la plupart des interprètes s'accordent à en voir l'origine en 1697, toujours dans la *correspondance avec Fardella.*
4. W. Feilchenfelds, « Leibniz und H. More », *Kantstudien,* Bd. 28, 1923, a signalé les origines alchimiques de la monade. D. Mahnke, *Unendliche Sphäre und Allmittelpunkt,* p. 23, note 3,

sait depuis longtemps. Ainsi, en 1676, écrivait-il : *et ultimum esse in substantiarum analysi, esse substantias simplices, nempe animas, vel si generalius vocabulum malis, MONADES, quae partibus carent*[5]. La lente élaboration du concept de monade est l'indice d'un *décalage* par rapport à ces théories.

En effet, l'origine alchimique, parfois un peu négligée par les interprètes de Leibniz, est loin d'être la seule. La monade est également une notion pythagoricienne (dès lors, les nombreux éloges de Pythagore par Leibniz se trouvent éclairés sous un nouveau jour)[6] et elle a été reprise par Platon, dans *le Phédon*, le dialogue préféré de Leibniz : il le cite

complète cet article et indique notamment que Leibniz a dû lire dès 1677 la *Kabbala denudata* de Knorr von Rozenkreuz, autour duquel s'exacerba la querelle de la cabale. D'autre part, plus récemment, S. HUTIN, « Leibniz a-t-il subi l'influence de H. More ? », *Studia leibnitiana*, 1970, apporte quelques éléments nouveaux. Le terme de « physique » attribué aux « monades » d'H. More est en réalité très « spiritualiste » ; H. More écrit en effet : « per physicas monades, intelligo particules adeo unitates ut ulterius dividi non possint nec in partes discerpi » ; dans les axiomes cabalistiques 4 et 5 : « nullam igitur materiam esse in rerum naturam », et « quicquid vero est, spiritum esse », Opera philosophica, t. I, Hildesheim, 1966. More fut en outre un critique et un correspondant de Descartes ; il a sans doute influencé Leibniz dans cette direction, et s'est attaqué au problème de l'individuation, objet de la dissertation de baccalauréat de Leibniz ; en revanche, More considérait l'espace comme absolu ; Leibniz s'en prend autant à lui qu'à Newton dans la *correspondance avec Clarke*. Enfin, G. III, *Correspondance avec Lady Masham*, et G. VI, *Sur les principes de vie*, sont des critiques directes de Cudworth.

5. Cout., p. 14.

6. *P.N.G.*, § 1. Pour les éloges de Pythagore, on consultera G. VII, pp. 497, 152, 153 ; p. 147 : « Pythagore fut, sans aucun doute, le plus grand homme ; il avait décidé de conduire les hommes à une bonne existence... ses auditeurs étaient retenus par des paroles exotériques durant sa vie, beaucoup de villes grecques regorgeaient de ses disciples et amis. »

très souvent et l'a même traduit[7]. En outre, au XVIe siècle, Giordano Bruno, cherchant les termes derniers de toute décomposition (les *minima*), en dénombre trois, dont les deux derniers, le point et l'atome, sont des expressions métaphysiques de la monade, substance immatérielle[8]. Toute l'histoire de la philosophie semble *converger* dans cette notion, d'autant plus que la monade sera aussi l'entéléchie d'Aristote. Or, un thème est commun à toutes ces philosophies : l'idée de *vie* et de son irréductibilité au mécanisme.

En effet, d'une part, les pythagoriciens et les vitalistes de la Renaissance ont en commun le « mysticisme » : dans ces deux pensées, l'univers est plein de vie, et la mort est pour ainsi dire supprimée, puisqu'elle donne naissance de nouveau à la vie. D'autre part, quand, dans *le Phédon,* Platon veut démontrer l'immortalité de l'âme, une de ses dernières démonstrations peut se résumer ainsi : l'âme implique la vie, il est donc contradictoire que l'âme, principe de vie, périsse. Avec Aristote, l'idée de vie a une

7. La traduction entière du *Phédon* se trouve dans F. de C. Les références à ce dialogue sont très nombreuses dans l'œuvre de Leibniz. *Discours de Métaphysique :* § XX ; F. de C., opuscules, pp. 45, 49 ; G. IV, pp. 281, 339 ; G. VII, pp. 147, 334, 335, 337. Le passage de l'entéléchie à la monade est loin d'être la seule raison de celui d'Aristote à Platon, effectué par Leibniz. On remarquera en outre la proximité des conceptions de l'immortalité de l'âme de Leibniz et Platon, le rôle de l'harmonie, et surtout, comme l'indique la Préface des *N.E.* (G.F., p. 34), l'importance des notions innées, face à Aristote (pour qui elles viennent plutôt de l'expérience) et donc de l'autonomie et la préformation de l'âme (cf. F. BRUNNER, *op. cit.*). Tout le problème de l'unité a dominé le néoplatonisme.

8. M. SERRES, *op. cit.*, pp. 289 sq., étudie la monade leibnizienne en parallèle avec celle de G. Bruno ; sur ce dernier, on consultera le livre d'H. VÉDRINE, *La Conception de la nature chez Giordano Bruno.*

importance encore plus grande et la génération des forces vivantes domine sa théorie de la substance ; « sa théorie même du passage de la matière à l'acte, sous l'influence de la forme, est empruntée en partie à l'observation de la production des êtres vivants nés de la conjonction d'une puissance et d'un acte »[9] ; l'âme est liée à tout corps vivant et en dirige les actes. Aussi, le passage d'Aristote à Platon, que Leibniz aime à rappeler, est-il celui de l'entéléchie à la monade, qui est un concept beaucoup plus synthétique.

En effet, la monade est *en second lieu,* comme Leibniz le fait remarquer lui-même, l'aboutissement ultime de sa philosophie. Elle est la reprise systématique de tous les acquis obtenus à partir des échecs des différentes sciences. Elle est la réponse aux problèmes de l'alchimie ; mais, contrairement à ses contemporains, Leibniz précise bien qu'elle est immatérielle et étrangère à la vie organique. Elle est ensuite une entéléchie, une énergie spirituelle « ayant quelque chose d'analogue avec l'âme », c'est-à-dire à l'entité métaphysique obtenue à partir de l'alchimie et chargée de tout le poids de la tradition judéo-chrétienne et platonicienne. C'est une des raisons pour lesquelles cette pure spontanéité, source de son propre mouvement, se distingue de l'entéléchie aristotélicienne[10]. Elle est enfin un atome spirituel :

9. J. Wahl, *Traité de métaphysique,* septième partie, chap. III, p. 340 (Paris, Payot, 1968).

10. *A de Volder,* G. II, p. 195 : « si entelecheia ab extensione plane differt hinc infers nihil eam in extensione posse » (cf. p. 198, la réplique de de Volder). Cf. *ibid.,* p. 171 : « in vi activa varie sese per motus exercente Entelechiam primitivam et ut verbo dicam aliquid Animae analogum agnosco, cujus natura in perpetua quadam ejusdem, seriei mutationum lege consistit, quam inoffenso pede deccurrit ». Tout organisme est pourvu d'une enté-

« Et ces monades, écrit Leibniz, sont les véritables atomes de la Nature et, en un mot, les éléments des choses. »[11] Comme l'atome, la monade est donc continuité grâce aux mathématiques et au calcul infinitésimal. Dès lors, il est tentant de souscrire aux violentes critiques de Schopenhauer : *Leibnizens Monaden, die zugleich, mathematische Punkte, Körperliche Atome, und Seelen sind... eine monströse Identification zweier Undinge, nämlich der Atome, und der unteilbaren, ursprünglich, und wesentlich erkennenden Individuen genannt Seelen*[12].

Cette critique a le mérite de montrer clairement que la monade est tout le contraire d'une entité vide, comme on peut être tenté d'abord de le croire. Toutefois, son grand défaut est de ne pas tenir compte des différents ordres du réel et des *problèmes* précis auxquels répond le concept de monade. Dès lors, l'unité en apparaît avec force : ce qui unit ces sciences, apparemment si disparates, n'est autre que *la recherche de la vie,* celle-la même qui était commune aux différentes philosophies dont la monade est issue. Sans vouloir l'y restreindre abusivement, on peut dire néanmoins que la monade, âme vivante, active et unité dernière, trouve peut-être son unité

léchie : G. II, p. 311 cf. *ibid.*, p. 305, elle est *to dunamikon, prôton pathêtikon, prôton upokheimenon.* Cf. Klopp, t. VIII, p. 155, G. VI, p. 539. D'autre part, dans son opuscule, *De la réforme de la Philosophie première et de la notion de substance* (1694), Janet, t. II, p. 525, Leibniz établit les différences entre « sa force active » et « la puissance nue familière à l'École » : cette dernière a besoin pour passer à l'acte d'une excitation extérieure, tandis que l'entéléchie leibnizienne « tient le milieu entre la faculté d'agir et l'action elle-même, elle suppose un effort en elle-même ».

11. *Monadologie,* § 3.

12. *Sämtliche Werke, Parerga,* Lehre vom Idealen und Realen, Cotta Insel Verlag, 1963, Bd. IV, p. 15, pp. 37-38.

et son achèvement dans la vie [13]. Et aux yeux de Leibniz, la synthèse opérée dans la monade est telle qu'il est possible d'employer indifféremment les termes d'âme, d'entéléchie et de monade [14].

§ 25. — MONADE ET ORGANISME

Toutefois, le thème commun de la vie ne fournit qu'une ébauche de solution aux objections de Schopenhauer, et deux graves antinomies se présentent. D'abord, si la monade est une synthèse obtenue à partir des différents modes d'appréhension de la vie, tel était également le cas de l'organisme. Dès lors, elle est ou bien la pure transposition métaphysique du réseau de relations du corps organique, ou bien un second fondement, irréductible au pre-

13. Schelling et Fichte chacun à leur manière critiqueront cette synthèse. Le premier dans les *Philosophische Untersuchugen über das Wesen der menschlichen Freiheit*, 1809, pp. 463 sq. Fichte n'y voit qu'une limite, une activité érigée en forme, *Naturrecht*, *Werke*, Bd. III, pp. 17-24 ; *Sittenlehre*, *ibid.*, Bd. IV, pp. 93 sq. Le non-moi est indispensable.

14. « Les âmes sont de vraies unités ou des substances simples », Klopp, *Correspondance avec Sophie*, 22 juin 1700, *A Molanus*, Lettre CLXIX, p. 172. Et réciproquement : « cette substance simple, cette unité de monade, on l'appelle âme » (*ibid.*, p. 173). La monade est *force :* « toute substance corporelle, de même que toute substance spirituelle ne cesse d'agir » (Janet, t. II, p. 526 ; T., pp. 389-391) : *discussion avec Wagner*, de 1698). G. IV, pp. 465, 469. Sur les rapports de la monade et de la force, on consultera M. GUEROULT, *op. cit.*, en particulier pp. 172-175. Le paragraphe 13 de la *Monadologie* définit la terminologie de Leibniz pour cet ouvrage : entéléchie et monades sont certes synonymes, mais l'âme est restreinte à « celles dont la perception est plus distincte et accompagnée de mémoire ; toutefois, de *manière générale,* « toutes les substances simples ou Monades créées pourraient être appelées Ames », ce qui est le cas dans la correspondance de Leibniz. Enfin, le paragraphe 18 de la *Monadologie :* « on pourrait donner le nom d'entéléchie à toutes les substances simples ».

mier, qui lui est juxtaposé. Une importante distinction permet cependant de résoudre cette antinomie. Le concept d'organisme a été construit de manière « négative », à partir des échecs successifs des différentes sciences. Tout au contraire, la monade naît de manière « positive » de chacune de leurs conversions métaphysiques. Elle est donc un concept strictement *métaphysique,* alors que celui d'organisme était « mixte » en quelque sorte, relevant de l'étude et de la philosophie de la vie. Son unité est donc, d'une certaine façon, supérieure à celle de l'organisme. Et en effet, si l'organisme est une unité, ce n'est que pour notre esprit, et *par* lui ; il fait varier ses points de vue sur les êtres vivants, et le monde, et réussit à unifier différents éléments qui, à première vue, sont hétérogènes : une structure détermine les rapports du mécanique et du vital, ou une substance composée. Aussi, bien loin d'être exclusif de la monade, le concept d'organisme en appelle-t-il la considération. Ensuite, il est possible que Leibniz ait voulu, et même cru réaliser une synthèse, mais sans y parvenir : la monade est peut-être la juxtaposition des différents acquis métaphysiques, regroupés autour d'une vie insaisissable.

Trois raisons cependant infirment une hypothèse qui, à première vue, paraissait hautement vraisemblable. D'abord, toute monade est liée à un corps organique et, en ce sens, elle est une âme[15]. Les textes de Leibniz, et en particulier celui du *Système Nouveau,* sont formels : l'âme est une structure, et une structure *unifiée,* de même que le corps organique, en vertu du parallélisme ou de la concomitance. Ensuite, toujours en vertu de la « communication des substances », il était nécessaire qu'au

15. Sur la terminologie leibnizienne, voir *supra,* note 14.

concept d'organisme obtenu synthétiquement, réponde celui de monade, obtenu de la même manière. Enfin, de même que l'entéléchie et l'âme avaient répondu métaphysiquement aux « échecs » de la dynamique et de l'alchimie, tout de même la monade répond à celui de l'embryologie qui, avec l'atomisme, constituait leur synthèse. Cet échec relatif, si curieux que cela puisse paraître à première vue, est donc dans la structure du corps organique : l'organisme, d'une part, n'est une unité ni par soi ni en soi, mais pour nous ; d'autre part, la structure ne saurait être que générale : la réalité intelligible du corps vivant ne tient pas compte suffisamment de l'individualité. Avec le concept de monade, *l'organisation se trouve subordonnée à l'unité et à l'individualité.*

En effet, dans l'organisme, la vie est saisie en quelque sorte négativement : elle se manifeste dans une structure irréductible à celles du mécanisme, mais *commune* aux êtres vivants. L'irréductibilité biologique des corps organiques est reconnue de manière théorique dans les principes leibniziens, de manière pratique dans l'imagination, permettant d'appréhender tel ou tel être vivant. Et c'est peut-être une des raisons pour lesquelles Leibniz a introduit le *vinculum*, qui permet d'accorder une valeur positive à l'imagination, puisque l'agrégat qu'elle appréhende se trouve fondé[16]. Toute organisation biologique est nécessairement une individualité ; mais notre entendement seul est incapable de la saisir

16. J. LAPORTE, « Le rationalisme de Leibniz », *Études d'histoire de la philosophie française au XVIIe siècle*, p 253, souligne l'honnêteté de Leibniz sur ce point : il est impossible de penser le sensible comme tel. Toutefois, la théorie des subtances permet d'ébaucher deux solutions qui se rejoignent : d'une part, la substance composée fonde la confiance en l'imagination ; d'autre part, la monade comme vie, permettra d'appréhender *analogiquement* le divers des phénomènes.

comme telle. D'autre part, l'organisme n'est pas unifié au niveau du concept, sinon par notre entendement, qui est notre « monade » (ou une « partie ») ; il n'est pas une unité totale au niveau de la machine organique : K. Huber l'a peut-être exprimé avec le plus de clarté : « il est certes une unité *(Einheit)* interne, mais cependant pas une unicité *(Einzigkeit)* »[17], car il est « machine en ses moindres *parties* ». Seule la monade sera cette unicité, malgré toute sa complexité qui se déploie sous nos yeux, car elle le contient « concentrativement »[18]. Néanmoins, on ne peut nullement considérer le concept d' « organisme » comme un échec total. Les deux insuffisances sont la marque des limites et des bornes inhérentes à toute approche de l'être vivant et de la vie organique, par le seul entendement, et le grand mérite de Leibniz est de les avoir aperçues, en dépassant le concept d'organisme, d'une part dans une substance composée, d'autre part dans la substance simple. Mais si celle-ci demeure la condition de possibilité de sa construction, en revanche, la structure du corps vivant est le schème indispensable à celle de la monade.

Et en effet, la monade est d'abord une *structure*, analogue à celle du corps organique, mais de nature bien différente ; comme le souligne le texte du *Système Nouveau*[19], elle est telle qu'elle contient « concentrativement » tout ce qui est exhibé, étendu dans le corps : *Quod per reactionem resistentis et restitutionem compressi (in corpore), exhibetur Mechanice seu extensive, id in ipsa Entelechia (ut jam dixi) concentratur dynamice et monadice, in qua*

17. K. Huber, *Leibniz,* p. 336. L'auteur insiste beaucoup sur l'origine biologique de la notion de substance.

18. *Correspondance avec Wolff,* p. 136.

19. G. IV, pp. 530-531 ; cf. *supra,* § 17, note 58.

mechanismi fons et machanicorum repraesentatio est ; nam phaenomena ex monadibus... resultant[20]. Ses caractéristiques sont les mêmes que celles de la machine organique, ce qui est normal, puisqu'elle lui « correspond ». Elles se résument en une seule, l'*autosuffisance,* l'*autarkeia*[21]. Elle est un ensemble formé de toute éternité, par le décret de Dieu, « sans portes ni fenêtres »[22] : elle ne naît pas, elle est unie au corps organique depuis l'origine, et dépourvue de parties ; puisqu'elle est immatérielle, elle ne meurt pas[23]. Bien plus, sa structure, comme celle de l'organisme, est une structure d'emboîtement et elle est intemporelle à double titre : d'une part, comme simple structure ; d'autre part, comme point « résumant le passé et gros de l'avenir »[24], conçue sur le même schème que l'emboîtement des germes[25]. Dans la monade préexiste, si l'on peut dire, l'ensemble de son développement ultérieur, qui y est contenu en germe : « Il y a une certaine loi persistante qui enveloppe les états futurs, et c'est cela même que je crois constituer la substance. »[26] Il

20. *Correspondance avec Wolff,* p. 139.

21. *Monadologie,* § 7, éd. Boutroux, p. 144 ; § 18, p. 151.

22. *Ibid.,* § 7, p. 144. Il faut remarquer que cette expression si souvent citée de Leibniz, ne se rencontre pas très souvent dans l'ensemble de son *corpus.*

23. *Ibid.,* § 4, p. 143 ; cf. *Théodicée,* § 89. *Discours de Métaphysique,* § 34.

24. *Ibid.,* § 22, p. 153.

25. Cf. nos paragraphes 13, 15.

26. G. II, *A De Volder,* p. 264. Nous prenons préexistence au sens « embryologique », qui ne saurait être confondu avec l'idée d'une existence antérieure, dénoncée dans le *Discours de métaphysique,* § 26. G. IV, p. 413 : toute substance, dit Leibniz, possède la « legem continuationis seriei suarum operarum », ainsi que tout ce qui lui arrive et lui arrivera ; *ibid.,* p. 518 : « c'est selon moi la nature de la substance créée de changer continuellement suivant un certain ordre, qui la conduit *spontanément* par tous les états qui lui arriveront, de telle sorte que celui qui voit tout, voit

s'effectuera indépendamment de toute influence extérieure, et l'individualité se trouve ainsi totalement assumée : « Toutes ses lois lui viennent de son propre fonds. »[27] La monade contient en effet ses propres lois, elle est un ensemble bien lié de perceptions ; elle n'est jamais vide et forme un *système complet ;* les relations entretenues par les différentes perceptions ne sont nullement subordonnées mécaniquement (analogie avec les mécanismes artificiels) les unes aux autres, mais elles sont ainsi en corrélation. Pour employer un terme d'informatique contemporaine (mais parfaitement légitime pour Leibniz, ainsi que nous aurons l'occasion de le voir), cet automate parfait est « programmé » par Dieu et n'a plus qu'à réaliser ensuite ce programme. Enfin, les monades étant des substances ne sauraient être matérielles ; elles entretiennent entre elles des relations *idéales,* qui obéissent aux exigences formulées dans le *Système Nouveau :* elles sont en *corrélation* mutuelle et forment un système harmonieux dans la Cité des Esprits[28], analogue peut-être à l'organisme.

Préexistence, autosuffisance (système complet de régulations et corrélations), telles étaient les caractéristiques positives de l'organisme qui, « transposées » métaphysiquement sur la monade, en font une unité structurelle, parallèle à lui. Mais elle est un « organisme » beaucoup plus parfait : il est significatif que Leibniz restreigne l'emploi du mot « automate » à cette substance simple. La principale raison se

dans son état présent tous ses états passés et à venir » ; p. 520 : « l'état présent de chaque *substance* est une suite naturelle de son état précédent ». Cf. *ibid.,* pp. 573, 579, 592. *Monadologie,* § 22.

27. G. IV, p. 413 ; cf. *ibid.,* p. 492 ; p. 557 : « rien n'arrive... qui ne suive de ce qui est déjà interne, et qui en puisse troubler l'ordre » ; G. II, p. 419 : « elle agit en fonction de sa propre exigence ».

28. *Monadologie,* § 84, éd. Boutroux, p. 187.

ramène à celle-ci : la structure du corps organique est celle d'un corps étendu, celle de l'âme ou de la monade, d'un corps *immatériel*. Quatre conséquences capitales en découlent.

La vie de la monade n'est autre que sa structure, alors que, dans le corps organique, la structure était seulement un *analogon* de la vie organique. Cette structure peut être en effet considérée sous deux points de vue : elle est générale, commune à toutes les monades, analogue à celle de l'organisme ; mais elle est aussi particulière à chaque individu, comme la « psychologie » le révélera. Deuxièmement, l'organisme et la monade sont les objets de deux regards opposés : si le premier est une unité, un tout infiniment complexe, mais non une unicité *(Einzigkeit)*, la monade, au contraire, est « simple » ; en d'autres termes, elle est le plus petit élément idéal à partir duquel tout fait complexe peut être construit, elle est l'*unicité*. Le regard alors va en s'élargissant, tandis que, dans le cas de l'organisme, il allait en se rétrécissant à la recherche d'une unité dernière. Troisièmement — et c'est une conséquence directe de la précédente — la monade répond beaucoup mieux aux problèmes de l'atomisme (qui se ramènent à celui de l'unité) que l'organisme ; la correspondance encore inédite avec F.M. Van Helmont le montre clairement : pour Leibniz, la monade était seulement au début un accord *(Einigkeit)*, mais ensuite elle devient une unité *(Einheit)*, après rectification du brouillon plusieurs années sans doute après. Elle est une unité immatérielle, dotée de tous les attributs refusés à l'atome : celui-ci était toujours sécable, objet de l'imagination, quantitatif et irrationnel ; celle-là, tout au contraire, est une authentique unité, individuelle, qualitative, conforme aux exigences de la raison et aux principes de Leibniz. Quatrièmement, la structure de la monade est telle qu'elle contient

« concentrativement » l'organisme. Deux explications de cette formule se présentent : la monade n'étant pas étendue reste identique à elle-même, à quelque point du temps qu'on la considère, tandis que la structure du corps organique est appelée à s'exhiber extensivement ; et si tout son développement est contenu en elle virtuellement, il l'est également dans la monade où il demeurera inscrit, car elle est pourvue de mémoire. D'autre part, considérée dans un mouvement inverse de celui de l'organisme, elle en constitue le point de départ, l'unité dernière à partir de laquelle il se déroule.

§ 26. — La monade, schème des théories cellulaires

La monade est donc un affinement de la structure qui rendait intelligible le corps organique. C'est pourquoi elle est susceptible d'être érigée en schème pour la compréhension du réel. Et puisqu'elle contient concentrativement l'organisme, qu'elle est douée des attributs refusés jusqu'à présent à l'atome et dépend d'un regard qui s'élargit, elle est la réponse aux ambitions de l'embryologie et de l'alchimie : trouver une unité dernière à partir de laquelle se développera l'être vivant ; elle est le schème de la cellule. Dès lors, trois remarques préalables s'imposent. Étant une unité synthétique, telle ou telle « composante » a été parfois privilégiée au détriment de l'ensemble, en vertu de l'équivalence leibnizienne âme = entéléchie = monade, mais en la trahissant. D'autre part, bien souvent les différents ordres du réel ont été mêlés, soit en confondant la vie organique et la vie spirituelle, soit en réduisant la monade à une entité physique, contraire à son idéalité. Enfin, à bien des égards, la monade leibnizienne est une anticipation remarquable de notre conception toute moderne de la cellule, par son idéalité.

De manière générale, *les courants vitalistes et animistes* se recommanderont de l'entéléchie leibnizienne, en distinguant plus ou moins bien les différents ordres du réel [29]. Maupertuis, héritier de Leibniz en bien des domaines [30], définira l'entéléchie comme « un principe vital, doué même d'une faculté de percevoir ». Il attribue ainsi à la matière ce que Leibniz attribuait à la substance et mélange le deuxième et le troisième ordre du réel [31]. Il dénonce les insuffisances du mécanisme, mais reste prisonnier d'une vision corpusculiste de la matière, qui accorde aux particules une intelligence élémentaire [32]. L'École

29. Sur la postérité de la notion de monade, on consultera l'article d'Y. BELAVAL, « Le problème de la perception chez Leibniz », *Dialogue*, 1969.

30. Il y aurait toute une étude à faire sur les rapports de Maupertuis et de Leibniz. M. Gueroult a étudié le principe de moindre action chez ces deux auteurs. En biologie, de nombreux thèmes sont repris et transformés : le problème de l'anatomie comparée, de l'analogie (pp. 51-64 ; p. 161), des monstres (p. 71 et p. 90, la distinction des monstruosités par excès ou par défaut), de l'apparition de nouvelles espèces (p. 108) ; l'âme des bêtes (p. 242, lettre V). Il considère l'Univers comme un tout (p. 204), s'intéresse aux recherches microscopiques (p. 422, p. 206), à la médecine (p. 413) et surtout à l'origine de la vie, soit dans *La Vénus physique* où il expose l'embryologie de son époque, soit dans *Le Système de la Nature* où il les ramène à trois (p. 184) : celui du hasard, celui de l'œuvre de Dieu, ou enfin « celui où les éléments eux-mêmes doués d'intelligence s'arrangent et s'unissent pour remplir les vues du créateur », le mécanisme étant impuissant à expliquer la formation de la vie (*ibid.*, p. 141, § 5, in *Œuvres*, t. II, G. Olms-Hildesheim, 1965, reproduction photographique de l'édition de 1768 à Lyon). Y. Belaval, dans son article sur la perception chez Leibniz (*Dialogue*, 1969), a déjà largement contribué à cette étude.

31. J. ROGER, *op. cit.*, p. 479, insiste sur cette confusion de Maupertuis, particulièrement dans l'immortalité des germes : il suppose « quelque chose de dispersé dans les parties de la semence, et qui survivrait à la mort de l'animal ». Maupertuis connaissait les monades et les a critiquées (lettre VIII, pp. 262-264).

32. J. ROGER, *op. cit.*, p. 487.

de Montpellier, avec Paul-Joseph Barthez et Théophile de Bordeu, sera beaucoup plus fidèle à Leibniz, en refusant certes l'annexion de ses recherches par les sciences de la nature, mais en ne mélangeant pas la métaphysique et l'étude de la vie. Dans *les Nouveaux éléments de la science de l'homme* (1778), Barthez écrit : « J'appelle principe vital de l'homme la cause qui produit tous les phénomènes de la vie dans le corps humain. Le nom de cette cause est indifférent et peut être pris à volonté. »[33] Bichat parlera de force vitale et d'une tout autre manière, plus tard, von Monakow d'*hormè,* ou Hans Driesch d'entéléchie[34]. Avec ce dernier surtout, l'essai légitime de penser la spécificité de la biologie par rapport au mécanisme perd peu à peu son contenu scientifique pour retomber dans un animisme analogue à celui de Stahl : l'entéléchie de Driesch, selon Cuénot, est une force qui dirige et informe toutes les fonctions de la vie, spirituelles et organiques[35].

Il est donc délicat de déterminer la postérité de la notion de monade. On peut juste constater qu'avec

33. G. CANGUILHEM, « aspects du vitalisme », *La connaissance de la vie,* 1re éd., p. 105. Sur les rapports de Leibniz et l'École de Montpellier, J. ROGER, *op. cit.,* p. 430.

34. G. CANGUILHEM, *op. cit.,* pp. 120-122.

35. CUÉNOT, *Invention et finalité en biologie,* p. 137. (Cf. aussi la première partie : « les définitions » qui montrent la filiation du vitalisme depuis Hippocrate, Aristote et J. B. Van Helmont). Il fait remonter le terme d'entéléchie à l'*entelecheia* d'Aristote : « la forme de la raison qui détermine l'actualisation d'une puissance ; c'est pour chaque être la possession de sa perfection ou de sa fin interne ». H. Driesch cite également Leibniz, lorsqu'il prône une *rationale Biologie.* Cuénot met fortement en doute la valeur scientifique de la théorie de Driesch : la confusion des différents ordres du réel a peut-être favorisé la transposition politique du concept d'organisme ; après 1933, l'entéléchie devient un *Führer* de l'organisme (G. CANGUILHEM, *loc. cit.,* pp. 120-122), théorie doublement étrangère à Leibniz : elle est contraire à la distinction des différents ordres du réel et au parallélisme de l'âme et du corps.

plus ou moins de bonheur, elle a été le témoignage de la confiance en la vie et son irréductibilité. Tel est le cas de Goethe qui, dans le second *Faust*, use de l'entéléchie leibnizienne comme d'une arme contre le mécanisme qui vient d'enregistrer une importante réussite : la première synthèse d'une matière organique faite par le chimiste Friedrich Wöhler, l'urée [36]. Goethe, qui à la fin de sa vie s'intéressait de plus en plus aux problèmes biologiques, fut informé rapidement de cela et relut la *Vénus physique* de Maupertuis et *L'Homme machine* de La Mettrie. Dans ces conditions, il entreprit de ridiculiser, dans le personnage de Werner, le chimiste matérialiste. L'Homunculus qu'il réussit à faire « naître » dans sa cornue est l'entéléchie : il est une pure spiritualité, fruit du hasard d'une rencontre, ou résultat de l'assistance de Méphistophélès. Mais il n'est pas l'indissoluble unité de l'élément spirituel et matériel qui constitue une créature vivante. De la pensée ne peut naître que la pensée, et son sacrifice final n'est autre que l'incarnation de l'esprit dans la matière, l'acquiescement volontaire et enthousiaste à la loi du monde.

36. G. W. HERZ, *Natur und Geist in Goethes Faust*, 1931, pp. 130 sq. ; et F. JACOB, *La Logique du vivant*, p. 108. (Il s'agit d'une réaction de sulfate d'ammoniaque sur du cyanate de potasse). Les rapports de Goethe avec l'œuvre de Leibniz mériteraient d'être approfondis davantage. On retrouve le problème des *points de vue* (lettre du 23 sept. 1800) : l'épisode d'Hélène est un « point culminant qui doit être *vu* de tous les points du tout, et avoir *vue* sur tous », le monde possède une « âme », c'est-à-dire est plein de vie. Enfin, dans le troisième acte, l'idée d'une *hiérarchie de monades* apparaît, ainsi que celle d'*une immortalité personnelle* [cf. *Le second Faust* (Aubier), Paris, Introduction, p. CXVI].

§ 27. — La naissance de la théorie cellulaire et la monade

La fécondité de cette notion dépasse toutefois de loin les vitalismes, puisqu'elle est la source indirecte d'un des fondements les plus importants de la biologie moderne : la théorie cellulaire qui, selon G. Canguilhem, montre que « les théories ne procèdent jamais des faits »[37]. En effet, toute la fin du XVIIIe siècle et le début du XIXe siècle utiliseront le terme de monade pour désigner l'élément supposé de l'organisme, tandis que philosophes et biologistes, mêlant d'ailleurs les différents ordres du réel distingués si clairement par Leibniz, s'en recommandent. Le cas de Goethe l'a montré : il est difficile de faire la part de la science et de la philosophie ; J. Roger définit la fin du XVIIIe siècle comme celui de « la science des philosophes »[38]. Et en effet, la *Naturphilosophie* permet d'importer la monade en biologie : Oken était par exemple un ami et un disciple de Schelling à Iéna. Deux conditions sont présupposées pour la naissance du concept de cellule : d'une part, le développement continu de l'animal ; d'autre part, l'abandon des querelles entre ovistes et animalculistes

Or, le principal mérite des théories de Leibniz est d'avoir ouvert la voie à une temporalisation de l'être vivant et une vision dynamique de la nature. Si la monade est hors du temps, elle le contient à l'état

37. G. Canguilhem, *op. cit.*, « la théorie cellulaire », pp. 58-59, cf. p. 55. Avec l'auteur, nous nous appuierons également sur le livre de Marc Klein, *Histoire des origines de la théorie cellulaire*, Paris, Hermann, 1936.

38. J. Roger, *op. cit.*, troisième partie, 1745-1770. (Pour la *Naturphilosophie* et ses rapports avec la biologie et la philosophie, G. Canguilhem, *loc. cit.*, p. 70).

« embryonné », et la préparation de l'avenir dans le présent, projetée dans le second ordre du réel et vérifiée par le microscope, détruit le fixisme, tant dans l'animal lui-même dont le devenir est l'essence, que dans l'espèce [39]. L'idée leibnizienne de la chaîne des êtres (la hiérarchie des monades étant parallèle à celle des organismes) aura un succès croissant, avec l'abbé Needham [40], qui revendique hautement la « conformité avec la bonne métaphysique, j'entends celle de Monsieur Leibniz » ; avec Maupertuis, contraint d'imaginer une comète pour expliquer la disparition de certains échelons intermédiaires, Buffon, qui n'a pas osé aller jusqu'au transformisme [41]. On peut encore citer Ch. Bonnet, passé de l'idée leibnizienne d'une évolution idéale de la monade à celle de l'évolution temporelle de l'animal ; Bordeu, Diderot et Robinet, qui seul a osé aller jusqu'au bout de ses idées, ainsi que C. F. Wolff, le fondateur de la théorie moderne épigénétique de l'évolution (élève de C. Wolff, disciple de Leibniz). Bien plus, Leibniz a entrevu la possibilité d'une évolution des espèces : « Peut-être que dans quelques temps ou dans quelque lieu de l'univers les espèces des animaux sont ou étaient ou seront plus sujettes

39. *Ibid.*, p. 370. F. Jacob, *La logique du vivant*, p. 145, montre que la théorie cellulaire est aussi la condition de possibilité d'une théorie de l'évolution d'une certaine façon.

40. *Ibid.*, pp. 514, 518 (d'après *les Nouvelles observations*, p. 263).

41. *Ibid.*, pp. 641, 653, et J. Deprun, « Philosophie et problématique des lumières », *Histoire de la philosophie*, t. II, Gallimard (coll. Pléiade), 1973. Pour Ch. Bonnet, Radl, *op. cit.*, pp. 228-235, et en particulier p. 232. Pour Buffon, *ibid.*, chap. XI, pp. 270-298. Enfin, Diderot a été influencé indirectement par Leibniz : on consultera sur ce point l'article d'Y. Belaval dans la *Revue des Sciences humaines*, 1963. Contrairement à tous ces « naturalistes », La Mettrie s'oppose à l'idée d'une échelle des êtres entre lesquels des nuances insensibles interdiraient toute distinction nette (J. Roger, *op. cit.*, p. 687).

à changer qu'elles ne sont présentement parmi nous, et plusieurs animaux qui ont quelque chose du chat, comme le lion, le tigre et le lynx pourraient avoir été d'une même race et pourront maintenant être des sous-divisions nouvelles de l'ancienne espèce des chats. »[42] Il ouvre la voie à Lamarck et au transformisme. Et, de même que l'animal dans la chaîne des êtres évolue, de même le petit animal initial se transformera aussi et grandira. La première condition, pour une théorie cellulaire, est donc remplie par Leibniz.

La seconde l'est également, et pour deux raisons : la monade est une structure et, comme telle, n'a aucun rapport avec ces querelles ; d'autre part, le « Leibniz-savant » a réalisé une synthèse des deux théories. Selon G. Canguilhem[43], « la théorie cellulaire comprend deux principes fondamentaux, estimés suffisants pour la solution de deux problèmes », tous deux posés par Leibniz : la *composition* des organismes et leur *genèse*. Ses disciples immédiats ne furent pas à proprement parler des « anticipateurs » de cette théorie[44], mais ils ont permis de sortir de la traditionnelle alternative opposant une inconcevable épigénèse mécanique et une préexistence totale des germes[45], notamment Bourguet avec son « mécanisme

42. *Nouveaux Essais,* III, 6, § 36. Ce texte est commenté par Y. Belaval, *Initiation à la philosophie de Leibniz,* p. 203 ; J. Roger, *op. cit.,* p. 370, note 256, et E. Radl, *op. cit.,* p. 222. Sur la connexion graduelle des espèces, cf. aussi T. Ballauf, *op. cit.,* p. 230. (Teil II, chap. III, Lebens als Entwicklung.)

43. *Loc. cit.,* pp. 82-83.

44. G. Canguilhem, *loc. cit.,* p. 69 : « pour qu'il y ait... anticipation, il faut que les faits qui l'autorisent, et les voies de la conclusion soient du même ordre que ceux qui confèrent à une théorie sa portée voire transitoire. Pour qu'il y ait pressentiment, il suffit de la fidélité à son propre élan... ».

45. J. Roger, *op. cit.,* p. 754.

organique »[46]. Un trait commun les relie : la monade est confondue avec une réalité matérielle et physique. Maupertuis dans sa *Vénus Physique*, et plus encore dans son *Essai sur la Formation des Êtres organisés*, expose leur formation à partir des particules élémentaires contenues dans les semences de chaque parent. S'il reconnaît l'insuffisance du mécanisme pour expliquer leur agrégation, il mélange les ordres du réel, puisqu'il invoque « quelque principe d'intelligence... semblable à ce que nous appelons désir, aversion, mémoire »[47]. Il influença Buffon, surtout dans sa théorie des molécules organiques, pressentiment de la théorie cellulaire[48]. Celui-ci, dans son *Histoire des Animaux*, admet l'existence d'une quantité infinie de particules organiques vivantes, incorruptibles et ingénérables, qui se rassemblent grâce au « moule intérieur »[49], loi de constance analogue à la forme

46. « Le mécanisme organique n'est autre chose que la combinaison du mouvement d'une infinité de molécules... accommodées à des systèmes particuliers déterminés dès le commencement par la Sagesse suprême, et unis chacun à une activité de Monade singulière et dominante » (*in* J. Roger, *op. cit.*, p. 378). « Un mécanisme que j'appelle organique parce qu'il s'exécute par le moyen d'un corps organisé sans quoi il n'existerait pas » (*ibid.*, p. 376, *lettre philosophique*, n° 54).

47. Cité par G. Canguilhem, *op. cit.*, p. 216, « note sur les rapports de la théorie cellulaire et de la philosophie de Leibniz ». L'auteur cite aussi P. Hazard, *la Pensée européenne au XVIIIe siècle*, t. II : « ne nous y trompons pas, ce qui apparaît ici, c'est la monade ».

48. G. Canguilhem, *op. cit.*, « la théorie cellulaire », p. 62 (pour la définition du « pressentiment », cf. note 44). Dans son *Histoire Naturelle*, « seconde vue ! » (in *Œuvres philosophiques*, éd. Piveteau, P.U.F., 1954), p. 41, Buffon qui reconnaîtra d'ailleurs de plus en plus la spécificité de la vie, écrit : « une seule force est la cause de tous les phénomènes de la matière brute, et cette force réunie avec celle de la chaleur, produit les molécules vivantes desquelles dépendent tous les effets des substances organisées ».

49. Il est difficile de comprendre ce que Buffon entend par là. Peut-être est-ce justement le signe de l'originalité de l'être vivant. Chacun forme un « moule intérieur », qui imprime sa structure

substantielle leibnizienne : il informe la molécule. Buffon a donc transposé aussi au deuxième ordre du réel le concept de monade, et il est prisonnier d'une vision atomistique du corps organique déjà dépassée par Leibniz pour trois raisons : le microscope a montré à l'imagination, aidée de l'entendement, l'impossibilité de telles unités, et le « microscope mathématique » (le calcul infinitésimal) leur impossibilité mathématique et rationnelle [50]. En outre,

spécifique aux molécules. En 1779, Buffon en donne l'origine dans les *Époques de la Nature :* ils se sont eux-mêmes constitués au départ, et furent des combinaisons de molécules. Les moules empêchent l'évolution des espèces (*Œuvres,* éd. citée, p. 175) : « Toute production, toute génération, et même tout... développement supposent la réunion et le concours d'une grande quantité de molécules organiques vivantes... ; mais étant entièrement absorbées par les moules intérieurs des êtres actuellement existants, il ne peut se former d'espèces nouvelles. » Après en avoir envisagé dans le texte la possibilité, Buffon « recule » (cf. notre note 41). D'autres thèmes sont communs à Leibniz et à Buffon : l'âme des bêtes (pp. 323, 333, 337) et l'importance accordée à la vie des minéraux (pp. 427-431), seuls « *organismes* ». J. Rostand, « Esquisse d'une histoire de l'atomisme en biologie », *Revue d'Histoire des Sciences* (t. II, 1949, et t. III, 1950), a signalé l'importance de cette conception de Buffon, et G. Canguilhem, *loc. cit.,* p. 67, rapproche cet atomisme de l'associationnisme psychologique de Hume.

50. Leibniz a très bien vu que le microscope est plutôt le prolongement de l'intelligence que celui de la vue ; « il est tout au plus un moyen de vérifier quand on l'a dit », écrit G. Canguilhem (*loc. cit.,* p. 35). Leibniz place le microscope bien au-dessus du télescope (G. II, p. 234 ; R. I, 2, p. 71 ; M.S. I, 1, pp. 25-34 ; M.S. IV, pp. 511-513 : les microscopes ne sont pas encore arrivés à leur maximum de perfection et ils reculent les limites *(Grenzen)* de la nature : « Was mag besseres erdacht werden, als den Microscopiis zugleich Vergrösserung liecht und ein grosses Feld geben. » Il s'intéresse donc de très près dans ces textes à leur technologie. Comme l'a montré M. Serres, le microscope est avant tout un *schème* chez Leibniz, puisqu'il se retrouve en arithmétique (le triangle harmonique et le calcul infinitésimal), et que Feuerbach compare la philosophie de Leibniz à une vision microscopique du monde.

la corrélation des parties et l'idée de structure permettaient d'y échapper.

Cette confusion dominera tout le XIXe siècle et même peut-être le XXe siècle, sauf chez Oken. Pour Lamarck, la monade n'est autre que l'animalcule leibnizien, « l'organisation la plus simple..., la monade qui, pour ainsi dire, n'est qu'un point animé », « le plus imparfait des animaux connus »[51]. Ce sens se retrouve dans le *Dictionnaire de la Langue Française* de Littré : « genre d'animalcules microscopiques », et dans la critique comtienne de la cellule qu'il appelle « monade organique » et dont il dénonce le manque d'idéalité[52]. Rompant avec cette confusion, Oken a anticipé la théorie cellulaire, fidèle à Leibniz qu'il connaissait par la *Naturphilosophie*. Les éléments de tout organisme sont nommés *Urbläschen* (vésicules originaires), *Zellen* (cellules), *organische Punkte* (points organiques)[53]. Ils constituent les correspondants physiques du point et de la sphère, pourvus dans l'ordre cosmique d'une signification mystique[54]. Trois thèmes rapprochent Oken de Leibniz : l'affirmation de l'individualité, qui ne s'achève que dans le troisième ordre du réel, la

51. D'après G. CANGUILHEM, « Note sur les rapports de la théorie cellulaire et de la philosophie de Leibniz », *op. cit.*, p. 187. La première citation est tirée du *Discours d'Ouverture*, 21 floréal, an VIII, 1800 ; la deuxième, de la *philosophie zoologique*, 1809, VIII, les polypes. Lamarck est ici très loin de Leibniz, puisque pour ce dernier, la perfection, comme on le verra, se mesure au « degré de concentration », bien supérieur dans le petit animal que dans le grand.

52. G. CANGUILHEM, *loc. cit.*, p. 187, qui cite la XLIe leçon du *Cours de philosophie positive*, éd. Schleicher, t. III, p. 279. Enfin, en 1868, Gobineau apparente *cellule* et *monade*.

53. D'après CANGUILHEM, *op. cit.*, p. 216.

54. G. CANGUILHEM, *op. cit.*, p. 216. « Tous les organismes naissent de cellules et sont formés de cellules ou vésicules », qui sont des animaux primitifs, les Infusoires. *Ibid.*, p. 72.

conception d'un organisme premier à ses parties et différent de leur somme, et enfin la distinction des ordres du réel[55].

Toutefois, ses successeurs confondirent à nouveau ces deux derniers ordres, soit en réduisant comme « l'extraordinaire C. G. Carus »[56] le deuxième au troisième, soit le troisième au deuxième comme Schleiden et Schwann, les premiers fondateurs de la théorie cellulaire empiriquement établie. Pour eux, l'individualité de la cellule physique est totale, elle est organisée et « ne constitue plus seulement le terme ultime de l'analyse des vivants. Elle devient à la fois l'unité du vivant, c'est-à-dire l'individualité qui en détient toutes les propriétés, et le point de départ de tout organisme... Les propriétés du vivant ne peuvent plus alors être seulement attribuées au tout, mais à chaque partie, à chaque cellule, qui possède en quelque sorte une « vie indépendante »[57]. Selon le mot de Claude Bernard, la cellule est bien « l'atome vital »[58] dont tout peut être déduit : c'est une forma-

55. Canguilhem conclut après avoir cité un texte d'Oken, « tous les animaux supérieurs doivent se composer d'animalcules constitutifs » ; « l'idée initiale c'est que l'élément est le résultat d'une libération ». *Ibid.*, p. 72. Sur l'individualité, *ibid.*, pp. 74, 78, 87 sq.

56. G. Canguilhem, *op. cit.*, p. 216. Carus (peintre, médecin et naturaliste, grand admirateur de Goethe et anatomiste), est avant tout un romantique, identifiant la vie psychique et la vie spirituelle à la vie organique, dans une sorte de biocentrisme. Il opère une synthèse entre les *Geisteswissenschaften* et les *Naturwissenschaften* dans son livre *Natur und Idee* : l'univers est un organisme où la nature et l'esprit son unis au sein d'un Inconscient, duquel l'homme participe par son corps et son inconscient. (Il est aussi un « psychologue » qui annonce Jung.)

57. F. Jacob, pp. 132-133. Cf. p. 141 : « une goutte de protoplasme enfermée dans son enveloppe est une architecture qui possède déjà la structure du vivant ». On pense au paragraphe 68 de la *Monadologie*.

58. G. Canguilhem, *op. cit.*, p. 83. (*Revue scientifique* du 26 septembre 1874.)

tion complexe, capable de se mouvoir, de se nourrir, de se reproduire, douée de tous les attributs de la vie, le contraire d'un élément inerte. Leibniz l'avait parfaitement compris quand il considérait l'organisme comme le développement d'un micro-organisme, l'animalcule. Néanmoins, une grande différence sépare Leibniz de ces derniers « biologistes » : pour eux, la cellule est une individualité complète [59] ; pour lui, elle s'achève seulement dans la structure de la monade toute métaphysique, qui a permis d'affiner celle d'organisme. La structure de la monade est bien le schème de la théorie cellulaire, puisque les savants comme Bichat, qui se sont limités à la considération de l'entéléchie, ont été les adeptes du courant qui a dominé tout le XVIIIe siècle : l'histologie [60]. Avec Leibniz, l'idée habituellement reçue selon laquelle seul le XIXe siècle a vu l'apparition de la notion de cellule se trouve réfutée [61].

§ 28. — MONADE ET « CELLULE » AU XXe SIÈCLE

Ce schématisme s'il n'est pas confondu avec l'ordre du réel à étudier, pourrait presque conduire à la théorie contemporaine de la cellule : celle-ci a perdu aujourd'hui tout contenu imaginatif, elle est un ensemble d'échanges et de relations ; avant d'être « étendue », elle est code. Or, la monade pour Leibniz est non seulement une « expression », mais aussi

59. G. CANGUILHEM, *loc. cit.*, p. 85, cite A. Prenant : « c'est le caractère d'individualité qui domine dans la notion de cellule ».

60. F. JACOB, *op. cit.*, pp. 127 sq. G. CANGUILHEM, *loc. cit.*, pp. 76 sq.

61. F. JACOB, *op. cit.*, p. 126, écrit en effet : « il n'y avait alors ni généralisation possible, ni emploi pour les structures ainsi entrevues », ce qui est parfaitement exact pour R. Hooke, Malpighi, Leeuwenhoek.

un « livre » de même que l'ensemble du monde[62]. Ce thème d'un monde à déchiffrer, extrêmement courant, — puisqu'il remonte à Démocrite, a été repris par Platon et Aristote, et même Descartes[63], — est renouvelé par Leibniz en la doctrine de la notion complète de substance qui fait que la monadologie fonctionne comme un langage[64]. A partir de la structure signifiante de la Monade, on en vient à considérer la vie organique comme un texte, un *logos* qu'il nous appartient de déchiffrer, et l'on rejoint presque la définition de la vie selon J. Monod. Chaque fois que Leibniz répète « il était inscrit dans la notion individuelle de César... »[65], il ne s'agit nullement d'une métaphore, ni d'une conception « topique » du langage ou de l'âme, mais d'un réseau de relations. La monade contient concentrativement le devenir de l'être vivant, son « projet », pour reprendre une expression de F. Jacob[66] ; elle résume en elle le passé et l'avenir, elle est abolition du temps et même « machine à remonter le temps »[67] ; elle est un *code*, entr'expression. Ainsi la cellule n'est que relations[68]. Seul l'*ordre* du développement importe ;

62. M. SERRES, *op. cit.*, pp. 147-151, montre comment chez Leibniz la monade est un texte.

63. LUCRÈCE, *De Natura rerum*, II, v. 690 sq. ; ARISTOTE, *Métaphysique*, A ; *De generatione et corruptione*, II, 15 sq. Pour Saint Thomas, le mot est une « substance ».

64. DE SAUSSURE, *Cours de linguistique générale*, a montré que les signes pris un à un ne signifient rien et qu'ils expriment moins un sens qu'un *écart* dans le tout du langage. MERLEAU-PONTY, *Signes*, p. 50, avec quelques réserves, montre que lors de l'acquisition du langage, on est obligé d'aller aussi des « parties » au tout, et en ce sens, il est leibnizien.

65. *Discours de Métaphysique ; Correspondance avec Arnauld.* Leibniz n'emploie pas le terme de « monade » à cette date.

66. *Op. cit.*, p. 321.

67. J. MONOD, *op. cit.*, p. 131 (il oppose la vie et la loi d'entropie).

68. J. MONOD, *op. cit.*, pp. 120-121.

qu'une inversion, un *mélange* dans les « caractères » se produise et c'est la mort[69]. En termes leibniziens : lorsque les perceptions deviennent trop mêlées, le désordre devient négativité, erreur ou destruction[70]. A partir de la notion de « brouillage » et d' « emmêlement » des relations, les différentes visions leibniziennes de la mort apparente se trouvent unifiées : celle d'un changement un peu plus brusque qu'à l'accoutumée, celle d'une évolution naturelle (le désordre est l'un des possibles de l'ordre) et celle de la confusion des perceptions ; la possibilité d'un retour à la vie se comprend, par la rectification toujours possible de l'erreur, dans cet ensemble complet et fermé (néanmoins en relations avec l'extérieur)[71], capable de se corriger lui-même puisqu'il est auto-réglé.

Trois raisons montrent la force des schèmes de Leibniz dans l'étude de la vie. Il a d'abord, non seulement anticipé la notion de « code » du vivant, mais fourni le moyen[72] de le *déchiffrer* : avec sa numération binaire dont il fait une *imago creationis*[73], il prélude à l'informatique comme l'indique Norbert Wiener[74]. Ensuite il a étudié le problème de l'*origine* du « code » ; la monade est un « possible »,

F. Dagognet, *Hommage à Jean Hyppolite,* « Vie et philosophie de la vie chez J. Hyppolite », pp. 181-194.

69. J. Monod, *op. cit.*, chap. VI ; Dagognet, *loc. cit.*, p. 186, idée d'une « usure » des caractères.

70. M. Serres, *op. cit.*, pp. 127 sq.

71. F. Jacob, *op. cit.*, pp. 311, 312.

72. Cf. § 16, n. 43.

73. Pour la numération binaire, le principal ouvrage est celui de H.J. Zacher, *Die Hauptschrift zur Dyadik von G.W. Leibniz,* Leibniz écrit toujours Imago Creationis, tant cette expression est capitale pour lui : Guhrauer, t. I, p. 402, Dut., t. V, lettre LVIII ; G. II, p. 383 ; M S. III, pp. 657, 661 ; V, p. 265 ; VI, p. 241 ; Dut. III, pp. 346 sq., 390 ; IV, 1, pp. 68, 87, 169, 211. F. de C. t. I, pp. 115, etc.

74. N. Wiener, *Cybernétique et société.*

dont le devenir « programmé » est donné comme tel ; Leibniz se distingue donc ici de Monod, pour qui la vie est « un événement unique », sans doute, mais dont « la probabilité *a priori* était à peu près nulle »[75]. En outre les possibles sont de pures fictions pour Leibniz tant qu'ils ne sont pas fondés sur un être actuellement existant, c'est-à-dire *Dieu*[76] et il rejette constamment ce hasard un peu « divinisé » par Monod[77]. Enfin, et c'est le plus important : le code de la monade est *originairement en rapport avec celui du monde entier.* Il y a une universalité du code, et la combinatoire est, chez Leibniz et les biologistes contemporains, selon M. Serres « l'*organon* explicateur de la genèse des vivants... ; le Combinateur amène à l'existence d'un monde chiffré dont mon âme concentre le sens sous sa caractéristique originale : l'harmonie me garantit qu'au moyen de la même clef, je puis déchiffrer l'intérieur et l'extérieur »[78]. Le monde possède un même langage, qui est un *analagon* de la Caractéristique universelle que Leibniz cherchait à établir : on comprend maintenant pourquoi il la mettait en parallèle avec le microscope, instrument *idéal* de l'œil et de la raison[79]. Mathématique et linguistique se rapprochent dans la biologie, ouvrant la voie à ce que

75. J. MONOD, *op. cit.*, p. 161.

76. Cf. GRUA, *op. cit.*, introduction, pp. 47-51, « le réel est du possible passé dans l'être ».

77. Cf. BARTHÉLEMY-MADAULE, *L'Idéologie du hasard et de la nécessité,* chap. I, « d'étranges concepts », pp. 35 sq.

78. M. SERRES, *op. cit.*, p. 104, note 1 et p. 105.

79. Le microscope est « œil de la raison » : COUT., p. 335 « elementa rationis » ; RASPE, p. 538 : « et tanto superius microscopiis et telescopiis quanto praestantior est ratio visu », car la seule droite raison ne peut plus suffire. Pour les parallèles du microscope avec la puissance de la connaissance, et en particulier la caractéristique : G. VII, p. 202. « Si l'instrument des télescopes et des

F. Dagognet appelle une « épistémologie de l'information » : une étude des opérations de la nature, et de ses échanges codifiés, qui s'avèrent plus « débordants que les relations humaines »[80].

La monadologie appelle encore cinq remarques. Les étonnantes anticipations de Leibniz ont été possibles parce qu'il était un *philosophe*. Il est resté au niveau des *schèmes*, et a refusé de lier le sort de sa philosophie à celui de quelque science que ce soit à un moment donné. C'est pourquoi la biologie du XVIIIe et XIXe siècles peut se souvenir de lui[81]. D'autre part, Leibniz, attentif aux polémiques de son temps, a opéré la *synthèse*[82] du mécanisme et du vitalisme : ce dernier a été le point de départ de la théorie cellulaire, qui une fois qu'elle a été clairement formulée, en a marqué le coup d'arrêt[83] : notre philosophe échappe donc à ce coup. En troisième lieu, la « monade » est le schème de l'*individualité* en relation avec le tout de l'organisme. La notion d'*Umwelt* ainsi formulée selon Theodor Ballauf pour la première fois[84], est fondée dans l'en-

microscopes a apporté tellement à la connaissance de la nature de la lumière, on conçoit combien devrait l'emporter ce *novum organon*, pourquoi est construit l'œil de l'esprit autant que c'est en puissance humaine ». Cf. *N.E.*, G.F., p. 188 ; *Théodicée*, G.F., p. 327. R., I, 4, p. 316 : « la caractéristique fournirait au genre humain une espèce d'instrument aussi propre à perfectionner la vue de l'esprit que ces lunettes celles du corps ».

80. *Loc. cit.*, p. 180.

81. Il est difficile en effet de parler d' « influence », car Leibniz a longtemps été « l'oublié ».

82. M. SERRES, *op. cit.*, p. 66, insiste sur cet aspect.

83. F. JACOB, *op. cit.*, pp. 133-134 ; cf. p. 199, où l'auteur dit que la barrière entre la chimie organique et la chimie du vivant a été levée. C'est le cas précisément chez Leibniz où tout est « organique », c'est-à-dire, selon sa terminologie, *organisé* et *vivant*.

84. *Op. cit.*, p. 228. BALLAUF a d'ailleurs souligné toute l'anticipation de la biologie leibnizienne : évolutionnisme (p. 231), indivi-

tendement. Leibniz a pressenti les « catégories » essentielles de la biologie. Davantage, grâce au schématisme de la monade, la vie organique se fait un *logos*, un code à déchiffrer dans chaque être vivant et dans le monde. Leibniz définit « la biologie » comme discours sur la vie organique, qui est elle-même un discours. Dès lors, c'est notre cinquième remarque, le retournement envisagé aux paragraphes 11 à 13 est singulièrement précisé : les mondes de Buffon, d'Oken ou de Monod, peuvent *partiellement* être obtenus à partir du schématisme de la monade. De même, celui de Leeuwenhoek en est une application parmi d'autres possibles, ce qui explique le refus de Leibniz de lier sa philosophie avec les théories de ce savant. Il ne faut donc pas mêler les ordres de réalité car la monade est une structure vivante dans son unité et son individualité [85].

§ 29. — La monade comme vie et représentation

La monade, unité synthétique par sa structure, l'est aussi par sa vie qu'il nous faut à présent appréhender plus concrètement : Leibniz aime à le répéter, « les monades ont quelque chose de vital ». D'emblée, une difficulté se présente, car dans le troisième ordre du réel, tout comme dans les autres, la vie semble éclater : d'un côté, il y a la vie infraconsciente de l'animal ; de l'autre, la vie rationnelle de l'homme qui fait respectivement l'objet d'une psychologie et d'une pneumatologie.

La longue hiérarchie des monades semble à pre-

dualité (p. 229), architecture *(Bauplan)* de la monade et de l'organisme. Kuno Fischer, *op. cit.*, chap. XIX, § 3, considère Leibniz comme un précurseur *(Vorläufer)* de la théorie cellulaire *(Zellentheorie)*.

85. La monade n'est nullement « une machine à programmer », signe de la mort de « l'homme ». (Cf. *Critique*, juillet, 1971, p. 591).

mière vue conforme au principe de continuité, chacune d'elles étant séparée de la suivante ou de la précédente par des différences infinitésimales [86]. On distingue d'abord les substances intelligentes « liées » à un corps (l'ange, l'homme), ou indépendantes de lui (Dieu) ; ensuite les âmes non raisonnables (les animaux et les plantes : *sentientes* et *vegetantes* [87]). Et c'est ici qu'une rupture semble apparaître avec la présence de la raison et l'impossibilité de l'unification de la vie de la monade : « Si nous distinguons l'homme de l'animal, par la faculté de raisonner, il n'y a point de milieu, il faut que l'animal dont il s'agit l'ait ou ne l'ait point. » [88] D'autres textes sont plus nuancés, et il est probable que Leibniz lui-même n'ait pas tranché la question : le principe de continuité et l'unité de la vie des monades n'étaient

86. G. II, p. 92, lettre XVI, *A Arnauld*, avril 1687 : « une infinité de degrés dans les formes des substances corporelles ».

87. G. II, p. 439, lettre LXXXIX, *Beilage*, p. 439 ; cf. Cout., p. 455, la classification des animaux en *sententia (bruta)* et *rationalia (homines)*. *Discours de métaphysique*, § 35 ; G. II, p. 75 ; G. IV, pp. 475, 479, 492, 527 ; T., p. 557.

88. *N.E.*, IV, 4, § 16. Cf. Dut. II, 1, *commentatio de anima brutorum*, XIII, pp. 232-233 : « Interim ne hominem bruto nimis aequare videamur ; sciendum est, immensum esse discrimen inter perceptionem hominum et brutorum... Cogitatio autem est perceptio cum ratione conjuncta, quam bruta, quantum observare possumus non habent. » G. IV, p. 492 (6) : « on ne reconnaît pas que les bêtes fassent des réflexions qui constituent la raison ». Cf. *ibid.*, p. 494 (4) ; G. VII, p. 535. *Théodicée* I, § 91, Leibniz envisage un « moyen naturel d'élever une âme sensitive au degré d'âme raisonnable » ; Cout., pp. 526-527 ; T., p. 147 (12), *De ratione et divinatione :* il y a *imitation* entre l'instinct (la bête), la raison (l'homme), la divination (le génie) ; G. GRUA, *op. cit.*, chap. II, p. 76, notes 31 et 31 *bis*, étudie le problème de la génération des âmes rationnelles. Y. BELAVAL, *Initiation à la philosophie de Leibniz*, pp. 205-206, penche plutôt vers l'idée d'une *rupture* au sein de cette continuité. Enfin, K. FISCHER, *op. cit.*, chap. VIII, *das Stufenreich*, § 1-2, voit dans la notion d'échelle le signe selon lequel Leibniz est un homme de l'Aufklärung.

pas directement en jeu, car l'animal et l'homme ont une commune nature : ils sont des « miroirs vivants », qui représentent. En outre, la distinction entre la psychologie et la pneumatologie vient aussitôt confirmer cette conclusion, car il n'est aucune rupture entre elles ; d'une part, elles sont les branches d'une même « philosophie théorique rationnelle », et d'autre part, la psychologie englobe la pneumatologie [89]. La psychologie leibnizienne n'a donc rien à voir avec ce que l'on entend en France depuis Maine de Biran [90], et chez un homme aussi attentif au langage que l'était Leibniz, l'étymologie est éclairante : elle est l'étude de l'âme et le *logos* de celle-ci, son discours.

Le « miroir vivant » est expression et représentation, concentration du multiple dans l'un : *vie et unité s'y confondent.* Commentant la célèbre phrase de Leibniz, « l'expression est commune à toutes les formes, et c'est un genre, dont la perception naturelle, le sentiment animal et la connaissance intellectuelle sont des espèces », Michel Serres conclut : « Elle est la liaison bi-univoque de la Totalité et de l'Unicité. » [91]

89. Cout., p. 526. Leibniz distingue, dans la philosophie théorique rationnelle, la science des sujets et celle des prédicats. La première est celle des substances divisée en biologie rationnelle (étude de Dieu) et psychologie (étude des substances créées). Celle-ci est double : la psychologie traite des monades en général, la pneumatologie de l'esprit humain.

90. Dans la *Revue Philosophique*, 1946, p. 450, J. Jalabert a souligné les diffifcultés du terme de psychologie, employé rarement par Leibniz. Ou bien la psychologie est une métaphysique de l'âme, et toute la philosophie de Leibniz est sa psychologie ; ou bien, on en fait une anticipation de son acception contemporaine, et l'on reconnaîtra des notations « qui manifestent la finesse d'un psychologue », mais ne suffisent pas à faire de la psychologie une science unifiée.

91. M. Serres, *op. cit.*, pp. 142-146. Ce texte de Leibniz, qui n'est pas à proprement parler cité par Serres, p. 145, se trouve en G. II, p. 112.

Friedrich Kaulbach, dans une étude récente[92], a bien montré les paradoxes du « miroir vivant ». La monade est un miroir : elle est donc représentation. Pour l'instant, c'est une constatation triviale « puisque l'être du miroir est de représenter les phénomènes ». En revanche, il est beaucoup plus délicat de « savoir ce qui se passe quand une image se montre » : d'une part, dans un miroir matériel, l'image n'est pas analysable par des procédés mécaniques, car elle n'est pas une qualité de la matière ; d'autre part, dans le cas de la monade, la difficulté est encore accrue doublement : elle est immatérielle et, contrairement au miroir-outil, elle n'est pas pure passivité, mais cette activité est reproduction : elle est appétition. Il est néanmoins relativement aisé d'appréhender sa nature représentative, sinon de manière positive, du moins au travers des problèmes soulevés par le rapprochement avec le miroir-étendu. Il n'est pas question d'exposer ici une théorie trop célèbre pour qu'on s'y attarde encore[93], mais simplement de voir en quoi la vie et l'unité sont une seule et même chose dans la monade, et cela pour trois raisons.

92. F. KAULBACH, « Subjektivität Fundament der Erkenntnis und lebendiger Spiegel bei Leibniz », *Zeitschrift für Philosophie Forschung*, Bd XX, 1966, Hefte 3-4, pp. 485-488 en particulier ; p. 392, l'auteur distingue deux sens du mot représentation chez Leibniz : « l'état qu'il affirme » (ex. le roi *représente* son pays, G. II, p. 551) et le point de vue représentatif. Il montre le problème de la possibilité d'une connaissance objective, lorsque notre point de vue *(Standpunkt)* est nécessairement subjectif (p. 477).

93. Pour citer quelques exemples : K. FISCHER, *op. cit.*, Kap. VI, pp. 414 sq. ; Kap. VII, § 3, pp. 435 sq. ; H. SCHMALENBACH, *Leibniz*, V. Kap., der Aufbau von Leibniz ' metaphysischen System § 3, Leibniz ' Psychologie, pp. 304 et 340, dont on consultera aussi le précieux index ; Y. BELAVAL, *Leibniz, critique de Descartes*, chap. III, § 2, pp. 145 sq. ; *Initiation à la philosophie de Leibniz*, pp. 207 sq. ; E. NAERT, *Mémoire et conscience de soi selon Leibniz*.

La représentation est un ensemble de *perceptions* dont « aucune ne saurait être dérivée de l'étendue » [94] ; elle échappe ainsi à la multiplicité et à la divisibilité de l'étendue. Bien mieux, la perception se définit à son tour comme « la multitude dans l'unité » [95]. La représentation est ensuite un *courant ininterrompu* de perceptions et même de petites perceptions (infra-conscientes, comme celles du rêve [96]) ; elle ne connaît *aucun repos,* ce qui est la caractéristique essentielle de la vie « matérielle » que les différentes sciences avaient tenté d'élucider. Il pourrait sembler que chaque perception introduise une dispersion atomistique [97] et une discontinuité contraire à l'unité globale du multiple. Il n'en est rien car, écrit Leibniz, « elles assurent la liaison de chaque être avec le tout de l'univers..., elles marquent encore et constituent le même individu, caractérisé par les traces qu'elles conservent des états précédents, de cet individu, en faisant la connexion avec son état présent » [98]. Chaque perception est donc un résumé du monde à un moment et à un point de vue donnés, et d'une certaine façon elle enveloppe concentrativement celles qui la précèdent et celles qui la suivent. La monade

94. E. NAERT, *op. cit.*, pp. 30 sq., définit la terminologie leibnizienne : expression, perception, aperception.

95. *Monadologie,* § 14 ; G. III, pp. 69, 574-575, 581 ; *De Anima Brutorum,* Erd., p. 464.

96. E. NAERT, *op. cit.*, p. 68, expose la théorie leibnizienne du rêve.

97. La difficulté habituelle de la conciliation du principe de continuité et de celui des indiscernables se retrouve ici, puisque, au premier abord, la théorie des petites perceptions semble un flux *discontinu ;* toutefois, dans la mesure où chacune est un « résumé », et s'inscrit dans la mémoire, l'antinomie est partiellement levée, et l'on peut penser avec A. Philonenko *(loc. cit.)* qu'elle demeure *insensible.* D'autre part, on remarquera qu'il n'y a pas davantage de repos psychique que de repos physique.

98. Cité par E. NAERT, *op. cit.*, p. 60.

est donc déjà vie et unité, dans sa réflexion. Mais Leibniz, enfin, va plus loin, puisque l'ensemble de ces perceptions forme ce qu'il appelle la « *consécution empirique* » chez les animaux[99], ou la mémoire chez les hommes (une consécution à laquelle « s'ajoute » la raison). Les paradoxes soulevés par F. Kaulbach se laissent ici aisément résoudre, car dans la consécution la vie et l'unité de la monade se laissent saisir de manière immédiate.

Toute consécution est en effet une concentration à un second degré, et dans un double mouvement : elle est la concentration de perceptions qui chacune déjà était unité du multiple ; elle enveloppe également, d'une part celles qui sont passées[100] (et elle est susceptible de les ramener toujours à la conscience), d'autre part celles qui sont à venir[101]. Contrairement au miroir inerte et étendu, la monade est vivante et spirituelle, et trois différences essentielles l'y opposent : même si l'image du miroir n'est pas matérielle, celui-ci l'oublie, alors que, selon Leibniz, rien ne se perd, tout est continu, et que l'oubli est banni de la monade[102] ; bien plus, alors que celui-ci attend passivement, la monade au

99. La consécution empirique est « une connexion d'imagination »; un « passage d'une image à une autre », *N.E.*, Avant-propos ; « une attente d'un événement semblable dans un cas qui lui paraît semblable au passé », *N.E.*, IV, XVII, § 3 (cf. M. HALBWACHS, *Leibniz*, pp. 67 sq. ; E. NAERT, *op. cit.*, pp. 50 sq., etc.).

100. C'est le sens courant du mot « mémoire » pour nous aujourd'hui.

101. C'est le sens en informatique, quand il est question de mémoire d'un ordinateur.

102. *N.E.*, II, 1, § 11, « il reste quelque chose de toutes nos pensées passées et aucune n'en saurait jamais être effacée entièrement » ; *A Sophie*, 4 nov. 1696, G. VII, p. 544, « et quoiqu'on n'ait pas toujours l'occasion de s'en souvenir, ces idées ne laisseront pas de ressusciter à propos ». On consultera sur ce point E. NAERT, *op. cit.*, pp. 68-73.

contraire « prévoit » les images qui lui parviennent : elle a été réglée originairement en rapport avec son corps et avec le monde, pour les exprimer, c'est-à-dire « être dans un rapport constant et réglé »[103] avec eux. La vie est mémoire et prévision, et tout en étant un devenir, elle échappe au temps dans le souvenir conçu sur le schème de l'emboîtement. Enfin, un miroir peut indifféremment être substitué à un autre ; tout au contraire, le point de vue de la monade est irréductible, elle est l'*individualité*.

§ 30. — La monade dans son unicité : vie et fondement

Néanmoins, il semble difficile d'admettre que les perceptions constituent l'individualité des monades. En effet, elles sont parfois confuses, ce que l'on est aussitôt tenté de traduire par « imparfaites » et « indifférenciées » ; elles sont, d'autre part, la commune nature à tous les êtres vivants et elles ont enfin un objet identique : le monde. Une étude un peu plus approfondie permet néanmoins de répondre à ces trois objections. La confusion, en premier lieu, n'est nullement négative pour Leibniz : elle est l'une des modalités de la clarté, et virtuellement elle est distinction[104]. La perception, justement

103. *Correspondance avec Arnauld,* définition de l'expression (G. II, p. 112).

104. Dans les *Meditationes* (trad. Schrecker, pp. 8-10), Leibniz distingue deux types de connaissance : obscure ou claire, cette dernière étant à son tour confuse ou distincte : « une connaissance est confuse lorsque je ne peux pas énumérer une à une les marques suffisantes pour distinguer la chose d'entre les autres, bien que cette chose, en effet, présente de telles marques et les éléments requis, en lesquels sa notion puisse être décomposée ». Il y a toute une combinatoire du clair, de l'obscur, etc... Cf. Y. Belaval, *Leibniz critique de Descartes,* p. 167, et la note 1. M. Serres, *op. cit.,* pp. 122 sq.

parce qu'elle est confuse, est individuelle à un double titre : par la nature de cette confusion et par le chemin qu'elle prendra pour devenir distincte. Les deux autres objections sont dès lors aisément levées à leur tour : certes, toute monade est perception, mais il y a une infinité de degrés de distinction ; chacune d'elles représente la totalité de l'univers, mais elle n'en représente qu'une partie distinctement ; les monades n'ont pas le même point de vue sur l'Univers, la même perception distincte ; par là, « ce n'est pas dans l'objet, mais dans la modification de la connaissance de l'objet, que les monades sont bornées »[105] et individualisées. La philosophie de Leibniz se déroule sur un fond de confusion (et même, selon M. Serres, d'obscurité[106]) ; Leibniz, en effet, n'hésite pas à écrire que « les perceptions confuses sont comparables aux organismes, comme machines infinies de la nature, et les distinctes aux machines issues de l'art humain »[107]. Ainsi, de même que la machine naturelle était irréductible et première à une machine artificielle, de même la perception confuse est irréductible et première à une perception claire ; elle « l'enveloppe », elle est une représentation d'une région plus vaste du monde que celle d'une perception claire[108]. La nature repré-

105. *Monadologie*, § 60, éd. Boutroux, p. 175.

106. *Op. cit.*, pp. 122 sq. FEUERBACH, *op. cit.*, pp. 50 sq, a insisté sur la valeur des perceptions confuses, § 7, *die Unterschiede der Vorstellung*.

107. M.S. III, A. Jean Bernoulli, p. 577. Ce texte pose le problème de l'inconscient ; Y. BELAVAL, *Leibniz, initiation à sa philosophie*, p. 220, distingue deux types d'inconscient, perception et imitation ; M. SERRES, *op. cit.*, p. 111, en distingue également deux un peu différents : un inconscient mélangé et un inconscient structuré.

108. M. SERRES, *op. cit.*, p. 66 : « Leibniz n'est pas un esprit analytique, c'est un esprit combinateur ; il est agile plus que ferme, et, comme il le dit, *presbyte plus que myope* » (souligné par nous). C'est ce qui se passe ici.

sentative de la monade a permis de dépasser l'abstraction des pures structures. Sa vie, son unité, son individualité, bref son unicité *(Einzigkeit)* résident dans les perceptions : dans leur *contenu représentatif individuel ;* dans les trois types de *relations* de ce contenu, c'est-à-dire les uns avec les autres [109], avec l'organisme auquel ils sont « liés », irréductible individu, et enfin avec le grand organisme du monde ; dans leur *ultime concentration,* la consécution. Celle-ci est l'accomplissement de la notion individuelle de l'individu, contenue dans l'entendement de Dieu, à titre de simple possible, mais déjà totalement individualisée.

On comprend dès lors que la monade soit un « petit monde » [110], et sous un double point de vue : sa structure est celle du monde, d'un organisme, ou d'un système complet et infiniment complexe et, comme le monde, elle possède l'individualité propre à l'organisme. Elle reflète ensuite une portion du monde distinctement, et le reste confusément ; par là, elle le reconstruit à sa manière, en le concentrant : Leibniz l'a parfaitement compris dès 1671 où il parlait d'*eine kleine in einen Punkt begriffene Welt* [111]. *D'un même mouvement, la monade s'individualise et individualise le monde en lui donnant sa réalité par la représentation qu'elle en a.*

La substitution du terme d'*Einheit* à celui d'*Einigkeit* dans le brouillon de la lettre à H. Morus s'éclaire tout à fait : en ce qu'elle est transposition et synthèse des différentes « vies » envisagées dans

109. On peut concevoir une combinatoire infinie des perceptions, puisqu'elles sont infinitésimales.

110. Monadologie, cf. § 83, et P.N.G. § 3, 13.

111. Y. Belaval, *Leibniz, initiation à sa philosophie,* p. 101, cite cette formule, dont nous soulignons l'accusatif *einen,* marquant *l'activité* de la monade.

le monde, et concentration du multiple dans l'un, la monade est *Einigkeit.* Mais elle est davantage, elle est plus qu'un simple résultat, elle est *Einheit, l'*unité d'où le multiple peut être déduit : elle en est la concentration, susceptible de le déployer et l'exhiber à quelque moment que ce soit. Sa vision est individuelle, unique, et elle *recrée* ainsi le monde : toute monade en est le fondement. Par le double mouvement de *concentration* et de *déploiement,* elle est *vie* [112], au-delà de son absence de repos et de son originaire appétition. Dans l'unicité *(Einzigkeit)* de la monade, les phénomènes trouvent leur fondement qui n'est autre que la vie elle-même, celle du troisième ordre du réel.

112. On remarquera jusqu'où va le parallélisme avec l'organisme dont le propre était justement les involutions et évolutions.

CHAPITRE V

PHILOSOPHIE DE LA VIE ET VIE DE LA PHILOSOPHIE

Au moment où, dans la monade, l'unité et l'individualité se fondent dans la vie qui n'est plus seulement la *Grundfrage,* mais le *Grund* des phénomènes, une dernière difficulté se présente : si la psychologie a bien été un « discours sur » la vie de l'âme ou de la monade, et même son discours dans le contenu représentatif des perceptions, toutefois ce *logos* n'est pas un *logos* à part entière, car il est infra-rationnel. Une telle conclusion semble contredire tous les résultats précédents tendant à montrer la complexité et la rationalité supérieures de la vie. En outre, pour reprendre l'expression de Dietrich Mahnke, il y a un « Allmittelpunkt »[1], une infinité de centres « partout et nulle part »[2], non seulement avec chaque monade, mais avec chaque perception ; bien plus, nous sommes en présence de trois fondements : l'entendement calculateur, la substance composée et la représentation commune à toutes les substances simples. Toutefois, si l'on consent à

1. C'est la deuxième partie du titre de son livre *Unendliche Sphäre und Allmittelpunkt.*

2. PASCAL, *Pensées,* cité dans *P.N.G.,* § 13, presque textuellement.

admettre la révolution opérée par Leibniz dans l'ordre du savoir, avec la reconnaissance d'un fond de confusion inhérent à toute connaissance, la solution apparaît aisément : *la raison n'est plus seulement la froide raison raisonneuse, mais elle est la vie elle-même.* Avec la raison, la monade accède à un degré supérieur de distinction dans ses représentations, elle devient plus parfaite encore, plus concentrée, et nous met en rapport avec Dieu. Le centre est alors trouvé, tout en respectant chacun des *Allmittelpunkten,* et les différents fondements subsistent situés à leur juste place dans les ordres du réel. Dès lors, notre esprit tout entier est vie, et toute philosophie est nécessairement une « biologie », le langage de la vie. La philosophie ne doit pas être une chose morte, mais la vie elle-même, thème que reprendra l'idéalisme allemand, et surtout Fichte. La raison et la vie sont en définitive peut-être une tâche *(Aufgabe).*

§ 31. — Le passage a la raison et a la conscience de soi

Il est d'abord nécessaire de prendre acte de la révolution opérée par Leibniz dans l'ordre de la connaissance : la réhabilitation, ou même l'habilitation de l'infra-rationnel. Une telle constatation ne doit pas surprendre, car elle est en réalité la conclusion nécessaire de tout ce qui précède : la prudence de Leibniz à l'égard de tout savoir purement dogmatique, dépendant du seul entendement ; le fait d'avoir considéré la médecine comme la plus haute des sciences, et de l'avoir en quelque sorte érigée en idéal du savoir, alors qu'elle est probabiliste et empirique pour une part ; la fascination enfin par l'alchimie. Or, ces différentes branches du savoir concernaient la vie, et l'entendement calculateur seul ne réussissait pas à la comprendre. Le parallélisme dès lors est frappant — et la cohérence de la pensée leibnizienne totale — : de même que la vie organique échappait au pur entendement, et que sous bien des aspects Leibniz est un « Paracelse du XVIIe siècle », selon l'expression de G. Friedmann, mais aussi un grand rationaliste, de même la vie de la monade échappe à celle du pur entendement, mais elle sera *aussi* celle de l'entendement, et la raison elle-même.

La révolution opérée par Leibniz s'effectue par rapport à Descartes : comme le souligne Y. Belaval, la confusion ne vient plus du corps, mais elle est essentielle à l'esprit [3]. Le renversement est d'autant plus important à souligner que la philosophie de Leibniz passe souvent pour dogmatique, alors que, selon le mot de Kant, elle est un « rationalisme réveillé », par les philosophes du XVIe siècle, par Locke, par Bayle [4]. L'inconscient est originaire, il est une vie toujours en mouvement, à partir de laquelle la réflexion peut s'exercer ; davantage, il est une condition de cette réflexion rationnelle, comme le rappelle un texte célèbre des *Nouveaux Essais :* « Il n'est pas possible que nous réfléchissions toujours expressément sur toutes nos pensées. Autrement l'esprit ferait réflexion sur chaque réflexion à l'infini, sans jamais pouvoir passer à une nouvelle pensée. Par exemple, en m'apercevant de quelque sentiment présent, je devrais toujours penser que j'y pense, et penser encore que je pense d'y penser et ainsi à l'infini. Mais il faut bien que je cesse de réfléchir sur toutes ces réflexions et qu'il y ait enfin quelque pensée qu'on laisse passer sans y penser ; autrement

3. Y. BELAVAL, *Leibniz critique de Descartes*, pp. 146 sq.

4. Il ne faut pas oublier que les *Nouveaux Essais* sont un «contre-Locke » et la *Théodicée* un « contre-Bayle ».

on demeurerait toujours sur la même chose. »[5] La pensée est donc réflexion à l'infini, *noêsis noêseôs*[6].

Leibniz, — et tout au long de l'étude des différentes sciences, cela est apparu clairement —, a comme Kant reconnu les limites *(Grenzen)* et les bornes *(Schranken)*[7] de la raison. Il va même beaucoup plus loin, avec l'affirmation d'un inconscient, vie originelle. Certes, selon Heidegger, Kant aurait pressenti la racine commune à l'entendement et à la sensibilité, l'imagination, puis aurait « reculé »[8]. Cela n'est même pas sûr, pour deux raisons principales : le problème de Kant dans le texte du schématisme invoqué par Heidegger est, selon Hermann Cohen, celui de la méthode (comment penser le concept et le concret dans leurs relations), ou encore celui d'une « phénoménologie pure de la synthèse »[9] ; d'autre part, il ne faut pas oublier qu'au § 67 de la *Critique de la Faculté de juger,* le rêve est considéré comme un parasite au même titre que le ténia *(Bandwurum).*

Tout au contraire, pour Leibniz — et Stahl reprendra cette théorie[10], de même que la « psychologie » ou la psychanalyse[11] — le rêve est aussi essentiel que l'état de veille[12]. Il est la vie originaire, celle

5. *N.E.,* II, 1, § 19.

6. Chez Aristote, cela est réservé à Dieu, mais avec Leibniz, comme nous le verrons, nous sommes autant de « petits Dieux ».

7. *Critique de la raison pure,* traduction T.P., p. 518.

8. *Kant et le problème de la métaphysique,* pp. 217 sq. (éd. Klostermann, III^er^ Abschnitt, § 31, pp. 146 sq.).

9. A. Philonenko, *l'Œuvre de Kant,* t. I, p. 177 ; dans ce paragraphe, l'auteur réfute la critique de Heidegger.

10. *Œuvres,* t. III, pp. 288 sq.

11. Celle-ci a d'abord été en effet une « métapsychologie » selon le titre d'un recueil de Freud en 1915.

12. Quelques textes des *Nouveaux Essais* sont particulièrement éloquents : l. II, chap. 19, § 3 ; II, 21, § 12, les « fliegende Gedanken ».

des « petites sollicitations imperceptibles, qui nous tiennent toujours en haleine »[12 bis], et ne sont autres que l'inquiétude *(Unruhe, uneaseness)*, dont un siècle avant Hegel Leibniz a professé l'importance. Comme il le souligne lui-même, « cette appellation est assez à mon gré », car « on appelle en allemand *Unruhe*, c'est-à-dire inquiétude, le balancier d'une horloge »[13]. Or, tout de même que le balancier de l'horloge est la manifestation et l'essence de la « vie » — mouvement de l'horloge idéale, schème de l'âme, tout de même l'inquiétude est originaire à notre esprit, et elle est la manifestation de la vie. Bien plus, tout ce texte doit être compris à la lumière du *Système Nouveau*, puisque l'inquiétude de l'esprit « répond » à celle de l'organisme[14], et réciproquement.

La vie est inquiétude, dans quelque ordre du réel que ce soit, elle est un mouvement toujours fragile, et selon l'expression de Leibniz « un combat perpétuel »[15]. Il est alors possible d'envisager le passage

12 *bis*. *N.E.*, II, 20, § 6, G.F., p. 141.

13. *Ibid.*, p. 141.

14. « On peut dire qu'il en est de même dans notre corps qui ne saurait jamais être parfaitement à son aise : parce que, quand il le serait, une nouvelle impulsion des objets, un petit changement dans les organes, dans les vases et dans les viscères changera d'abord la balance et le fera faire quelque petit *effort* pour se remettre dans le meilleur état qu'il peut. » La double lecture possible des textes de Leibniz dans le deuxième ou le troisième ordre du réel est particulièrement remarquable ici : dans le second, ils relèvent de la psychologie au sens moderne du terme ; dans le troisième, ils sont proprement une philosophie de la vie. *D'autre part, il faudrait relire maintenant tout le chapitre sur la médecine psychosomatique,* dont l'objet est la *relation* de la vie de l'esprit avec celle du corps organique. On comprend maintenant pourquoi elle est *supérieure à une métaphysique autre que celle de Leibniz* (chap. I, § 1, note 4).

15. *Ibid.*, p. 141. Bichat transpose cette définition dans le *second* ordre du réel : « la vie, c'est l'ensemble des forces qui résistent à la mort ». En effet, comme Leibniz nous le rappelle souvent, il

à la raison et à la conscience, ou plutôt la « consciosité »[16]. La monade est appétit, « tendance à de nouvelles perceptions »[17], mais aussi inquiétude, éveil et appel à se dépasser. On peut se demander si telle n'est pas l'origine du mouvement de réflexion[18] d'une conscience à l'état d'embryon et d'une raison qui se pose des questions. Leibniz, toutefois, n'a pas conceptualisé ce passage, tout au contraire, de Hegel qui trace une gigantesque « odyssée de la conscience », et même, dans *une certaine mesure,* de Fichte[19], qui décrit la longue ascension dans la *Grundlage* de 1794 de la monade vers la vérité.

faut prendre garde à ne pas tomber dans la mauvaise interprétation du schème des horloges, qui consiste à le confondre avec l'ordre du réel à étudier, à la manière des « sauvages d'Amérique (qui) attribuaient la vie aux montres ou aux horloges » ; Leibniz à cette occasion redonne la définition de la vie, dans le troisième ordre du réel : « la notion de vie qui doit toujours être accompagnée de perception dans l'âme ». *N.E.*, III, 10, § 22, G.F., p. 304.

16. Tel est le terme employé fréquemment dans les *Nouveaux-Essais.* Selon E. NAERT, *op. cit.*, p. 25, note 14, « c'est sans doute le *consciousness* anglais que Leibniz traduit par consciosité », par opposition au terme de *conscience* (anglais). Le français ne dispose que d'un seul mot (conscience) et l'allemand de *Bewusstsein* et de *Gewissen* qui correspondent aux deux mots anglais.

17. Erd., pp. 706, 714, 732, d'après E. CASSIRER, *op. cit.*, p. 375.

18. Cette hypothèse est d'autant plus plausible que Leibniz introduit le thème de l'inquiétude dans les *Nouveaux Essais* (II, 20, § 6) par ces mots : « la lecture de son excellent auteur m'a fait voir que cette considération de l'*inquiétude* est un point capital, où cet auteur a montré particulièrement son esprit pénétrant et profond ».

19. En particulier, *la phénoménologie de l'esprit.* Nous nous permettons de rappeler les cinq moments de la monade selon Fichte, dans la *Grundlage* de 1794, qui nous semblent beaucoup plus leibniziens, comme il le dit lui-même (*Œuvres choisies de Philosophie Première,* p. 309). - 1. Les perceptions seulement confuses, et l'existence solitaire. - 2. Les consécutions empiriques et l'organisation (l'animal). - 3. La *réflexion* sur le monde et sur elle-même, et donc le problème de l'*individualité.* - 4. L'usage de la raison et le problème de la *personnalité.* - 5. La *vérité* doit se réaliser comme

Nous devons nous en tenir à ses textes, et *constater* que tout ce qui vient d'être dit l'a été par une conscience et une raison données aussi originairement peut-être que l'inconscient des perceptions, et susceptibles de se perfectionner par leur activité. Il n'y a pas à proprement parler de construction du moi ou de la conscience chez Leibniz[20] : il est un donné, une œuvre de Dieu profondément individuelle, qui après sa création accède à une autonomie et une spontanéité totales. Certaines des monades créées sont douées de simples perceptions, et les autres d'aperceptions, et donc de raison[21]. Quant à nous autres hommes, nous sommes non seulement des monades représentatives, mais des monades *réflexives* qui nous regardons, et regardons l'image du monde que nous avons en nous, et ne sera jamais celle d'aucune autre[22]. Nous sommes un entendement et une sensibilité, entre lesquels il n'y a pas vrai-

vie. Le troisième moment, qui nous intéresse ici, mais ne peut être compris indépendamment des autres, est développé dans la seconde section du paragraphe 4 des *Principes*. C'est le dégagement du Moi « à partir du choc de la sensation » ; « la monade doit devenir *pour elle-même*, ce qu'elle était devenue pour nous » (d'après A. PHILONENKO, *La liberté humaine dans la philosophie de Fichte*, pp. 114-116). Ces reconstructions sont d'autant plus délicates que, selon Y. Belaval, il y a une *rupture* introduite par la présence de la raison, qui ne saurait naître de l'instinct, ni des perceptions. Nous ne saurions trancher le débat avec M. SERRES, *op. cit.*, p. 593, surtout p. 608, note 1.

20. C'est notamment ce que lui reproche Fichte, en le traitant de « dogmatique », alors que sur beaucoup de points il est, comme nous le verrons, très proche de Leibniz.

21. « La perception qui s'accompagne de conscience est une aperception. » E. NAERT, *op. cit.*, p. 37.

22. Nous voyons ici encore une fois que l'*individualité de la monade* va bien au-delà du *praedicatum inest subjecto*, l'impossibilité d'échanger les prédicats. La concordance des principes de Leibniz avec la réalisation du système (cf. notre introduction) est totale.

ment de rupture[23], sinon l'unité de la monade serait contredite. L'entendement est une *concentration* des petites perceptions et des consécutions qu'il fait accéder à la mémoire[24], sa nature est *représentative.* Il est aussi un questionnement *continu*, sur le monde, et sur les représentations de ce monde : comment distinguer les phénomènes des songes[25], comment suis-je identique à moi-même, alors que je suis devenir[26], et enfin, ce qui est beaucoup plus grave, « pourquoi il y a plutôt quelque chose que rien ? »[27]. Et en cela il est *inquiétude.* Continuité, mouvement, représentation et inquiétude, telles étaient précisément les caractéristiques de la vie. Chez Leibniz, la raison n'est pas purement spéculative, ou plutôt, la pensée ou la *spéculation est la vie elle-même.* Ainsi n'est-elle pas appauvrissante, et respecte-t-elle le divers des phénomènes et leur individualité.

§ 32. — L'unification des fondements

Dès que l'on admet la réflexivité de la monade, c'est-à-dire sa double représentativité — du monde, et d'elle-même, de sa vie infraconsciente —, les diffi-

23. Cela ne signifie nullement que la présence de la raison ou son absence n'introduise pas de coupure dans la hiérarchie des êtres vivants, mais dans l'homme, il y a *harmonie* des deux, et passage de l'une à l'autre par la vie.

24. La mémoire est *réflexive,* elle suppose la *raison* et la *conscience :* « il y a quelque chose dans la mémoire, il ne suffit pas d'avoir la facilité de penser, il faut juger qu'on y a déjà pensé », *in* Robinet, *Malebranche et Leibniz, Relations personnelles,* p. 171. La mémoire d'ailleurs se confond presque avec la réflexion, dans une lettre à Burnett (G. III, p. 299) selon E. Naert, *op. cit.,* p. 50.

25. G. VII, XIII, *De modo distinguendi phaenomena réalia ab imaginiriis.*

26. Tel est le problème que la consécution permet de résoudre, et surtout la *mémoire.*

27. *P.N.G.,* § 7.

cultés précédentes relatives à l'unité du fondement se laissent aisément résoudre. En premier lieu, la raison est vie, et se développe à partir d'un fond infrarationnel qui en est la double condition de possibilité : Schmalenbach aime à le souligner [28], chez Leibniz comme chez Kant, le concept sans intuition est vide, et réciproquement ; d'autre part, sans ce fond infrarationnel, elle serait réflexivité à l'infini, et incapable de progresser [29]. Mais seul l'entendement permet d'assumer en quelque sorte la vie infraconsciente, et de la faire parvenir à un degré de concentration supérieure : il en perçoit synthétiquement les liaisons, il les construit aussi, de même qu'il construit le monde. Dès lors, le miroir vivant est un *regard* qui donne leur prix et leur réalité aux phénomènes. Le fondement mathématique, déterminé au chapitre II, paragraphe 12, et le fondement représentatif déterminé au chapitre IV, paragraphe 29, sont donc non seulement indissociables, et en relations continuelles (une des modalités de leur vie), mais *ils sont une seule et même vie.* C'est pourquoi la monade rationnelle, concentration supérieure, et donc vie supérieure, s'achève dans sa simplicité, prenant en charge, dans sa conscience d'elle-même, son propre mouvement d'horloge idéale. Elle est donc en haut de la hiérarchie des monades.

En second lieu, la substance simple et la substance composée semblent à première vue deux fondements impossibles à « unifier » sans trahir les textes de Leibniz : celle-ci, introduite tardivement, est peut-être l'expression d'une telle impossibilité. Néanmoins, sa genèse au travers du concept d'organisme (chap. III),

28. *Op. cit.* (On consultera la critique de D. MAHNKE, in *Leibnizens Synthese...*)
29. Cf. note 5, § 31.

permet de résoudre cette dichotomie : en dernière analyse, la substance composée est une *construction* de la substance simple, son « œuvre ». L'entendement constructeur a posé une *ousia,* conçue comme relation, dans la chaîne des relations, grâce à laquelle il construisait le monde des phénomènes. La substance composée dépend donc de la substance simple qui l'a posée et l'enveloppe. Mais cette *ousia* n'est pas seulement un produit, un ensemble de relations construites, elle est une *vie autonome ;* en cela elle ne dépend que d'elle-même, elle est un donné que l'entendement ne peut comprendre, une substance. Il n'y a pas opposition entre les deux types de substance, ni même de dualité : la réciprocité est parfaite. Si la substance simple reconnaît et enveloppe la substance composée, en la situant et la construisant dans un ensemble de relations, celle-ci à son tour enveloppe d'une certaine façon également la monade ; elles sont aussi originaires l'une que l'autre : pas d'organisme, et donc une monade rationnelle *vide,* qui ne représente plus rien et n'est plus une monade ; pas de monade rationnelle pour le représenter, l'organisme est un simple agrégat, un pur phénomène incapable d'être réalisé. Cette mutuelle implication des deux types de substance se retrouve au niveau du schématisme, puisque le réseau de relations de l'une permet de comprendre celui de l'autre. Substance simple et substance composée sont donc le produit et la production d'un même regard sur une même monade liée à un corps, mais il change de point de vue. Elles sont si indissolublement confondues qu'on ne saurait « penser » l'une sans l'autre.

La substance composée ne dépend donc pas seulement du regard de la substance simple. Elle est plus que cela, puisqu'elle est activité : elle constitue *l'ultime effort* de la monade pour sortir d'elle-même, tout en restant un tout fermé et auto-suffisant ; elle *objective*[30] la relation au corps sans laquelle elle serait vide. Par là, elle est la reconnaissance de sa *finitude* sous cinq points de vue. Comme le montrera très bien Schelling, à la suite de Leibniz lui-même, dans toute son œuvre[31], il y a un « résidu » de la vie organique, et de la vie de l'âme, qui échappe à l'entendement ; la substance composée, par sa substantialité précisément, est l'expression pour la monade rationnelle de ce résidu, en même temps que l'affirmation pour elle de la nécessité de prendre en « charge », d'assumer le corps entièrement autonome auquel elle est liée : elle doit l'exprimer le mieux possible. Elle est donc l'acceptation de notre finitude de monade, nous qui pourtant exprimons l'infini, et dont la structure est telle qu'elle va elle aussi à l'infini : tout ne dépend pas de notre esprit, même si celui-ci a cette illusion. Le monde est en nous ; sans nous, il n'est rien, semble-t-il ; la substance composée est l'expression de cette certitude, de cette foi même, selon laquelle il est néanmoins hors de nous, et possède une réalité objective : elle est le renoncement à la tentation

30. Nous donnons à ce terme sa signification kantienne du chapitre III.

31. C'est du moins ce que nous avons essayé de montrer. Pour Schelling, *Essais*, pp. 74-75, « puisque vous pensez chaque plante comme un individu chez lequel tout converge vers un seul et même but, vous devez en chercher la raison *dans la chose, en dehors de vous ;* vous sentez que votre jugement vous est imposé, que l'unité que vous attribuez à la plante n'est pas seulement *logique* (dans votre entendement), mais *réelle* (extérieure à vous) ». Chez Leibniz, le principal résultat de la *théorie du vinculum,* en définitive, est d'avoir doté le *corps de réalité objective :* sa finalité est alors pleinement respectée, « en dehors de nous », ainsi que le parallélisme : *le corps et l'âme, ont le même degré de réalité* (pour Leibniz, la finitude qui réside avant tout dans le *point de vue* est essentielle, *Monadologie,* § 47, 60, etc.).

de faire du « moi » le centre d'où tout découle, et ainsi elle débouche finalement sur l'affirmation de Dieu. Sous un troisième point de vue, qui découle directement du précédent, la substance composée assure le passage du *deuxième* ordre du réel au *troisième, indépendamment* de nous et de notre regard : en chaque monade, liée à un corps, a été préétabli « un rapport constant et réglé ». Davantage, le *vinculum,* producteur de réalité dynamique, enveloppe, indépendamment de nous toujours, *le passage à la rationalité :* la monade seulement perceptive possède une expression rationnelle et adéquate, si paradoxal que cela puisse paraître. Elle est en effet analogue à un rapport mathématique et d'une rationalité supérieure[32] ; aussi, toute représentation en vertu de ce rapport, même simplement perceptive, est adéquate et rationnelle. Dès lors, on peut se fier à l'imagination[33], d'une part, et d'autre part, si par le bon vouloir de Dieu, il n'y avait peu eu de monades rationnelles, le monde, néanmoins, aurait eu une réalité représentative en chacune des monades perceptives, mais il aurait été un agrégat de substances composées. Il existe donc en nous certes, mais indépendamment de nous également. Finalement, la substance composée n'est peut-être pas tant le résultat du regard d'une monade sur une autre liée à un corps, que celui de l'ensemble des monades rationnelles, qui s'accordent à se *reconnaître* telles, dans leur totale autonomie.

32. Y. BELAVAL, *Leibniz critique de Descartes,* montre que c'est par cette expression mathématique, que le thème du miroir, très courant à cette époque, est parfaitement original chez Leibniz.

33. Cf. notre paragraphe 19.

§ 33. — Centre et fondement

Autant de monades, autant de fondements partiels et autant de « petits mondes », comme le disait déjà Ficinus à la suite de Démocrite[34]. Chacune d'elles, « miroir vivant », est aussi un regard, car elle est douée « d'action interne ». C'est pourquoi, comme le montrent très bien les *Principes de la nature et de la Grâce,* elles sont des *centres,* comparables au faisceau ponctuel des droites concourantes ; elles en sont tout à la fois l'origine, la source et la concentration, le résumé ultime : « C'est comme dans un *centre ou point,* tout simple qu'il est, se trouvent une infinité d'angles, formés par les lignes qui y concourent » (§ 2). Bien plus, il y a une hiérarchie des centres, dans chaque organisme, autour de l'âme : « Chaque monade distinguée qui fait le *centre* d'une substance composée... est environnée d'une masse composée d'une infinité d'autres monades qui consti-

34. D. Mahnke, *Unendliche Sphäre und Allmittelpunkt,* pp. 71 sq. On peut lire p. 73 : « dass der Mensch eine " Kleine Welt ", ein Bild des ganzen Universums sei, ist ebenfalls bereits in der griechischen Philosophie seit Demokrit oft gesagt und dann im Mittelalter noch durch den biblischen Satz vom Menschen als " Bilde Gottes " ergänzt worden ». Cassirer, *Individuum und Kosmos in der Philosophie der Renaissance,* était déjà arrivé à des conclusions analogues à celles de D. Mahnke, en particulier dans son chapitre « Freiheit und Notwendigkeit in der Philosophie der Renaissance » : chez Vico, la *relation du moi au monde* (pp. 91-92), chez Paracelse le thème du *microcosme* et du *miroir ;* ce dernier écrit en effet que l'homme n'est rien d'autre qu' « ein bildnus in eim Spiegel, gesert hinein durch die vier element » et « ... also ist der mensch an im selbts auch, und aus ime wird nichts genomen, allein was aus der eusseren erkantnus Kompt, des figur er im spiegel ist », *Buch Paragranum,* cité p. 118. Pour Paracelse, l'homme est un « tote bildnus » qui cependant rassemble toutes les forces de la connaissance, et est de ce fait au *centre* du monde (*Zum Kern und Mittelpunkt*). Cf. ibid., p. 189, l'étude des rapports du moi et du *Kosmos* chez Nicolas de Cues.

tuent le corps propre de cette monade *centrale* » (§ 3). Dès lors, chaque monade rationnelle, et même chaque âme, est un « petit Dieu », autour duquel en gravitent d'autres, ou « une petite divinité dans son département » [35]. Certes, la tentation est grande [36], mais ces petits Dieux tout-puissants en leur sphère sont insatisfaits, ils cherchent un autre centre, car ils se savent finis.

La monade est « la référence ultime, par rapport à quoi le phénomène, l'agrégat, le composé, la machine, la matière seconde, la force vive, l'espace même et le temps sont dérivatifs » [37], mais en même temps elle n'est qu'un élément quelconque d'une multitude de représentations. Bien sûr, elle sait s'orienter dans le monde, en fonction du rapport du mécanique et du vital et des différents ordres du réel, mais c'est elle qui a posé les repères. Or, ce monde, elle ne l'a pas créé, elle peut tout au plus le reconstruire à l'aide de son entendement calculateur, comme pour la divisibilité à l'infini [38] ; elle y projette ses propres structures pour la compréhension des phénomènes, tandis qu'elle en extrait des schèmes susceptibles de mieux lui faire saisir sa représentativité [39] ; elle peut très bien être le jouet

35. *Monadologie*, § 83 ; *Théodicée*, § 147, G.F., p. 199 : « Il le laisse faire... » ; G. VII, p. 554 : « les âmes qui sont comme des Centres, représentent en elles ce qui arrive dans la multitude ». *Ibid.*, p. 556 : « tout un monde s'enferme dans un petit espace tel que l'œil ou le miroir ».

36. Cf. aujourd'hui le livre du biologiste P.-P. GRASSÉ, *Toi ce petit Dieu !*

37. M. SERRES, *op. cit.*, p. 789. Dans les pages 788-790, l'auteur montre en quel sens la monade est ou n'est pas un point fixe.

38. Cf. notre chap. II, § 12, pp. 82 sq.

39. Par exemple, pour la structure concentrative de la monade, *P.N.G.*, § 76 : les involutions et évolutions de l'animal sont une « projection » de cette structure concentrative de la monade. Inversement, celui-ci fournit non seulement une image, mais un

d'une « logique de l'apparence »[40]. La monade, certes, fonde les phénomènes, mais elle *ne suffit pas* à en rendre compte : le monde possède, *lui semble-t-il,* une réalité objective, indépendante d'elle ; il est plus qu'un simple résultat de l'accord des monades puisqu'il est une entité dynamique. « Sans portes ni fenêtres »[41], point métaphysique exact et réel, « absolument simple, et primitive, suffisante et principielle, indépendante de toute référence extérieure, et référence unitaire pour sa fermeture autarcique, puisqu'elle est sa condition et la condition pour penser le monde »[42], elle n'est qu'un point de vue, une substance finie, et créée, qui ne peut « comprendre » son origine.

Ce pluralisme, toutefois, n'a rien de tragique comme chez Pascal : il nous situe dans un monde plein, surchargé de relations d'expressions, d'analogies heureuses. Comme le souligne Michel Serres, ce sont « les voyages comiques d'Arlequin »[43]. On peut néanmoins se demander s'ils sont si amusants que cela. Chaque monade, en effet, fonde le monde à son tour, indéfiniment répétée, et pourtant indéfiniment autre. De sa finitude naît l'exigence d'un centre d'où tout découle, qui soit comme chez Paracelse *Kern* et *Mittelpunkt*[44], et ne nuise en rien à

schème pour la compréhension de la monade par elle-même. Ou encore, la monade rationnelle ne *connaît les autres monades que par analogie* avec elle : « elles ont quelque chose d'analogue aux âmes ».

40. KANT, *Critique de la Raison pure,* p. 251.

41. *Monadologie,* § 7.

42. M. SERRES, *op. cit.,* p. 788.

43. *Op. cit.,* p. 724. La révolution opérée par Leibniz avec la considération des *points de vue* a pour schème la substitution des sections coniques au centre d'un cercle dans un plan donné (*ibid.,* p. 656) : il y a une infinité de plans, que l'œil fait varier. Pour la richesse du réel et des expressions, cf. *ibid.,* pp. 620 sq.

44. Voir *supra,* note 31.

son autonomie. Il ne s'agit plus de savoir quel est le centre, de prendre parti pour Copernic ou pour Ptolémée [45] — pour employer les termes de Pascal [46] — mais de chercher si un centre est possible et, si oui, de le démontrer. Le problème est donc infiniment plus complexe que celui des « physiciens » ou des alchimistes du XVIe siècle et il se situe en outre dans le troisième ordre du réel : les monades cherchent un centre autour duquel s'ordonner.

Dans le mouvement de réflexion de la monade rationnelle qui se découvre finie, naît la reconnaissance et l'affirmation de Dieu, présent à chaque endroit de l'œuvre de Leibniz [47], discret, mais répondant aux insuffisances de notre esprit : « Il est le Centre primitif d'où tout émane. » [48] Bien plus, il est la réponse à la terrible question du paragraphe 7 des *Principes de la Nature et de la Grâce* : « Pourquoi il y a plutôt quelque chose que rien ? Car le rien est plus simple et plus facile que quelque chose... » Les choses contingentes ne peuvent trouver leur raison suffisante que dans la notion de l'Être Nécessaire. Dieu est l'Être Nécessaire, grâce auquel s'arrête la régression à l'infini : « Ainsi, il faut que *la raison suffisante*, qui n'ait plus besoin d'une autre

45. M. SERRES, *op. cit.*, p. 651.

46. *Pensées*, Br. 346 ; Ch. 1181 : « je trouve bon qu'on n'approfondisse pas l'opinion de Copernic ». On rapprochera de T. I, p. 139 : « le soleil ne saurait être le centre de l'univers, parce qu'il y a une infinité de soleils aussi grands et aussi beaux que le nôtre ». *Causa dei*, § 58, trad. Schrecker, p. 125... « Il y a autant de soleils que d'étoiles fixes. » *N.E.*, Préface, G.F., p. 35 : parlant de la terre et du soleil, Leibniz écrit : « il y aura peut-être un temps où ce bel astre n'existera plus, au moins dans la présente forme, ni tout son système ».

47. Y. BELAVAL, *Leibniz, initiation à sa philosophie*, p. 197 : « de quelque côté que l'on aborde la doctrine — ontologie ou théorie de la connaissance —, on y touche Dieu aussitôt ».

48. G. IV, p. 553.

raison, soit hors de cette suite des choses contingentes et se trouve dans une substance qui en soit la cause et qui soit un être nécessaire, portant la raison de son existence avec soi[49]. Dès lors, il est possible de ne plus "parler en simples physiciens" mais, en considérant Dieu, de voir "pourquoi les choses sont allées ainsi plutôt qu'autrement". »[50]

§ 34. — Dieu : la Vie

Dieu est l'ultime fondement, le *Grund* des phénomènes et de chaque être vivant, parce que, *comme le Dieu de l'Écriture,* il est la Vie. En effet, seul de

49. *P.N.G.*, § 8. Cf. *Monadologie,* § 38, 39 : « or cette substance étant une raison suffisante de tout ce détail..., *il n'y a qu'un Dieu et ce Dieu suffit* » ; § 45 : « des êtres contingents existent, lesquels ne sauraient avoir leur raison dernière ou suffisante que dans l'être nécessaire, qui a la raison de son existence en lui-même », etc. Nous ne saurions entrer ici dans l'exposé des diverses preuves de l'existence de Dieu, proposées par Leibniz. On se contentera de rappeler que pour lui, ce que l'on appelle *depuis Kant* la preuve ontologique reste logiquement inachevée tant qu'on n'a pas prouvé que l'idée de Dieu est non contradictoire. Il écarte les deux difficultés soulevées par Kant (après les avoir indiquées en G. IV, p. 293 : l'existence est-elle ou non une perfection, et peut-on d'une simple idée, inférer une existence hors de nous) en substituant à la notion d'être souverainement parfait celle de l'Être nécessaire (« ens de cujus essentia est existentia », G. IV, p. 359). Les arguments le plus souvent employés sont *a posteriori :* le mouvement renvoie à un Premier Moteur, l'harmonie préétablie entre l'âme et le corps, la génération des êtres vivants, leur infinie perfection témoignent de la présence de Dieu, comme on l'a vu à plusieurs reprises au cours de ce travail. C'est le plan même des *Principes de la Nature et de la Grâce,* qui appelle ces preuves (passage de la physique à la métaphysique, § 7, *plan que nous avons suivi*). L'argument *a posteriori* justifie *a posteriori* l'usage de la notion d'Être Nécessaire, sans lui il serait impuissant. Cf. Kant, *Critique de la raison pure,* Dialectique transcendentale, chap. III, 5e section.

50. *P.N.G.*, § 10. Étant donnés les très nombreux textes de Leibniz recensés déjà par les interprètes, nous préférons nous en tenir aux *P.N.G.*, à titre d'*exemple,* et pour un commentaire plus précis.

toutes les monades, il possède une *spontanéité* absolue, car il n'a pas été créé. « Substance simple primitive »[51], il est *l'ultime unité,* l'ultime *concentration,* la *Monas monadum,* dont il « renferme éminemment toutes les perfections »[52]. Pour reprendre les termes employés jusqu'ici, sa structure est celle d'un emboîtement à l'infini, infiniment concentrée : Dieu a tout *prévu,* il sait tout par avance, il a tout *pré*établi[53] et l'on reconnaît ici ce fameux préfixe « pré » sur lequel ironisera Feuerbach[54]. Il voit tout en un instant, en tous les lieux à la fois. Lui seul voit pour chaque monade « dans son état présent tous ses états passés et à venir »[55] et son individualité, son *unicité*[56] absolues. Bien plus, il concentre en lui l'ensemble des relations intermonadiques, tout le monde existant actuellement et toutes les monades et tous les mondes possibles. Contrairement aux monades créées, il n'a pas besoin de déplier ses replis pour connaître l'univers[57], car il est présent en chacune d'elles, et en même temps il est ce autour de quoi elles s'ordonnent : « Il est comme un centre partout ; mais... sa circonférence n'est nulle part, tout lui étant présent immédiatement, sans aucun éloignement de ce centre. »[58] En ce dernier rassemblement des temps, et des lieux, il est *l'Éternité, le triomphe définitif de la vie sur la mort*[59].

51. *P.N.G.,* § 9.

52. *P.N.G.,* § 9., les substances créées sont en effet « dérivatives » par rapport à lui.

53. Cf. notre chap. III, § 15, p. 94.

54. *Op. cit.,* pp. 181 sq.

55. Par exemple *P.N.G.,* § 13.

56. *P.N.G.,* § 3.

57. *P.N.G.,* § 13.

58. *P.N.G.,* § 13.

59. Le Dieu de Leibniz en ce sens est le Dieu chrétien (cf. J. JALABERT, *Le Dieu de Leibniz*). Dieu ne connaît pas la mort, analogue au sommeil, auquel Jésus-Christ l'a comparée, *N.E.,* Avant-propos ;

Il n'est pas seulement le Dieu des philosophes ; certes, comme celui de Descartes, il est créateur de vérités éternelles, « le point fixe et immuable sur lequel tout roule »[60], mais il est aussi un Dieu personnel, « dont la puissance va à l'être, la sagesse ou l'entendement au vrai et la volonté au bien »[61]. Il est *La Personne* par excellence, puisqu'il enveloppe toutes les autres, et s'il en contient éminemment toutes les perfections, il contient également la conversion de toutes leurs insuffisances : indépendant de tout corps, il n'est pas limité par lui ; il est infini, concentration infinie de l'infini. Étranger à toute passivité, il ignore les perceptions confuses. Son individualité, son unicité résident donc seulement dans la *raison,* dont l'inquiétude est bannie.

Toutefois, même si elle est sérénité, et « repos », puisqu'elle *concentre* le mouvement, sa raison est la plus haute manifestation de la vie. Ses interprètes n'ont pas manqué de souligner son « mécanisme métaphysique »[62] explicite : « La sagesse de Dieu, non contente d'embrasser tous les possibles, les *pénètre, les compare*... pour en estimer les degrés de perfection et d'imperfection, le fort et le faible, le bien et le mal ; elle va même au-delà des combinaisons finies, elle en fait une *infinité d'infinies*... dont chacune contient une infinité de créatures. »[63] La raison de Dieu seule comprend l'infini actuel[64], étranger à l'imagination[65], dans une structure d'em-

G. VII, p. 531. Il est le Dieu de *la Résurrection,* car il est *source de vie.*

60. T. I., p. 379, *A Sophie,* août 1696.

61. *Théodicée,* I, § 7. (Cité et commenté par Y. BELAVAL, *op. cit.,* p. 198.)

62. Y. BELAVAL, *op. cit.,* pp. 198 sq. ; J. MOREAU, *op. cit.,* pp. 233 sq.

63. *Théodicée,* II, § 225 (souligné par nous).

64. E. CASSIRER, *op. cit.,* p. 346.

65. G. IV, pp. 502-503.

boîtement présente dans chaque ordre du réel. C'est elle qui le construit, et en saisissant les diverses « réalisations » possibles, concrètement, dans leur *individualité* — ce que la raison humaine est impuissante à faire —, elle est en mesure de *choisir* la meilleure. C'est une *combinatoire* extrêmement complexe qui entre en jeu, « une mathématique divine, ou mécanique métaphysique »[66] qui a tous les caractères de « la machine divine ». Elle échappe donc au mécanisme humain[67] et à son déterminisme, tout en étant parfaitement rationnelle. Source des « machines divines », elle en a tous les caractères, car elle s'y est en quelque sorte « communiquée »[68], projetée. Dès lors, *mathématiques et Combinatoire de Dieu sont des modalités de sa Vie.* Sa raison échappe au déterminisme aveugle, au *fatum*[69], et Dieu est totalement *libre.*

Il répand sa vie dans chaque ordre du réel, selon différentes modalités ; il les « anime » ainsi et les crée en se « communiquant ». En Dieu, parce qu'il est la Vie, s'accomplit, pour reprendre le titre d'un ouvrage de Dietrich Mahnke, la synthèse dernière de l'*Universalmathematik* et de l'*Individualmetaphysik*[70], dont chaque monade est une fulguration[71].

Comme chez Pascal, Dieu est finalement *au centre.* Présent en chaque monade qui en est la manifes-

66. G. VII, p. 304 : « dans l'origine même des choses s'exerce une certaine mathématique divine, ou mécanique métaphysique ».

67. Cf. notre chapitre III.

68. *Théodicée,* II, § 228, G.F., p. 254.

69. Il échappe au *fatum.* Correspondance avec Clarke, 5e écrit ; *Théodicée, ibid.,* etc.

70. Toutefois, Dietrich Mahnke en reste (§ 20-21) aux représentations *monadiques,* pp. 493-515, dans cet ouvrage qui constitue le « commentaire des commentaires » sur ce point « central » du leibnizianisme.

71. *Monadologie,* § 47 ; cf. *de rerum originatione,* Erd., p. 148 b.

tation, il est immanent et centre partout ; mais, les enveloppant toutes, il est transcendant et *hors* des ordres du réel[72]. La révolution opérée par l'alchimie trouve ici son correspondant théologique[73]. Dès lors, le monde de Leibniz est « centré » et « décentré » tout à la fois. L'homme croit avoir trouvé un centre ; et, pour Leibniz, c'est encore en avoir une certitude logique *a priori :* Dieu est possible car il est non-contradictoire[74] ; mais surtout, il a sous son regard différentes manifestations de Dieu et, en lui, la présence de la finitude et de la vie. C'est pourquoi l'existence de Dieu est l'exigence d'une raison vivante, qui ne peut rendre compte d'elle-même et se sent intuitivement en relation originaire avec Dieu : « Je commence en philosophe, écrit Leibniz, mais je finis en théologien ; un de mes grands principes est que rien ne se fait sans raison ; c'est un principe de philosophie. Cependant, *dans le fond,* ce n'est autre chose que l'*aveu* de la sagesse divine, quoique je n'en parle pas d'abord. »[75] Dieu, immanent et transcendant, vainqueur de la mort et source de Vie, est non seulement le Dieu biblique de la création, mais le Dieu personnel de l'Évangile, le Christ lui-même[76].

Si chaque monade rationnelle est une « petite divinité en son département », c'est parce qu'elle est une émanation de Dieu. En cela, elle est toute-puissante, elle est la vie du monde, et on peut parler de « panpsychisme »[77]. Mais en même temps, être une

72. M. SERRES, *op. cit.*, pp. 152, 626 sq. : il est « dans un autre plan ».

73. Cf. notre chapitre II, § 6.

74. *Monadologie,* § 45. Certains logiciens comme Russell ou Rougier, ne sont pas convaincus de la validité de cette preuve.

75. BODEMANN, *die Leibniz - Handschriften der kön. öff. Bibliothek zu Hannover* (1895), p. 58 (souligné par nous).

76. Cf. PASCAL, *Pensées*, 394.

77. Cf. J. JALABERT, *La théorie leibnizienne de la substance*, pp. 42-55.

fulguration de Dieu est bien terrible : outre la tentation d'orgueil, il ne faut pas oublier que le *regard* du Dieu de la Bible est insupportable à l'homme, ce miroir qui devient alors pure transparence et peut-être *vide*. La monade rationnelle, dès lors, doit s'efforcer, pour être digne de sa nature d'imiter Dieu, d'imiter sa vie [78] et de se reconnaître dans ses différentes manifestations. *Penser* la vie et *être* vie, voilà la *tâche* de la philosophie. La philosophie doit être philosophie de la Vie et devenir la vie même [79].

§ 35. — La Vie dans les différents ordres du réel

Regardant tout le chemin parcouru, « non plus en simples physiciens », mais en métaphysiciens [80], nous découvrons la présence de Dieu, en chaque manifestation de la vie. Il nous faut maintenant les ordonner en fonction de leur degré de réalité, qui est donné dans leur opposition, ou plutôt leur parallélisme avec les corps étendus ; « dans les corps animés, il y a la plus belle harmonie entre le vital et le mécanique » [81] et « ce que les figures exhibent *extensivement*, les entéléchies le contiennent *concentrativement*, et ce qui est mécanique dans les premières est vital dans les dernières » [82]. La vie est

78. Seules les monades *rationnelles* imitent Dieu, puisque Dieu est *Raison*.

79. Tel est le dernier sens du mot « biologie » : *logos* de la vie, de la Vie de Dieu, et d'abord de celle de la Raison.

80. *P.N.G.*, § 7.

81. Cout., p. 12 ; *Correspondance avec Wolff*, p. 139 ; J. Baruzi, *Leibniz*, p. 296, fragment théologique XX. Nous traduisons de manière un peu lâche peut-être *consensus mechanicorum et vitalium*.

82. *Correspondance avec Wolff*, *ibid.*, p. 139, *in illis... in his* (souligné par nous).

concentration par opposition à l'extension du mécanisme, et plus le degré de concentration est élevé, plus la vie est authentique, unicité, et proche de Dieu.

Il s'agit donc de suivre son déploiement dans chaque ordre du réel. Il se communique directement dans le troisième ordre, à la monade rationnelle, puis à la monade perceptive. Toute monade est « vitale », non seulement parce qu'elle est émanation de Dieu, mais qu'elle contient concentrativement l'organisme, ou le monde. La vie s'étend alors au deuxième ordre du réel, et s'y limite : l' « organisme » est vital, car il est un *analogon* de la vie organique, et surtout une concentration du premier ordre du réel, le mécanique, d'où il ne saurait être déduit [83].

Entre ces différentes modalités de la vie, il y a des relations d'entr'expressions constantes, et non seulement une correspondance « ontologique » mais aussi « gnoséologique » : « Je constitue le parallélisme le plus parfait, écrit Leibniz à Stahl, l'un entre le principe matériel et le principe formel, ou encore entre le corps et l'âme ; l'autre entre le règne des causes efficientes et le règne des causes finales. Ce parallélisme... contient le système de l'harmonie préétablie que j'ai établi le premier. » [84] Ici sont en balance, comme le précisent les termes scolastiques, « principe matériel » et « principe formel », le corps-agrégat et l'âme [85]. Dès lors, on peut dire que le

83. Cela est vrai non seulement de l'esprit humain qui « démontant » l'organisme en mécanismes humains, ne peut le reproduire ; mais aussi de tous les « montages », incapables comme celui de Grey Walter (note 43, § 16, chap. III), de reproduire une analogie de fonctionnement, mais non une analogie de structure : son extraordinaire appareillage tendant à reproduire *dix* propriétés d'un nerf est plus « étendu » que celui-ci !

84. *Écrit sur Stahl*, Dut. II, 2, p. 133.

85. Stahl reproche à Leibniz de cacher les difficultés par un vocabulaire scolastique (ex. t. VI, p. 61).

premier ordre du réel est celui des causes efficientes, le second est mixte et le troisième exclusivement celui des causes finales. Mais, parce qu'en Dieu il y a identité des deux modes de connaissance, il est possible dans chacun des ordres du réel d'envisager, tantôt le *nexus finalis,* tantôt le *nexus effectivus.* Toutefois, seul ce qui est « vital » possède une finalité authentique, une finalité interne, car il est « spontanéité ».

Nous comprenons pleinement alors l' « insuffisance métaphysique » du mécanisme cartésien [86] : d'une part, il a « manqué » le vrai problème, la *vie ;* d'autre part, avec sa considération exclusive des causes efficientes, il est voué à l'échec et constitue une « offense » à la gloire de Dieu [87].

L'ordonnance des différentes modalités de la vie n'achève pas la philosophie de la vie tracée par Leibniz. En effet, la vie étant expression, sa considération est celle non seulement de la « concentration » elle-même, mais de ses *relations* avec ce qu'elle englobe, de son *mouvement* de rassemblement. De la combinatoire des différentes relations possibles, toutes ont été envisagées, sauf trois dans le dernier

86. On consultera avant tout Y. Belaval, *Leibniz, critique de Descartes,* chap. VII, § 8, pp. 494-498. Cf. J. Baruzi, *Leibniz et l'organisation religieuse de la terre,* p. 66. Cf. G. IV, p. 466, il faut joindre « la connaissance de la nature à celle de Dieu son auteur ». *N.E.,* G.F., p. 386 et pp. 185, 195, 422, sur les causes finales et les causes efficientes ; ou G. VII, p. 343, « les principes du mécanisme sont métaphysiques » ; *ibid.,* p. 451, « tout se fait mécaniquement par des causes efficientes et en même temps, tout se fait moralement pour ainsi dire », etc...

87. Cf. Y. Belaval, *Leibniz, Initiation...,* p. 199. Dieu, crée, pour manifester sa gloire, « la satisfaction qu'on trouve dans la connaissance de ses propres perfections... », *Théodicée,* II, § 109, et il se communique dans sa bonté.

ordre du réel[88] : la relation de la représentation et d'une volonté raisonnable ; celle des âmes entre elles, et enfin de la perception et de l'aperception ou encore de l'inconscient et du conscient. Dans l'étude de ces relations, nous sommes en présence des degrés de concentration les plus élevés, et donc des plus hautes modalités de la vie. C'est sans doute pourquoi toute la philosophie allemande les reprendra systématiquement.

§ 36. — La vie de l'ame : liberté et intersubjectivité

La monade rationnelle, fulguration de Dieu, est activité et réflexivité ; douée de ses propres lois, ou encore d'autonomie, elle est *libre*. Affirmer la liberté de l'âme comme modalité de la vie semble un double paradoxe, souligné par de nombreux interprètes, et formulé le plus clairement peut-être par Hegel dans la *Wissenschaft der Logik* : les monades sont « mécaniques » et ne possèdent aucune autosuffisance, car elles dépendent de « quelque chose d'extérieur », c'est-à-dire de Dieu[89]. Le premier grief

88. Cinq combinaisons ont déjà été envisagées. Dans le *second* ordre du réel, les relations des *organismes* entre eux, § 15. Entre le *second* et le *troisième* ordre, les relations de *l'âme et du corps* : schème de l'horloge, et théorie du *vinculum*, § 18 ; vie originaire, possédant une réalité représentative dans la consécution, engendrée par lui, § 30. Les relations des perceptions à chaque mouvement du corps, § 29 ; les relations de l'âme et du *monde*, dans la notion de représentation, § 30. Le rapport du *mécanique* au *vital* dans le monde vient d'être synthétisé ici. Enfin, la relation de la monade rationnelle à Dieu n'a pas été épuisée : on a considéré le mouvement expansif de Dieu, et non la *réflexion* de la monade, sur laquelle insiste Y. Belaval, *Leibniz, Initiation...*, pp. 210-214, et sera approfondi lors de l'étude de la conscience réflexive.

89. A notre connaissance du moins, outre les textes de *La science de la logique* auxquels nous nous référons, Hegel ne s'est guère

se laisse aisément lever, puisque la monade a bien la structure d'une construction « mécanique », mais de type divin, qu'elle est unité et nullement « juxtaposition, composition, mélange, accumulation », comme le voudrait Hegel[90]. Le deuxième est plus délicat, puisque non seulement la monade a été créée par Dieu, et en est une émanation, mais aussi elle a été « programmée » et « prédestinée » par lui. Et c'est peut-être ici pourtant que se dévoile le mieux la liberté : l'homme doit faire *sienne* la loi qui lui a été donnée, de même que sa finitude[91] et, ainsi, il est *spontanéité,* puissance de choix : comme le montre Y. Belaval, « Dieu ne contraint pas (la monade), il lui permet de réaliser sa nature »[92] et

attardé à réfuter Leibniz, dont il traite la philosophie de « Roman métaphysique ». Dans la traduction Jankélévitch, t. I, p. 167 ; t. II, p. 195 : elle « est posée par un autre qu'elle », et prédestinée ; p. 196 : les rapports avec Dieu ne découlent pas de l'essence de la monade ; p. 409 : elle est déterminée du dehors ; p. 410, 411, elle ne possède aucune autodétermination. Ed. Lasson, Bd. I, p. 153 ; Bd. II, pp. 167, 168, 361-363. K. Fischer, *op. cit.*, pp. 360 sq, § 3, caractérise également les lois de la monade comme « mécaniques », de même que H. Schmalenbach, *op. cit.*, p. 351 et note 5, où il compare la psychologie leibnizienne à celle d'Herbart.

90. *Ibid.*, p. 407. Après avoir ainsi défini le mécanisme, Hegel poursuit : « de même que le mécanisme matériel, le mécanisme spirituel consiste en ce que les éléments associés dans l'esprit sont étrangers les uns aux autres et à l'esprit lui-même — il lui manque la liberté de l'individualité ».

91. J.-M. Gabaude, *Liberté et raison*, p. 343, distingue deux étapes : « par une force originaire intemporelle, *l'homme se possibilise dans l'entendement...* en intériorisant une perspective sur Dieu. *Puis cette liberté constitutive de la monade intelligente... se déroule chronologiquement,* et donne la liberté réelle, actualisée ». Il y a toute une évolution de Leibniz sur ce problème, en particulier par rapport à *La Profession de foi du philosophe* (trad. Belaval, p. 75), signalée par Gabaude et dans le détail de laquelle nous ne saurions entrer.

92. Y. Belaval, *Initiation...*, p. 144.

« il ne nécessite pas, il incline »[93]. Bien plus, la liberté est possible, car toute monade possède une existence « contingente »[94], qu'elle doit assumer. La part d'involontaire est donc beaucoup moins grande que chez un Spinoza ; si la monade est « mécanisme », elle est un mécanisme divin au niveau des perceptions et ne possède aucun déterminisme. Elle se constitue en sujet *moral* et accède ainsi à l'individualité personnelle qui la différencie de l'animal et la rapproche de Dieu. Chez Leibniz, en effet, la liberté « a pour lieu l'Entendement »[95], qui n'est donc pas seulement calculateur, mais se confond avec la vie morale. La philosophie « vivante » est une éthique de « l'autonomie »[96] selon Cassirer, qui annonce Kant : « *La vie* est pour un être le pouvoir d'agir selon les lois de la faculté de désirer *(Begehrungsvermögen)*. *La faculté de désirer* est pour le même être, le pouvoir d'être par ses représentations *(Vorstellungen)*, cause *(Ursache)* de la réalité de ces

93 Y. Belaval, *op. cit.*, p. 145. L'exposition du problème de la liberté est faite pp. 139-146.

94. *Ibid.*, pp. 139-142, avec, p. 140, la distinction nécessité absolue et nécessité hypothétique. Ainsi, le terrible § 13 du *Discours de Métaphysique*, qui semble sauver la liberté de Dieu d'abord et non celle de l'homme, se trouve-t-il un peu atténué. Cf. sur ce point, aussi, le *Commentaire* de P. Burgelin, p. 182.

95. J.-M. Gabaude, *op. cit.*, pp. 294-297, montre la suppression d'abord de l'intervalle cartésien entre l'entendement et la volonté, et p. 343 établit l'entendement comme « lieu de la liberté humaine ».

96. E. Cassirer, *op. cit.*, pp. 425-449, montre la formation de la personne morale (das Subjekt der Ethik und der Begriff der Geschichte), et p. 429, définition du concept d''autonomie. Avec Cassirer, nous nous éloignons un peu parfois, il est vrai, des textes de Leibniz ; mais nous voudrions montrer comment ils ont ouvert la voie à Kant et Fichte qui les « achèvent » en quelque sorte.

objets »[97]. La vie morale de l'âme suppose donc la vie organique, la vie des perceptions, mais surtout l'entendement constructeur, à partir desquels elle s'exerce, et qu'elle concentre.

Cette autonomie morale n'est toutefois pas sans danger : la monade rationnelle, totalité fermée, « sans portes ni fenêtres », court le risque, comme le souligne Fichte, d'être vide, de n'être *rien*[98]. Cela est d'autant plus grave qu'elle pourrait *être*, par les *relations* qu'elle entretient avec les autres monades, et qui sont premières chez Leibniz, car elles sont créatrices et dynamiques[99]. Or, selon Hegel, Leibniz les a niées ; préétablies par Dieu, elles sont extérieures à la monade[100]. « Le *moi* est pour le moi, les deux *moi* sont la même chose », la monade est « idéelle » et non réelle[101] et n'existe que par et pour Dieu et non pour autrui, auquel elle est « indifférente »[102] :

97. *Critique de la raison pratique*, trad. Picavet, Préface p. 7, note 2 ; cf. *Doctrine du droit*, Premiers principes métaphysiques de la doctrine du droit, Introduction à la métaphysique des mœurs I.

98. « Jedes Tier *ist*, was es *isst* : der Mensch allein ist ursprünglich gar nichts », *Werke*, I, 3, p. 379.

99. L'exemple privilégié est bien sûr celui du *vinculum*, à travers ce schème des horloges, qu'il faut toujours garder présent à l'esprit, surtout pour le problème de l'intersubjectivité. D'autre part, la monade est avant tout un ensemble de relations, l'organisme de même, etc...

100. HEGEL, *Science de la logique*, t. I, p. 167 (Lasson, Bd. I, p. 152) ; t. II, p. 195 (Lasson, Bd. II, p. 168).

101. *Ibid.*, t. I, p. 165 (Lasson, p. 151) ; définition de l'idéalité : « les deux déterminations ne se rapportent qu'à une seule chose, ne sont valables que pour l'Un, si bien que cette Idéalité en tant qu'Une est indistincte de la Réalité ». Autrement dit, en Dieu, les monades perdent toute individualité, concept que Leibniz, selon Hegel, aurait peu approfondi (*ibid.*, t. II, p. 195) — nous avons tenté de démontrer le contraire —. Cf. aussi, t. II, p. 410.

102. *Ibid.*, t. I, p. 176 (Lasson, p. 160) ; t. II, p. 409, « enfermée dans sa subjectivité intensive..., il lui est *indifférent* de former un objet en *réunion* avec d'*autres* monades ».

« L'être-autre se trouve supprimé dans ce système ; les monades en général ne sont pas *autres* les unes pour les autres ; elles ne se limitent pas réciproquement, n'agissant pas les unes sur les autres, toutes les conditions se trouvent éliminées qui ont pour base une existence (être-là). »[103] Elles entretiennent tout au plus des relations de « répulsion »[104] — c'est-à-dire « mécaniques » — pour former l'agrégat du monde[105].

Les objections de Hegel peuvent être résolues par deux voies différentes, qu'il indique lui-même : d'une part, la communication « indépendante » de Dieu ; d'autre part, la communication en Dieu. La première voie a été empruntée par Feuerbach[106], avec la conception d'une « monadologie matérielle ». Sans aller aussi loin que lui[107], force est de constater

103. *Ibid.*, t. I, p. 166 (Lasson, p. 152). Cf. « les monades ne sont qu'en soi ou en Dieu ».

104. *Ibid.*, t. I, p. 175 (Lasson, p. 160) : « le rapport négatif de l'Un avec lui-même est la *répulsion*... la *multiplicité* apparaît ainsi comme une détermination tout à fait extérieure à l'Un... ». « L'idéalisme (de Leibniz) n'aboutit qu'à la répulsion dont nous venons de parler, et notamment à la *multiplicité* comme telle, dans laquelle les Uns existent chacun pour soi... et les autres pas du tout pour l'Un ». Cf. *ibid.*, t. II, p. 411 (Lasson, p. 363), la répulsion : « *c'est le processus mécanique* ».

105. *Ibid.*, t. II, p. 413 : « substances capables de... *s'agréger*, et en tant qu'*agrégat* de devenir *objets* ».

106. Deux articles ont étudié le livre de Feuerbach sur Leibniz : A PHILONENKO, *loc. cit.*, *Revue de Métaphysique et de Morale*, 1967, et D. TURCK, « Leibniz, Hegel und Feuerbach, Zur Feuerbachs Darstellung der Leibnizschen Philosophie », *Studia Leibnitiana*, 1972.

107. En 1847, Feuerbach écrira (*op. cit.*, p. 195) : « der Sinn giebt die Sache der Verstand aber giebt den Namen dazu. Es ist nichts im Verstande, was nicht im Sinne, aber was im Sinne der That nach, das ist im Verstande nur dem Namen nach ». Feuerbach a renversé la formule de Leibniz pour respecter la richesse du sensible ; auparavant (*op. cit.*, § 8-9, s'appuyant sur le § 120 de la *Théodicée*, « s'il n'y avait que des esprits, ils seraient sans la

« l'individualisation » opérée par les petites perceptions[108] et surtout le « Lien » qu'elles établissent avec les autres monades ; Feuerbach écrit en effet : *die verworrenen Vorstellungen enthalten... die wichtigste und tiefste, aber auch schwierigste und verwickelste Materie der Leibnizschen Philosophie - den Zuzammenhang der Monade mit anderen Monaden*[109]. Toute perception confuse est le signe de la *finitude*[110] de la monade ; elle peut non pas « comprendre » une autre — ce qui serait le propre de Dieu et contraire à l'indépendance des substances, les réduisant ainsi à *néant* — mais la connaître comme sa limite. Si les monades sont « sans portes ni fenêtres », c'est qu'elles ne s'aperçoivent jamais distinctement, sinon confusément, au travers d'une cloison ; car une compréhension totale pourrait conduire à l'identification de l'une avec l'autre, et donc à la négation de son individualité[111], et à sa mort.

Bien plus, par le détail de leur confusion même, les relations sont profondément individuelles et irremplaçables : elles se situent seulement entre deux monades données ; Dieu, qui « n'entre pas dans le détail des choses »[112], n'est pas en jeu — et l'on voit ici toute l'injustice de la critique hégélienne. D'autre part, dans la combinatoire infinie de ces petites perceptions infinitésimales et pourvues d'une

liaison nécessaire », Feuerbach conclut que la matière est le lien des monades, pp. 58, 59, 63, etc.).

108. Cf. notre § 30. Sur la notion de *représentation* qui y est abordée, on consultera l'article d'Y. Belaval, « Le problème de la réflexion chez Leibniz », *Studia Leibnitiana*, Erkenntnisslehre, Logik, und Sprachphilosophie, Suppl. II, 1969.

109. L. Feuerbach, *op. cit.*, § 8 : « Die Bedeutung der confusen Vorstellungen », p. 54.

110. *Ibid.*, p. 62.

111. Et du principe des indiscernables.

112. *Théodicée.*

infinité de degrés de confusion, les relations de deux monades entre elles ne seront jamais identiques à celles de deux autres. Par son rapport avec autrui, chaque monade devient représentation et vie, et diffère ainsi d'un atome spirituel *vide*[113]. Leibniz a donc été très loin dans la compréhension de l'intersubjectivité comme finitude, comme *limite* de la monade *et comme vie.*

Toutefois, les représentations confuses n'épuisent pas les relations intermonadiques : il y a aussi l'harmonie préétablie, à laquelle Feuerbach, volontairement, ne s'attache pas, car comme Hegel (que pourtant il réfute partiellement dans son livre)[114], il y voit l'*Hauptmangel* de la *Monadologie,* une relation extérieure, imposée par un Dieu transcendant. Ne pas en tenir compte est néanmoins très dangereux, puisque Leibniz y voit l'apport capital de sa philosophie[115], et c'est ici qu'à notre avis s'approfondit le plus la notion d'intersubjectivité, dans la deuxième voie indiquée par Hegel, pour trois raisons.

Il s'agit d'abord de l'affirmation de la *possibilité* d'un rapport avec autrui, et ensuite de sa reconnaissance comme *rapport essentiel,* sans lequel le « moi » n'est rien, car Dieu nous a posés en relations originairement avec autrui, et c'est là notre essence. Le schème des horloges est ici très éclairant : la relation de l'âme au corps constituait leur essence, puisque

113. Nous ne pouvons que renvoyer aux belles pages de Feuerbach, où il montre comment les relations intermonadiques *constituent* la monade, et la différencient de l'atome (en particulier le § 8).

114. *Op. cit.,* 257 (note 16 de la page 56).

115. N'oublions pas qu'il a signé par exemple la *Théodicée,* G. Leibniz, « l'auteur du système de l'harmonie préétablie », dont il revendique la paternité (« quod primus produxi », *écrit sur Stahl*), tant il était persuadé qu'il aurait une grande importance pour la philosophie.

le *vinculum* les faisait accéder à la réalité ; tout de même, Dieu nous a mis en relations originairement mutuelles, et indépendamment de cela, nous ne sommes rien. Certes, pour reprendre l'expression de Paul Ricœur[116], il y a là « un involontaire radical », nous n'avons pas choisi cette condition, ni d'être en relations avec telle ou telle monade ; mais notre liberté finie commence par l' « intériorisation » de ces relations que nous devons faire nôtres, et cela est possible : entre les âmes, il n'y a pas de *vinculum* proprement dit, car nous en établissons chaque jour de nouveaux, et nous nous constituons ainsi comme monades vivantes. Enfin, comme le soulignait Hegel, Dieu est bien le lieu des relations intermonadiques, mais avec une signification toute contraire à celle qu'il lui accorde : loin de nous « perdre » en lui, avec notre individualité, nous la réalisons au contraire doublement, puisque d'une part nous nous accomplissons nous-mêmes et, d'autre part, nous sommes en communication avec lui. Les relations intermonadiques sont peut-être, en définitive, *la plus haute manifestation* de la vie de l'âme, car sans elles, celle-ci ne représenterait rien et ce « petit monde » serait un néant.

C'est ce que Fichte a pleinement perçu, lui qui mettait « au fondement de la *Wissenschaftslehre* » l'hypothèse de l'harmonie préétablie[117], et a pu dire que son système était celui de Leibniz[118] « bien

116. *Philosophie de la volonté*, t. I, *Le volontaire et l'involontaire.*

117. *Nachgelassene Schriften*, Bd. II, p. 248.

118. *Ibid.*, p. 248. Cf. *Œuvres choisies de Philosophie Première*, p. 309 : « Leibniz était peut-être le seul homme convaincu de l'histoire de la philosophie » ; *ibid.*, p. 307, « Kant et Leibniz bien compris étaient d'accord » (*Nachgelassene Schriften*, Bd. II, p. 221). Fichte est beaucoup plus nuancé dans ses jugements que Kant (cf. dans *la Critique de la Raison pure*, le passage sur la liberté leibnizienne comparée à un tourne-broche) ou que Hegel.

compris » : « On n'a pas compris que l'harmonie préétablie n'était pas une harmonie entre des intelligences et de la matière, mais une harmonie entre des intelligences et d'autres intelligences. » [119] Leibniz a donc à ses yeux le mérite d'avoir posé, l'un des premiers — sinon le premier [120] — le problème de l'intersubjectivité comme celui de nos limites et, en même temps de notre vie authentique. Toutefois, pour en venir à bout, il jugera bon de construire une philosophie originale, vivante elle aussi. Chez Leibniz comme chez Fichte, la vie de l'âme est donc une perpétuelle conquête. Certes, à chaque pas elle se découvre limitée, mais sa vie même y est suspendue : elle est *Unruhe,* et nous ne devons pas souhaiter une existence morte où par impossible la liberté et la communication totales avec autrui seraient réalisées. La vie est donc une idéal infini, qui se projette vers l'avenir, l'horizon de l'effort, et le dernier mot peut-être du *conatus* ou de l'appétition de la monade [121].

Le mépris de ce dernier est peut-être même suspect, car on peut considérer que le *Begriff* hégélien achève la notion de monade (J. MITTELSTRASS, « Monade und Begriff, Leibnizens Rekonstrukion »...), *Studia leibnitiana.* Toutefois, l'interprétation fichtéenne nous semble beaucoup plus fidèle à Leibniz, puisque la *Grundlage* de 1794 à laquelle nous nous référons présente une vision monadologique du monde.

119. *Ibid.,* p. 248. Ce texte est cité et commenté par A. PHILO NENKO, *op. cit.,* p. 29.

120. Hans HEIMSOETH, *Die sechs grossen Themen,* en particulier IIIes Kapitel, *Seele und Aussenwelt,* et p. 130, le parallèle entre Leibniz et Fichte chez qui on trouve « das sich beschlossene Ichwesen zueinander stimmend... : eine Art von vorausbestimmter Harmonie, wie bei Leibniz Monaden ». Mais les différentes destinations de l'homme se développent et se différencient dans le *Lebensstrom.* On peut d'ailleurs remarquer que les six thèmes développés par Heimsoeth se trouvent chez Leibniz, tant sa philosophie est une « philosophie vivante ».

121. Le terme d'appétition est en général traduit par *Streben* en allemand, le terme même de Fichte. D'autre part, il est possible

§ 37. — La vérité comme vie

Il nous semble donc opportun de suivre avec Fichte le développement final de la monade qui se dégage de l'erreur ; elle vient de comprendre sa vérité comme un idéal infini, mais doit maintenant la réaliser. C'est pourquoi elle doit se saisir comme intelligence : raison qui tente de penser le déraisonnable, conscience de l'inconscient. La raison leibnizienne cherche à se dégager du fond de confusion sur lequel elle se développe, ou encore de l'organisation pour devenir une individualité vivante ; c'est pourquoi l'une de ses premières pensées a été celle de la vie *corps* organique[122], ou encore de mon corps *propre* (pour reprendre le terme des *Principes de la Nature et de la Grâce*)[123]. Je ne puis le « comprendre », pas plus que celui d'autrui, ni que la vie infraconsciente des petites perceptions. Or, mon rapport avec autrui (qui me fait échapper au vide de la subjectivité[124])

de lever l'accusation d'idéalité portée par Hegel : il n'a tenu compte ni des *perceptions confuses*, et donc des différents degrés de perfection de la monade, ni de la possibilité d'une *liberté limitée*, mais *respectant autrui*. D'autre part, seule la monade, par la *représentation* qu'elle en a, donne une réalité intelligible aux choses ; enfin, par ses *relations* avec les autres monades, elle échappe au vide. (Sur le problème de l'intersubjectivité et de la réflexivité « à vide », nous rejoignons partiellement les conclusions de M. Serres, *op. cit.*, pp. 527 sq.).

122. C'est pourquoi nous avons commencé par l'étude de la médecine leibnizienne.

123. *P.N.G.*, § 3.

124. Cf. notre § 36. En même temps, comme le montre Friedrich Kaulbach, *loc. cit.*, pp. 477 sq., c'est la condition de la connaissance objective, revendiquée par Leibniz. En effet, la monade est sinon condamnée au « solipsisme », construisant seule les phénomènes, et même produisant le temps et l'espace : par exemple E. Cassirer, *op. cit.*, pp. 245-283 ; Van Biema, *op. cit.*, pp. 185 sq. ; Nolen, *op. cit.*, dont le livre se termine par quelques considérations sur Fichte, pp. 399 sq. : l'espace est l'ordre des coexistants. Sur les relations intermonadiques, cf. H. Heimsoeth, *die Methode der Erkenntnis*, pp. 278 sq.

me les révèle également comme des données originaires possibles à assumer[125] : il est de l'essence de toute monade d'être expression de la vie, sous toutes ses modalités. La philosophie de Leibniz est donc l'une de ces expressions parmi d'autres, c'est pourquoi le thème de la vie y est si important. Mais elle est bien davantage encore : comme le montrent ses nombreux itinéraires spirituels, elle est une *expression qui se sait expression*, une véritable prise de conscience de l'*acte* de philosopher[126]. Réfléchir sur la réflexion philosophique, c'est s'élever au-dessus de son contenu et se saisir, dans l'actualité de sa démarche vivante, comme expression de telle conscience : la philosophie *pour* Leibniz n'est pas un objet mort, et c'est peut-être pourquoi la philosophie *de* Leibniz en particulier est aujourd'hui encore pleine de vie et d'actualité.

Expression de la vie, elle tente d'en reproduire le mouvement, de s'en constituer le miroir le plus fidèle : la vie qu'elle exprime est à première vue confuse, multiple, désordonnée, et en même temps d'une foisonnante richesse, dans quelque ordre du réel que ce soit. Il en est de même de ce système à mille facettes où l'on ne sait comment s'orienter : aucun ouvrage d'envergure, et dans un même texte des thèmes entremêlés de façon inextricable, chaque idée en appelant aussitôt une autre. Désordonnée, multiple, telle apparaît la pensée de Leibniz qui, tout en affirmant la totale rationalité du « réel »

125. C'est ce que nous avons tenté de montrer au § 36 en particulier. Le livre III des *Nouveaux Essais* constitue une « prise en charge » des petites perceptions et des passions, par la raison ; elles sont loin d'être négatives.

126. Ce sera aussi le cas chez Fichte (*Erste Einleitung in die Wissenschaftslehre*, éd. Medicus, t. III), qui ira beaucoup plus loin que Leibniz en ce sens.

dans certaines limites[127], a réhabilité le confus. Elle est l'universelle répétition de la vie en devenir, toujours la même, et en même temps toujours autre : « tout y conspire » et « tout est partout comme ici ». Comme la vie, le système possède une infinité de manifestations, de langages[128], différents degrés de perfection : chaque opuscule de Leibniz, loin d'être « pauvreté », ou « répétition »[129], est tout au contraire une *concentration* de la vie du système, qui « l'exprime » et est « exprimée » par lui. Mais que l'on y regarde mieux ! Il est en réalité parfaitement cohérent, parfaitement rationnel et ordonné : une fois un point de repère choisi, il est possible de s'y diriger sans s'y perdre. En effet, Leibniz — tout comme Fichte plus tard de manière plus systématique encore avec sa synthèse quintuple[130] — a construit une *immense combinatoire* pour exprimer la vie. Ou encore, si son système est *vivant*, c'est grâce à cette « structure », et ce, pour trois raisons : elle respecte le déploiement de la vie dans le divers des

127. Y. Belaval, *Leibniz critique de Descartes*, pp. 430 sq.

128. C'est ce que montre tout l'ouvrage de Michel Serres.

129. Cf. notre « Avant-propos » : il faut expliquer les textes de Leibniz les uns par rapport aux autres, car ils « s'expriment », sinon ils deviennent pauvres.

130. La synthèse quintuple (qui sous-tend d'ailleurs ce travail dans sa ligne *générale*), constitue un véritable calcul d'arguments ; en schématisant : I détermine III, II détermine IV, l'ensemble engendrant V. Malgré sa lourdeur parfois, elle est plus aisée à manier que la combinatoire leibnizienne tendant à l'infini, et elle cherche néanmoins à reproduire *idéalement* le mouvement de la vie, et *génétiquement*. C'est pourquoi elle nous a paru pertinente pour une étude sur la vie dans la philosophie leibnizienne, philosophie elle-même vivante. En outre, Fichte nous a semblé un bon lecteur de Leibniz selon cette voie, et par ses origines franc-maçonniques, mystiques, bref « ésotériques » (cf. A. Philonenko, *op. cit.*, pp. 96-97, notes 5 à 9), elle ne nous a pas semblé étrangère à l'esprit de la philosophie de Leibniz (que l'on songe encore à son attrait pour l'alchimie).

phénomènes, au moment précis où elle les unifie en elle ; elle est ensuite profondément individuelle dans l'agencement de l'infinité des combinaisons possibles dont elle est la source et où, comme Leibniz lui-même (à la suite de Pythagore dont il se recommande [131]), elle peut se plaire à les présenter de manière ésotérique : la vie est secrète, et la dévoiler brutalement serait peut-être dangereux ; enfin et surtout, la combinatoire est *l'opération* par laquelle *Dieu, Raison Vivante,* Source de Vie et Vérité, a choisi entre les possibles et *a ainsi créé la vie* d'où tout découle.

Dès lors, à son humble niveau, la raison humaine dans son « calcul philosophique » *imite* Dieu et participe à sa vie et sa vérité ; dans ses limites étroites, à l'image de Dieu, elle n'est plus seulement expression de la vie, mais elle accomplit sa fondation [132]. La philosophie de Leibniz est donc bien le discours rationnel de la vie elle-même, ou de la raison devenue vie, bref, une authentique biologie [133].

Cette philosophie, vie vraiment vivante, puisqu'elle est la vie qui se sait comme vie et individualité, en constitue donc une « actualisation », et Leibniz, qui comme Fichte fut un philosophe engagé, aurait pu faire sienne sa formule : « Le genre de philosophie que l'on choisit dépend de l'homme que l'on est. » [134] Loin d'être un objet mort, une abstraction, elle s'édifie tous les jours ; bien plus, elle s'édifie dans la communication avec d'autres consciences, avec d'autres visions monadiques, les innombrables corres-

131. Cf. *supra,* note 6, § 6. Ce thème est une constante encore plus nette chez Fichte, qui revendique son « ésotérisme ».

132. B. Bourgeois, *L'idéalisme de Fichte* (P.U.F.), Paris, 1968, souligne ces thèmes chez Fichte.

133. Cf. notre introduction, p. 1 (Le « calculemus ! » de Leibniz est expression de la vie, et non mécanisme humain).

134. *Erste Einleitung in die Wissenschaftslehre.*

pondants de Leibniz. Dès lors, le système n'est jamais achevé, il est toujours ouvert, et *la vérité apparaît comme une tâche infinie.*

L'ensemble des monades doit alors constituer, au sein de l'Univers physique, un règne moral. Peut-être celui-ci commence-t-il par la construction de l'*État juridique,* auquel Leibniz s'est tellement attaché[135] ; il ne le précise pas dans *la Monadologie,* ni dans ses autres écrits composés. D'emblée il envisage la réalisation d'un règne des fins dans lequel la nature serait élevée au-dessus d'elle-même et transfigurée, la Cité des Esprits « qui est un Monde Moral dans le monde Naturel, et ce qu'il y a de plus élevé et de plus divin dans les ouvrages de Dieu »[136]. La vie de la monade n'est alors plus seulement *Unruhe,* mais elle devient bonheur, à l'image de celui de Dieu, quoique de façon toute différente, car il est une perpétuelle conquête : « Il ne consistera jamais et ne doit point consister dans une pleine jouissance, où il n'y aurait plus rien à désirer, mais dans un progrès continuel à de nouveaux plaisirs et à de nouvelles perfections. »[137] Dès lors, en travaillant à la construction du monde moral, nous remplissons notre tâche, et réalisons pratiquement la vérité.

Les consciences en harmonie les unes avec les autres, Dieu présent en leur cœur, placent leur espérance en l'avenir, l'histoire prend un sens[138], et la philosophie vivante s'accomplit en théologie.

135. La philosophie juridique sera l'une des lignes de force de la pensée allemande depuis Kant, et elle constitue peut-être le tiers des œuvres de Leibniz publiées (on consultera les livres de G. Grua sur cette question).

136. *Monadologie,* § 86.

137. *P.N.G.,* § 18 (fin) ; cf. *Monadologie,* § 90, « Dieu... peut seul faire notre bonheur ».

138. M. SERRES, *op. cit.,* t. I, chap. II, pp. 213 sq.

CONCLUSION

Il est possible, malgré l'apparent paradoxe, de considérer la philosophie de Leibniz comme une biologie, dans toutes les acceptions fournies par les variations sur l'étymologie [1] : elle est une *étude rationnelle* de la vie organique, qui dégage ses propres limites et ses propres bornes, et la nécessité d'un dépassement métaphysique, devenant ainsi *philosophie* de la biologie et de la vie ; mais un schématisme très puissant permet d'aller plus loin encore puisqu'il introduit la considération de la vie organique comme *langage.* Néanmoins, dans cette approche de la vie qui répondait à la quête d'un fondement, la *raison* est amenée à prendre conscience peu à peu d'elle-même comme fondement vivant, et c'est peut-être pourquoi la philosophie de Leibniz est tellement pleine de vie, car elle est expression d'une raison vivante.

Aussi, dès qu'on en considère l'enjeu — la recherche du *Grund,* du fondement des phénomènes —, ce qui ressemblait à d'aimables jeux de mots revêt une importance considérable : présente à chaque instant

1. On peut ainsi schématiser ce qui va suivre : 1° *logos tou biou :* étude de la vie (organique ou spirituelle), philosophie de la vie, « langage » de la vie (organique ou spirituelle — les petites perceptions —) ; *logos tou logou tou biou :* philosophie de la biologie ; — 2° *bios tou logou :* la vie de la raison ; — 3° *logos tou biou tou logou :* le discours de la vie de la raison, ou encore *bios = logos* dans le troisième ordre du réel et en Dieu.

dans l'œuvre de Leibniz, la vie en est non seulement la *Grundfrage,* mais la *réponse,* selon les différents ordres du réel considérés, mécanisme, organisation (animale) et vie. La série de régressions suggérée dans *les Principes de la Nature et de la Grâce* se termine dans la monade rationnelle, centre partiel, puis en Dieu, Vie, Vérité, Raison, *Monas Monadum,* Centre partout dont la circonférence n'est nulle part. On comprend dès lors que toute appréhension du monde soit nécessairement biologique, le mécanisme insuffisant ontologiquement, et les causes finales premières.

Quelles sont les conséquences théoriques de ce cheminement ? En premier lieu, l'*antinomie* fondamentale du système est résolue non plus seulement au niveau des *principes,* mais à celui du *système*[2]. D'une part, dans le second ordre du réel, le monde de l'infiniment petit est organisé, pourvu d'une structure d'emboîtement et d'un schème mathématique, le calcul infinitésimal, au-delà de sa confusion et de sa profusion apparentes. Bien plus, il possède une réalité intelligible dans toute monade, et il est l'œuvre de la Raison mathématique la plus élevée, la combinatoire divine. D'autre part, dans le troisième ordre du réel, la Raison se confond avec la Vie, la communauté des consciences forme un *ordre* moral, et l'on comprend maintenant pourquoi les principes leibniziens étaient « biologiques » : ils étaient l'expression de la vie de la raison. En second lieu, une double révolution a été opérée par rapport au cartésianisme : Leibniz, l'ancêtre de la notion contemporaine d'organisme comme *structure* et fait biologique, affirme son irréductibilité au premier ordre du réel (méca-

2. E. CASSIRER, *Leibniz' Hauptschriften,* Einleitung, p. 5. Et surtout, H. SCHMALENBACH, *op. cit.,* Erstes Kapitel, et en particulier le paragraphe 3, « die Deutung von Leibniz' Metaphysik ».

nisme humain), et dans un premier temps, avec le Descartes des *Regulae,* il ne sépare plus l'ordre de la connaissance et l'ordre de la chose, avant de le dépasser avec la position de la substance composée [3]. En troisième lieu, tout l'idéal de la connaissance a donc été bouleversé : notre pensée se déroule sur un fond de confusion, qui lui est essentiel ; elle n'épuise jamais totalement le monde [4] sur lequel elle possède seulement un point de vue et dont le mécanisme ne peut lui donner qu'un semblant *(als ob)* de connaissance. Une triple révolution s'effectue : une science probabilitaire et non plus apodictique (dont le modèle est la médecine), une science de l'individuel et non plus du général, et enfin, comme le souligne E. Cassirer, la considération de la *qualité* et non plus de la quantité [5].

Mais cet ensemble de changements opérés dans la « doctrine de la connaissance » [6] est indissociable d'une révolution *pratique : la reconnaissance de notre corps vivant,* comme le nôtre, comme « corps propre », pour reprendre l'expression des *Principes de la Nature et de la Grâce.* Ce corps, qui sera toujours différent de celui d'autrui, nous est aussi essentiel que l'âme, uni à elle dès l'embryon ; notre essence,

3. Les trois interprétations de la substance composée que nous avons proposées se rejoignent dans la reconnaissance de notre *finitude* d'êtres pensants : le *vinculum,* essence commune des deux « substances » âme et corps, possède une « réalité objective », hors de sa représentation dans l'âme ; d'autre part, la monade rationnelle incapable de tout construire, et craignant une logique de l'apparence, est amenée à *poser* cette substance ; enfin, l'ensemble des monades raisonnables se reconnaissent comme limites.

4. Cf. notre chapitre III, § 23. (En ce sens, la vie est peut-être comme chez Fichte *doxa*).

5. *Op. cit.,* pp. 123-141.

6. *Erkenntnislehre* (pour reprendre une partie du titre de l'ouvrage de H. Heimsoeth sur Descartes et Leibniz).

notre « réalité objective » consiste dans le *vinculum*, relation privilégiée de l'âme et du corps, qui les met en parallélisme le plus total, leur accorde le même degré de réalité (bien que la structure du corps soit moins « concentrative » [7]).

La considération du corps, généralement bannie de la philosophie [8], y est introduite de manière très actuelle par Leibniz : loin d'être enlisée dans de faux problèmes à cause de son ignorance de la biologie, elle s'appuie tout au contraire sur elle, sur l'embryologie, la médecine, la « psychologie » [9], dont Leibniz est l'initiateur. Car il importe avant tout de faire *mien* mon corps, de le prendre en charge comme donné, et donc de le connaître d'abord dans la mesure du possible. Ma *liberté* commence par cette intériorisation du corps qui, loin d'être un non-sens par sa mort, est indestructible, comme celui des autres êtres vivants. Bien plus, par ma qualité d'être raisonnable, mon âme est non seulement indestructible, mais immortelle, c'est-à-dire individuelle et personnelle, liée à la conscience de soi et au souvenir [10]. Tous les corps liés à une âme ressusciteront avec elle ; celui des hommes ressuscitera en son état le plus parfait, symbolisé par celui du Christ, le « corps glorieux » à l'âge de trente-trois ans. C'est pourquoi nous devons travailler à la perfection de notre corps. La signification de la biologie est triple : elle est la condition d'une vie morale, elle contribue au perfectionnement religieux et elle débouche sur l'admiration de Dieu qui a créé des corps si parfaits.

7. Cf. J.-M. Gabaude, *op. cit.*, pp. 252 et sq. ; p. 255 : « la réalité du corps, et plus généralement du continu, est ainsi assurée et répond à l'âme d'égal à égal ».

8. Cf. C. Bruaire, *Philosophie du corps*, p. 7.

9. Comme *étude* des mouvements de l'âme (cf. § 29, p. 157).

10. E. Naert, *op. cit.*, pp. 132 sq. (d'où la critique de la métempsychose).

La philosophie de Leibniz apparaît alors comme *la plus haute affirmation de la vie* dans les deux derniers ordres du réel, où tout est vivant [11] et animé [12], plein d'âmes pourvues d'un degré de concentration supérieure, accordant aux phénomènes une réalité représentative. Tout tragique existentiel semble écarté de ce monde où « la mort n'existe pas à la rigueur », car elle est une modalité de la vie ; et pourtant, elle n'a jamais été peut-être davantage intériorisée : elle n'est plus, comme chez Descartes, un accident ou un arrêt extérieur de Dieu, mais elle est intrinsèque au devenir et à la vie dont elle est une modalité. Néanmoins, par sa revendication toujours explicite de la vie, Leibniz a ouvert la voie à la *Naturphilosophie,* même si parfois celle-ci a pu mêler les ordres du réel qu'il avait distingués [13]. Et en effet, la vie de l'âme ne saurait être confondue avec la vie organique qu'elle exprime. La conscience rationnelle s'est découverte incarnée, unique dans sa relation à son corps lui-même irremplaçable ; source de ses propres représentations, et *fondement*

11. Vie organique (2e ordre) ; *belebt.*

12. Vie de l'âme (3e ordre) ; *beseelt.*

13. C'est pourquoi nous ne rejoignons pas toujours les conclusions d'A. BRENNER dans son ouvrage *Schellingsverhältnis zu Leibniz,* malgré les nombreux thèmes empruntés par Schelling à Leibniz : l'immortalité (*op. cit.,* pp. 36-37), l'individualité (pp. 38-42), le rôle de l'organisme (pp. 47 sq.). Par exemple, Schelling, en 1798, dans son écrit *Von der Weltseele* (Bd. II, pp. 349, 500) écrivait : « Unsere Philosophie muss vom Organismus ausgehen » ; « der Organismus ist das Principium der Dinge » ; en 1812 encore, dans *über das Wesen deutscher Wissenschaft* (où il fait de Leibniz un pionnier de la science allemande), il considère que Leibniz a eu raison de penser le monde comme vivant, et il cite presque textuellement le paragraphe 67 de *la Monadologie* (Bd VIII, pp. 7 sq ; d'après A. BRENNER, *op. cit.,* p. 77). D'autre part, la formule de Leibniz, « l'âme est un petit monde », ouvre directement la voie à Schelling, pour qui la conscience « absorbe le monde », mais de manière bien différente.

représentatif des phénomènes, elle accède ainsi à la vie authentique, *unité* et *individualité*, devenant totalité capable de liberté et à même de remplir son rôle de fulguration de Dieu et de participer à sa vie.

Dès lors, le *double mouvement* de la monade rationnelle apparaît avec force[14]. D'une part, elle « se construit » dans la réflexion de son corps et du monde : elle en possède la structure d' « emboîtement » à l'infini et l'autonomie, mais de manière radicalement autre, puisqu'elle le concentre ; en outre, par la connaissance qu'elle en a, elle l'assume. D'autre part, elle s'y « projette » : chaque mouvement du corps répond à un mouvement de l'âme et réciproquement ; capable d'ériger sa propre structure en schème, elle permet l'affinement du concept d'organisme. Bien plus, c'est peut-être parce qu'elle est originairement vivante qu'elle communique, à l'image de Dieu, sa vie aux phénomènes, qu'elle les anime et construit ainsi un « petit monde ». Le monde de Leeuwenhoek est donc l'illustration[15], l'image produite et créée par un miroir qui est non seulement reflet mais regard, et regard porteur de *vie*[16].

On peut néanmoins se demander si, comme Fichte le fera plus tard, Leibniz, au-delà de la prolifération apparente de la vie, n'a pas envisagé un moment le

14. Ceci est vrai également de toute monade simplement perception, mais à un degré moindre de concentration.

15. Cf. notre chapitre II, § 11, p. 80.

16. Le thème du regard serait donc *à ce niveau* différent chez Leibniz et chez Fichte, pour qui l'idée de néant domine : *Sämmtliche Werke*, Bd. III, pp. 83-84 : « L'œil n'est pas un miroir mort et passif... il pré-voit la figure qui doit jaillir du marbre... De par cette vie, de par ce tissage des parties les unes dans les autres à l'infini, *ce qu'elles possédaient... de terrestre se trouve... écarté.* L'œil de par lui-même s'ouvre à la lumière et devient une âme visible. »

vide de la conscience : c'est en concevant un monde vivant et animé que la monade s'arrache au néant et s'affirme comme fondement, comme source de vie et spontanéité créatrice, et en ce sens elle a bien quelque chose de « vital ». Mais Leibniz va plus loin encore, et la révolution par rapport à Descartes est particulièrement évidente : sans un monde, sans une réalité *hors* d'elle à refléter [17], la monade serait peut-être un miroir vide, et toute sa philosophie se trouve alors renversée, la mort ne se réduit plus à la vie, mais la vie à la mort ; c'est pourquoi la position de la substance composée comme réalité indépendante de mon entendement est si importante : la monade, en « harmonie préétablie » avec d'autres, échappe alors définitivement au néant, elle est vie et reflète une vie universelle. La vie n'est donc pas tant un donné qu'une *conquête*. Aussi, les textes de Leibniz annoncent-ils parfois les pages finales de la *Bestimmung des Menschen :* « La masse inerte et pesante qui remplissait seulement l'espace [18] a disparu et, à sa place, coule, palpite et mugit le flot éternel de la vie..., tout est vivant et animé..., fleuve continu, goutte à goutte, la vie organisatrice *(bildende)* s'écoule sous toutes les formes et partout où mon regard est capable de la suivre. » [19]

17. Il faut *au moins* la relation avec Dieu, G. IV, p. 517. Sur la mort, son meilleur dépassement est peut-être indiqué en G. IV, p. 463 : « les justes seront comme des soleils... ». On peut alors penser la philosophie de Leibniz comme dépassement de la mort et du malheur (§ 5).

18. En allemand, ausstopfte : mot à mot, empaillait, ce qui laisse entendre qu'une vie était là, mais figée.

19. *Sämmtliche Werke,* Bd. II, pp. 315 sq. Il faudrait citer toutes ces dernières pages. Cf. *ibid.,* p. 315 : « alles... blickt ans hellen Geister-Augen mich an, und redet mit Geister-Tönen an mein Herz. Auf das mannigfaltigste zerteilt und getrennt schaue in allen Gestalten ausser mir ich selbst mich wieder, und strahle mir aus ihnen entgegen... ». Les métaphores leibniziennes de l'eau et du

Expression d'une monade qui se sait finie, et en communication avec d'autres monades, grâce auxquelles elle s'édifie[20], la philosophie de Leibniz nous entraîne à sa suite pour l'accomplissement de notre tâche : reconnaître la vie originelle en ses moindres manifestations, comme en ses plus hautes. Admirant ainsi l'œuvre de Dieu et concourant « en notre département » à sa perfection, nous travaillons, créateurs et libres, à l'édification du Règne de la Grâce, et la vérité se fait vie. Voilà pourquoi la philosophie de Leibniz, libre de tout préjugé, tente d'embrasser en toutes ses régions un monde vivant. Vie toujours renouvelée, dont elle possède l'apparent foisonnement sous une organisation très complexe, ainsi que la « prévision », elle bouleverse à chaque instant, par ses étonnantes anticipations, bref, elle est tout le contraire de l' « oiseau de Minerve » ou d'un « objet mort ».

miroir se retrouvent, mais avec une signification différente : revendication explicite de mon rapport avec autrui, et acquiescement à ma mort, comme naissance à une vie nouvelle.

20. Les correspondants de Leibniz, Bayle ou Locke...

BIBLIOGRAPHIE

A - ŒUVRES DE LEIBNIZ CITÉES

La principale édition de référence demeure celle de Gerhardt, dans l'attente de celle de l'Académie de Berlin commencée en 1923, mais encore loin d'être achevée : *die philosophischen Schriften von Gottfried Wilhelm Leibniz, herausgegeben von C.I. Gerhardt Bd I-VII*, Berlin, 1875-1890 (cité G).

G.W. Leibniz, mathematische Schriften, herausgegeben von C.I. Gerhardt, rééd. 1962, Olms-Hildesheim (cité M.S.).

Briefwechsel zwischen Leibniz und Christian Wolf herausgegeben von C.I. Gerhardt, Halle, 1860.

Nous avons complété les textes cités par Gerhardt, en recourant aux éditions suivantes :

BELAVAL Y., *Confessio Philosophi - La profession de foi du philosophe*, texte, traduction et notes (Vrin), Paris, 2e éd. 1970.

BOUTROUX E., *La monadologie* (Delagrave), Paris, rééd. 1966.

BRUNSCHWIG J., *Essais de Théodicée sur la bonté de Dieu, la liberté de l'homme et l'origine du mal* - chronologie et introduction par Jacques Brunschwig (Garnier - Flammarion), Paris, 1969 (cité *Théod.*, G.F.).

— *Nouveaux Essais sur l'entendement humain* - chronologie et introduction par Jacques Brunschwig (Garnier - Flammarion), Paris, 1966 (cité *N.E.*, G.F.).

CASSIRER E., *Hauptschriften zur Grundlegungen der Philosophie Bd I-III*. Verlag von F. Meiner, Leipzig, 1924.

COUTURAT L., *Opuscules et fragments inédits de Leibniz*, Paris, 1903 (cité Cout.).

DUTENS L., *Gothofridi Guielmi Leibnitii, Opera omnia*, t. I-VII, Genevae, 1760 (cité Dut.).

ERDMANN J. E., *God. Guil. Leibnitii, Opera Philosophica quae exstant latina gallica germanica omnia*, Berolini, 1860 (cité Erd.).

FOUCHER DE CAREIL A., *Nouvelles lettres et opuscules inédits de Leibniz*, Paris, 1857 (cité N.L.).

— *Œuvres de Leibniz*, 7 vol., 2e éd., Paris, 1875 (cité F. de C.).

GRUA G., *G.W. Leibniz, textes inédits d'après la bibliothèque provinciale de Hanovre, publiés et annotés par G. Grua*, 2 vol. (P.U.F.), Paris, 1948 (cité T.).

GUHRAUER G. E., *Leibniz' deutsche Schriften herausgegeben von G.E. Guhrauer Bd I-II*, Berlin, 1838-1840 (cité Guhrauer).

JANET P., *Œuvres philosophiques de Leibniz* (F. Alcan. Ladrange), Paris, 1866 (cité Janet).

KLOPP O., *die Werke von Leibniz : Erste Reihe historisch-politische und staatswissenschaftliche Schriften Bd I-XI* (et surtout *Briefwechsel mit Sophie Bd VIII-X*), Hannover 1864-1884 (cité Klopp).

LE ROY G., *Discours de métaphysique et correspondance avec Arnauld*, 3e éd. (Vrin), Paris, 1970.

PRENANT L., *Leibniz, Œuvres choisies*, 1re éd., s.d. (Aubier), Paris ; 2e éd., 2 vol., t. I, 1974.

REICHL, *Gottfried Wilhelm Leibniz Sämtliche Schriften und Briefe, herausgegeben von der preussischen Akademie der Wissenschaften*, Darmstadt.

— *Erste Reihe : allgemeiner politischer und historischer Briefwechsel, Bd I-VIII.*

— *Zweite Reihe : Philosophischer Briefwechsel*, Bd I-II.

— *Vierte Reihe : Politische Schriften, Bd I-IV.*

— *Sechste Reihe : Philosophische Schriften, Bd I, II, VI* (ouvrages cités R).

ROBINET A., *Correspondance Leibniz-Clarke* (P.U.F.), Paris, 1957.

— *G. W. Leibniz, Principes de la Nature et de la grâce fondés en raison - Principes de la philosophie ou monadologie* (P.U.F.), Paris, 1954.

SCHRECKER P., *Opuscula philosophica selecta* (Vrin), Paris, 1939, et traduction du même auteur (Vrin), Paris, 1954.

Enfin quelques ouvrages donnent en appendice ou dans le corps du texte des inédits de Leibniz :

BARUZI J., *Leibniz,* Paris, 1909.

COUTURAT L., *La logique de Leibniz,* Paris, 1901.

MAHNKE D., *Neue Einblicke in die Endeckungsgeschichte der höheren Analysis,* Berlin, 1926.

STEIN L., *Leibniz und Spinoza.*

On consultera RAVIER E., *Bibliographie des œuvres de Leibniz,* Caen, 1937, qui donne le répertoire exact des œuvres de Leibniz publiées jusqu'à cette date.

B - OUVRAGES CITÉS OU CONSULTÉS

— Ne fait mention ni des grands classiques (Aristote, Platon, Pascal, Descartes, Spinoza, etc...) qui ont influencé Leibniz ou de ceux qui l'ont critiqué (Kant, Hegel, etc...), ni des études dont le sujet était trop éloigné du nôtre, ni enfin des ouvrages ou articles utilisés incidemment.

— Pour ne pas surcharger inutilement la bibliographie, nous avons préféré indiquer les numéros spéciaux de revues consacrées à Leibniz, sans renvoyer aux noms des auteurs des articles qui y figurent.

Archives de Philosophie, Leibniz (Beauchesne), t. XXIX, cahier IV, Paris, octobre-décembre 1966.

BALLAUF T., *Eine Geschichte der Biologie vom Altertum bis zur Romantik,* 1954.

BARUZI J., *Leibniz et l'organisation religieuse de la terre,* d'après des documents inédits, Paris, 1907.

— *Leibniz,* Paris, 1909.

BELAVAL Y., *Leibniz, critique de Descartes* (P.U.F.), Paris, 1960.

— *Initiation à la philosophie de Leibniz* (Vrin), Paris, 1969.

— Leibniz et la langue allemande, *Revue germanique*, avril-juin 1947.

— « Une drôle de pensée » de Leibniz, *Nouvelle revue française*, 1958.

— Premières *Animadversiones* de Leibniz sur les principes de Descartes, *Mélanges Alexandre Koyré*.

— L'idée d'harmonie chez Leibniz, in *Hommage à M. Guéroult* (Fischbacher), Paris, 1964.

— Le problème de la perception chez Leibniz, in *Dialogues*, 1969.

BIEMA (van), *L'espace et le temps chez Leibniz et chez Kant* (Alcan), Paris, 1908.

BLONDEL M., *Une énigme historique : « Le vinculum substantiale » et l'ébauche d'un réalisme supérieur*, Paris, 1930.

BLUMENBACH, *Handbuch der Naturgeschichte*, 1779.

BOEHM A., *Le vinculum substantiale chez Leibniz : Ses origines historiques* (Vrin), Paris, 1938.

BOURGEY L., *Observation et expérience chez les médecins de la collection hippocratique* (Vrin), Paris, 1953.

BOUTROUX E., *La philosophie allemande au XVII*[e] *siècle*, cours professé en 1887, 1888 (Vrin), Paris, 1948.

BRENNER A., *Schellings Verhältnis zu Leibniz*, Tübingen, 1933.

BRUAIRE C., *Philosophie du corps* (Le Seuil), Paris, 1968.

BRUNNER F., *Études sur la signification historique de la philosophie de Leibniz* (Vrin), Paris, 1951.

BRUNSWICG L., *L'expérience humaine et la causalité physique*, Paris, 1922.

— *Les étapes de la philosophie mathématique*, 3e éd., Paris, 1947.

— *Spinoza et ses contemporains*, 4e éd., Paris, 1951.

BURGELIN P., *Commentaire du Discours de métaphysique* (P.U.F.), Paris, 1959.

BUSSON H., *La religion des classiques : 1660-1685* (P.U.F.), Paris, 1948.

CALLOT E., *La renaissance des sciences de la vie au XVIe siècle* (P.U.F.), Paris, 1951.

CANGUILHEM G., *La connaissance de la vie,* 1re éd. (Hachette), Paris, 1952, 2e éd. (Vrin), Paris, 1970.

— *Études d'histoire et de philosophie des sciences* (Vrin), Paris, 1968.

— La théorie cellulaire en biologie, in *Études philosophiques,* 1945, pp. 143-145.

CASSIRER E., *Leibniz' System in seinen wissenschaftlichen Grundlagen,* Marburg, 1902 ; G. Olms., Hildesheim, 1962.

— *Das Erkenntnisproblem in der Philosophie und Wissenschaft der neueren Zeit, Bd I-III,* Berlin, 1922.

— *Philosophie der symbolischen Formen, 2te Auflage, Bd I-III,* Oxford, 1954.

— *Die Philosophie der Aufklärung,* Tübingen, 1932.

— *Individuum und Kosmos in der Philosophie der Renaissance,* in *Studien der Bibliothek Marburg,* BG Teubner, Leipzig, 1927.

Centre International de Synthèse : Leibniz : Aspects de l'homme et de l'œuvre (Aubier - Montaigne), Paris, 1968.

COHEN H., *Das Princip der Infinitesimal-Methode und seine Geschichte,* Berlin, 1883.

COURTES F., *La raison et la vie* (Vrin), Paris, 1972.

CORSANO A., *G. W. Leibniz,* Napoli, 1952.

COSTABEL P., *Leibniz et la dynamique* (Hermann), Paris, 1960.

COUTURAT L., *La logique de Leibniz d'après des documents inédits,* Paris, 1901.

DAUMAS M., *Les instruments scientifiques au XVIIe et au XVIIIe siècle.*

DOBELL C., *Leeuwenhoek and the little animals,* 1939.

Études philosophiques, Leibniz, 1971, n° 1.

FEUERBACH L., *Darstellung, Entwicklung und Kritik der leibnizschen Philosophie,* éd. 1910 (Bolin und Jodl), Stuttgart.

FISCHER K., *Geschichte der neueren Philosophie*, Bd III, *Leibniz' Leben und Lehre*, München, 1882.

FLECKENSTEIN O., *G. W. Leibniz Barok und Universalismus*, München, 1958.

FONTENELLE, *Entretiens sur la pluralité des mondes.*

FOUCHER DE CAREIL A., *Mémoire sur la philosophie de Leibniz*, 2 vol., Paris, 1905.

— *Leibniz, la philosophie juive et la cabale*, Paris, 1861.

FRIEDMANN G., *Leibniz et Spinoza*, Paris, 1946.

GABAUDE J.-M., *Liberté et raison*, t. III, Toulouse, 1974.

GOLDMANN L., *Le dieu caché* (Gallimard), Paris, 1960.

GÖRLAND A., *Gottesbegriff bei Leibniz, Bd VI*, Marburg, 1906, 1907.

— *Aristoteles und Kant bezüglich der Idee der theoretischen Erkenntnis, philosophische Arbeiten Bd II, 2es Heft*, Giessen, 1909.

GRUA G., *Jurisprudence universelle et Théodicée selon Leibniz* (P.U.F.), Paris, 1953.

— *La justice humaine selon Leibniz* (P.U.F.), Paris, 1956.

GUEROULT M., *Dynamique et métaphysique leibniziennes*, suivi d'une note sur le principe de moindre action chez Maupertuis (Aubier), Paris, 1934.

— Substance and the Primitive simple Notion in the Philosophy of Leibniz in *Philosophy and Phenomenological Research*, t. VII, année 1946, pp. 293-315.

— La constitution de la substance chez Leibniz, *Revue de Métaphysique et de morale*, t. LII, n° 1, janvier 1947, pp. 55-78.

— L'espace, le point et le vide chez Leibniz, in *Revue philosophique de la France et de l'étranger*, 1946.

GUITTON J., *Pascal et Leibniz - Étude sur deux types de penseurs*, Paris, 1951.

GUYÉNOT, *Évolution des sciences de la vie au XVIIe et au XVIIIe siècle*, Paris, 1941.

HALBWACHS M., *Leibniz* (Mellotée), Paris, s.d.

HAMELIN O., Ce que Leibniz doit à Aristote, in *Études philosophiques* (P.U.F.), n° 2, 1957.

HANNEQUIN A., *Quae fuerit prior Leibnitii philosophia,* Masson, 1885.

HAZARD P., *La crise de la conscience européenne* (1680-1715), Paris, 1935.

HEIMSOETH H., *Die Methode der Erkenntnis bei Descartes und Leibniz.* Philosophische Arbeiten, herausgegeben von H. Cohen und P. Natorp, Sechster Band, Giessen, 1912-1914.

— *Die sechs grossen Themen der abendländischen Metaphysik und der Ausgang des Mittelalters,* Berlin, 1922.

HEUSS E., *Rationale Biologie und ihre Kritik* (Auseinandersetzung mit Vitalismus), 1938.

HORN, *Monade und Begriff von Leibniz bis Hegel,* 1965.

HOCHSTETTER E., *Zu Leibniz Gedächnis, eine Einleitung,* Berlin, 1948.

HUBER K., *Leibniz,* München, 1951.

Internationale Leibniz Kongresse aus Anlass des 250. Todestages von G. W. Leibniz, 14-19 novembre 1966, herausgegeben von K. Huber.

JALABERT J., *La théorie leibnizienne de la substance,* Paris, 1957.

— *Le dieu de Leibniz* (P.U.F.), Paris, 1960.

KABITZ W., *Die Philosophie des jungen Leibniz - Untersuchungen zur Entwicklungsgeschichte seines Systems,* Heidelberg, 1909.

KAULBACH, *Die Metaphysik des Raumes bei Leibniz und Kant,* in *Kantstudien,* 1960, n° 79.

KOCH H. L., *Materie und Organismus bei Leibniz,* in Abhandlungen zur Philosophie und ihre Geschichte, herausgegeben von Benno Erdmann, 30es Heft, Verlag von Max Niemeyer, 1908.

KOYRÉ A., *Études galliléennes,* 3 vol., Paris, 1939.

— *Du monde clos à l'univers infini* (P.U.F.), Paris, 1962.

— Les philosophes et la Machine, *Critique,* t. IV, n° 23 et n° 24, 1948.

— Pascal savant, *Cahiers de Royaumont*, Philosophie n° 1, Paris, 1956.

LAPORTE J., Le rationalisme de Leibniz, in *Études d'histoire de la Philosophie française au XVII*e *siècle* (Vrin), Paris, 1951.

LASSWITZ C., *Geschichte der Atomistik vom Mitteltalter bis Newton*, Hamburg und Leipzig, 1890.

Leibnitiana Studia, 1968-1974 et suppléments ; notamment *Internationale Leibniz Kongress Akten* (10 Bänder).

LEMOINE A., *Le vitalisme et l'animisme de Stahl.*

LENOBLE R., *Histoire de l'idée de nature* (Albin Michel), Paris, 1969.

MAHNKE D., *Leibnizens Synthese von Universalmathematik und Individualmetaphysik*, in *Jahrbuch für Philosophie und phänomenologische Forschung, Bd VII*, pp. 305-611, Halle - Verlag von Max Niemeyer, erste Auflage, 1925 ; zweite Ausgabe, faksimile Neudruck Stuttgart, 1964.

— *Neue Einblicke in die Endeckungsgeschichte der höheren Analysis* — Abhandlung d. preuss. Akad. der Wissenschaften Math. Klasse, n° 1, Berlin, 1926.

— *Unendliche Sphäre und Allmittelpunkt*, Halle, 1937.

MARTIN G., *Logique et métaphysique chez Leibniz* (Beauchesne), Paris, 1966.

MAY. E., Der biologische Naturalismus der französischen Aufklärungsphilosophie im Spiegel der leibnizschen Gedankenwelt, in *Beitrag zur leibnizforschung*, 1947.

MESNARD P., Comment Leibniz se trouva placé dans le sillage de Suarez, *Archives de Philosophie*, t. XVIII, n° 1, 1949.

MEYER, *Lessing als Leibnizinterpret*, Erlangen, 1967.

MOREAU J., *L'univers leibnizien*, Paris-Lyon, 1956.

NAERT E., *Mémoire et conscience de soi, selon Leibniz* (Vrin), Paris, 1962.

— *Leibniz et la querelle du pur amour*, Paris, 1959.

ORTEGA Y GASSET J., *L'évolution de la théorie déductive ; l'idée de principe chez Leibniz* (Gallimard), Paris, 1970.

PAPILLON F., *Leibniz, physiologiste, naturaliste et médecin ;* mémoire présenté à l'Académie des sciences morales et politique, Paris, 1873.

PARACELSE, *Les sept livres de l'archidoxe magique,* trad. Dr M. Haven (Niclaus), Paris, 1960.

PHILONENKO A., Étude leibnizienne : le principe des indiscernables et la loi de continuité, in *Revue de métaphysique et de morale,* 1967.

— *La liberté humaine dans la philosophie de Fichte* (Vrin), Paris, 1966.

RADL E., *Geschichte der biologischen Theorien in der Neuzeit,* erste Teil, 2e Auflage, Verlag von Wilelhm Engelmann, Leipzig und Berlin, 1913.

Revue internationale de Philosophie, Leibniz (1646-1716), nos 76-77, 20e année, Liège, 1966 (fascicules 2-3).

— *Philosophique de la France et l'Étranger,* 1946, n° 4.

ROBINET A., *Malebranche et Leibniz, relations personnelles,* Paris, 1955.

— *Leibniz et la racine de l'existence* (Seghers), Paris, 1968.

— *Le défi cybernétique,* Paris, 1973.

ROGER J., *Les sciences de la vie dans la pensée française au XVIIIe siècle, la génération des animaux de Descartes à l'Encyclopédie* (Colin), Paris, 1963.

ROY O., *Leibniz et la Chine* (Vrin), Paris, 1971.

RUSSELL B., *La philosophie de Leibniz. Exposé critique,* trad. Jean Ray, Renée-J. Ray, 1re éd. (Félix Alcan), Paris, 1908 ; 2e éd. (Gordon et Breach), Paris, Londres, New York, 1970.

SCHMALENBACH, *Leibniz,* München, 1921.

SCHOLTZ, *Die exakte Grundzüge der Infinitesimalrechnung,* Marburg, 1934.

SCHUHL P.-M., Les premières étapes de la philosophie biologique, in *Revue d'histoire des sciences,* V, 3, pp. 197-221, juillet-septembre 1952.

— *Machinisme et Philosophie* (P.U.F.), Paris, 1947.

SERRES M., *Le système de Leibniz et ses modèles mathématiques,* 2 vol. (P.U.F.), Paris, 1968.

SIMONDON G., *L'individu et sa genèse physico-biologique* (P.U.F.), Paris, 1964.

STAHL, *Œuvres médico-philosophiques et pratiques* - Trad. et notes du Dr Blondin, 6 vol., Paris, 1863.

THONES A., *Die philosophischen Lehren von der Theodicee,* Halle, Verlag von Max Niemeyere, 1908.

WIENER N., *The Human Use of Human Beings,* chap. I, Cybernetics, Kermann, 1958.

ZACHER H. J., *Die Haptschriften zur Dyadik* von G. W. Leibniz, 1973.

Zeitschrift für Philosophie Forschung (in Verbindung, mit der allgemeinen Gesellschaft für Philosophie in Deutschland), *Bd XX,* Hefte 3-4, 1966.

Une bibliographie des ouvrages sur Leibniz a été faite par K. MULLER, *Literatur über Leibniz,* 1967, qui en donne la liste exhaustive jusqu'à cette date, avec un classement par thèmes. Elle se continue dans les *Studia Leibnitiana.*

TABLE DES MATIÈRES

IMPRIMERIE A. BONTEMPS

LIMOGES (FRANCE)

Dépôt légal : 1er trimestre 1976